中国改革开放 40 年丛书

韩保江 主编

中国生态文明体制改革 40 年

郭兆晖 编著

河北出版传媒集团
河北人民出版社
石家庄

图书在版编目（CIP）数据

中国生态文明体制改革40年 / 郭兆晖编著. -- 增订本. -- 石家庄：河北人民出版社，2019.4
（中国改革开放40年丛书 / 韩保江主编）
ISBN 978-7-202-12607-3

Ⅰ. ①中… Ⅱ. ①郭… Ⅲ. ①中国经济－经济体制改革－研究 Ⅳ. ①F121

中国版本图书馆CIP数据核字(2019)第068622号

丛 书 名	中国改革开放40年丛书
丛书主编	韩保江
书　　名	中国生态文明体制改革40年
编　　著	郭兆晖
策划编辑	荆彦周
责任编辑	马慧芳　阴耀华
美术编辑	李　欣
封面设计	赵　健
责任校对	付敬华
出版发行	河北出版传媒集团　河北人民出版社
	（石家庄市友谊北大街330号）
印　　刷	河北新华第一印刷有限责任公司
开　　本	787毫米×1092毫米　1/16
印　　张	23.25
字　　数	290 000
版　　次	2019年4月第1版　2019年4月第1次印刷
书　　号	ISBN 978-7-202-12607-3
定　　价	56.00元

版权所有　翻印必究

序 言

生态文明绝不单纯等同于环境保护，环境保护只是生态文明建设的一项工作。经济绿色发展、自然资源有效利用、生态系统维护都是生态文明建设的重要工作。生态文明是在人类历史从渔猎文明到农业文明再到工业文明发展形成的一种新的文明形态，生态文明绝对不是对于之前文明形态的彻底抛弃，它是在渔猎文明、农业文明、工业文明中蕴含的人与自然和谐发展的思想与做法基础上发展起来的，是实现人与自然和谐发展的新要求。

因此，虽然生态文明是一个新概念，21世纪才进入大众视野、进入顶层设计中，但是中华文明中一直蕴含着生态文明的理念。与众多古文明湮灭、衰亡、替换或断裂的成因相比较，中华文明对自然的认知、对社会的人权特征和公平正义水平的认识明显高于其他文明体，具有人类一般或共同价值特质。我国古代朴素的生态学思想、土地资源、水资源、物种的变异与传播、生态习性的观察研究、植树造林、公园苑囿、古代遗迹和景观、与环境保护有关的机构和法令、社会风尚对环境保护的影响、自然灾害与对策、统一的文字与制度等均是中华文明得以长存的原因所在，并且逐步形成了一整套与资源环境相关的体制机制。虽然这些体制还没有达到"生态文明"的高度，但是对当前的生态文明体制改革也有着积极的借鉴意义。

中华文明的持续、无间断的发展也造成了历朝历代上千年的持续、无间断的开发与破坏，这使得中国的生态环境早已变得十分脆弱。新中国成立后的快速工业化进一步破坏了中国脆弱的生态环境。1971年底爆发的官厅水库污染是典型代表，这次事件拉开了中国在资源环境保护领域率先改革开放的序幕。在毛泽东、周恩来资源环境思想的指引下，在周恩来亲自英明领导下，我国打破社会主义无污染神话，参加了联合国人类环境会议，资源环境领域在改革开放之前率先开放，我国吸取了发达国家受到环境公害侵袭的教训，借鉴了他们环境保护的经验，并召开第一次全国环境保护会议，早于改革开放后的经济体制改革，开始推动资源环境领域的体制改革，为中国迈向生态文明奠定了坚实的基础。因此本书定名为《中国生态文明体制改革40年》名正言顺，而且是40多年。

改革开放后，我国的资源环境保护体制改革虽然经历了诸多困难与阻力，但还是逐步推进，建立了较为完善的生态环境保护的机构、法律法规及政策体系。从十八大开始我国迈向社会主义生态文明新时代。在新时代，习近平生态文明思想为实现人与自然和谐发展、建设美丽中国乃至美丽世界提供了强大思想指引、根本遵循和实践动力，开辟了马克思主义新境界，开辟了中国特色社会主义新境界，开辟了治国理政新境界，成为了新时代生态文明体制改革的指导思想，推动我国构建起一整套生态文明体制改革的"四梁八柱"。

本书是由中共中央党校（国家行政学院）经济学教研部主任韩保江教授与河北人民出版社策划的纪念改革开放40周年丛书中的一本。感谢韩保江教授对本书写作的悉心指导；感谢丛书其他作者在丛书写作研讨会中的宝贵建议；感谢河北人民出版社荆彦周副总编、周建图主任对本书出版的无私奉献；感谢我的博士导师、硕士导师也是我一生的导师杨志教授的孜孜教诲；感谢我写作时挂职处山东省莱州市委、市政府同事的大力支持；感谢河北大学经济学院韩冬梅副教授对本书前期部分资料的提供与写作的协助；感谢中央党校经济学教研部硕士研究生徐晓婧、宋艳秋对书稿校对的帮助；最后要感谢我的家人对于我牺牲陪伴他们时间而用于写作的宽容。

在这本书即将出版之际，我个人工作从经济学教研部调整到了中共中央党校与国家行政学院合并后新组建的社会和生态文明教研部的生态文明建设教研室。这一调整也体现了生态文明体制改革与经济体制改革的密切关系，生态文明体制改革是中国改革开放40年的重要领域，也是重要成果。我相信在新时代，我国的生态文明体制改革将更好地融入经济体制改革中，融入政治、文化、社会体制改革，绿色发展方式和生活方式全面形成，人与自然和谐共生，生态环境领域国家治理体系和治理能力现代化全面实现，建成美丽中国。

郭兆晖

2018年12月8日于回京高铁

中国生态文明体制改革40年

MULU｜目 录

导论　中国在资源环境保护领域率先改革开放 / 1

　　一、发达国家饱受环境公害侵袭及反思与对策 / 1

　　二、官厅水库治理揭开资源环境领域改革序幕 / 11

　　三、改革开放之前的开放：参加联合国人类环境会议 / 21

　　四、改革开放之前的改革：第一次全国环境保护会议 / 27

　　五、改革开放之前率先改革的资源环境领域制度 / 36

　　六、改革开放之前的资源环境管理机构 / 42

　　七、毛泽东、周恩来的资源环境思想 / 46

第一章　改革开放初期资源环境体制改革加速（1978—1991）/ 56

　　一、快速工业化与污染加剧 / 56

　　二、资源环境制度加速改革：立法、基本国策到制度体系 / 61

　　三、资源环境管理机构加速改革 / 84

　　四、邓小平的资源环境思想 / 86

第二章　可持续发展的践行与生态文明的酝酿（1992—2002）／88

一、中国认识并践行可持续发展战略 ／ 88

二、资源环境问题加剧与治理 ／ 96

三、资源环境法律政策制度体系建立 ／ 107

四、资源环境管理机构重组升级 ／ 114

五、江泽民的资源环境思想 ／ 117

第三章　生态文明建设进入顶层设计（2003—2011）／121

一、生态文明建设的提出与挑战 ／ 121

二、低碳发展成为生态文明建设热点与推动力 ／ 124

三、初探生态文明法律政策制度体系 ／ 137

四、初建生态文明管理机构体系 ／ 151

五、胡锦涛的资源环境思想 ／ 157

第四章　迈向社会主义生态文明新时代（2012—2017）／161

一、新时代生态文明建设面临的形势 ／ 161

二、"五位一体"中的生态文明与绿色发展新理念 ／ 170

三、新时代生态文明体制改革的"四梁八柱"／ 176

第五章　改革开放 40 年后的生态文明体制改革展望
（2018 年至今）/ 205

一、党的十九大对生态文明体制改革的部署 / 205

二、新一轮机构改革中生态文明体制的演进 / 211

三、打好污染防治攻坚战 / 218

四、当前生态文明体制改革的难点、对策及展望 / 227

第六章　新时代生态文明体制改革的指导思想
——习近平生态文明思想 / 234

一、发展脉络 / 235

二、理论基础 / 237

三、丰富内涵 / 240

附件 / 248

附件 1：中国参加联合国人类环境会议代表团团长唐克在全体会议上的发言（1972 年 6 月 10 日）/ 248

附件 2：联合国人类环境会议通过的《人类环境宣言》（1972 年 6 月 16 日）/ 255

附件 3：关于保护和改善环境的若干规定（试行草案）（1973 年 8 月 29 日）/ 261

附件4：中华人民共和国环境保护法（试行）

（1979年9月13日）/ 265

附件5：中华人民共和国环境保护法（1989年12月26日）/ 272

附件6：我国环境与发展的十大对策（1992年8月）/ 281

附件7：党的十八大报告中生态文明相关内容

（2012年11月8日）/ 286

附件8：《中共中央关于全面深化改革若干重大问题的决定》

中生态文明相关内容（2013年11月12日）/ 291

附件9：中华人民共和国环境保护法（2014年4月24日）/ 294

附件10：《中共中央关于全面推进依法治国若干重大问题的决定》

中生态文明相关内容（2014年10月23日）/ 308

附件11：中共中央 国务院关于加快推进生态文明建设的意见

（中发〔2015〕12号）（2015年4月25日）/ 309

附件12：中共中央 国务院生态文明体制改革总体方案

（中发〔2015〕25号）（2015年9月11日）/ 327

附件13：《中共中央关于制定国民经济和社会发展第十三个五年规划的建议》中生态文明相关内容（2015年10月29日）/ 346

附件14：党的十九大报告中生态文明相关内容

（2017年10月18日）/ 351

参考文献 / 359

导　论
中国在资源环境保护领域率先改革开放

新中国成立后，我国开始了快速工业化、城市化进程，经济增长取得了一定的成就。但是中国在经济增长过程中积累了许多资源环境问题，造成了严重的负面影响，1971年底爆发的官厅水库污染是典型代表。这次事件拉开了中国在资源环境保护领域率先改革开放的序幕。在毛泽东、周恩来资源环境思想的指引下，在周恩来亲自领导下，我国打破社会主义无污染神话，参加了联合国人类环境会议，在资源环境领域率先开放，吸取了发达国家受到环境公害侵袭的教训，借鉴了他们在环境保护方面的经验，并召开了第一次全国环境保护会议，开始推动资源环境领域的体制改革，早于改革开放后的经济体制改革，为中国迈向生态文明奠定了坚实的基础。

一、发达国家饱受环境公害侵袭及反思与对策

发达国家20世纪遭受到资源环境问题造成的恶果，在六七十年代开始进行反思并寻求对策。发达国家在当时情况下导致问题产生的原因、所面临的问题以及处理、反思相关问题等方面的经验，对于回溯中国资源环境领域的体制改革乃至展望生态文明建设事业发展，均有较大益处。发达国家

已经走过的资源环境保护道路,无论经验或者教训,都是人类文明的共同财富。

(一)工业化打开了潘多拉魔盒

回顾人类环境与发展的历程,工业化是最重要的阶段,但同时传统工业化模式也是人类环境问题的根源。在人类早期的发展史及各国的发展历程中,除了战争与自然灾害外,很少有大规模破坏环境的人类活动。

人类对资源环境的破坏始于工业革命以来的人类经济活动。工业革命启动了人类经济发展的飞跃历程,同时也打开了资源环境污染这个潘多拉魔盒。英国工业革命爆发是以蒸汽机的广泛应用为标志的,而蒸汽机的广泛应用却需要消耗大量的煤炭能源,煤炭能源的开采又不断地推动了钢铁等工业部门革命式的快速发展。随着工业经济的发展和科学技术的进步,石油、天然气等大量地下能源也被转移至地表加以利用,以推动日益扩展的经济活动。这些化石能源快速和大量不科学地使用,造成了空气污染、温室气体效应、水体污染、固体废物污染等。工业革命带来了人类飞速发展,但也对自身的生存环境带来了灾难性的影响。在这期间出现了许多典型的环境灾难性事件。

(二)英国率先遭受严重资源环境问题

英国是资本主义工业化最早的国家,也是曾经资源环境污染最严重的国家。1306年,英国国会曾发布文告,禁止伦敦工匠和制造商在国会开会期间用煤。英国王室还在煤烟污染严重的时候,搬到外地去居住。到了17世纪,随着工场手工业的发展,伦敦的煤烟污染日趋严重。当时就有人指出:伦敦"由于淹没在煤炭散发出的浓烈的烟和硫之中,出现了恶臭和昏暗""有如西西里岛的埃特纳火山,好像是火和冶炼之神的法庭,恰似在地狱的旁边一样"。不过当时的资源环境污染只是在少数地方,污染物也较少，尚未造成大的危害。①

19世纪初，制碱工业是污染大气和水质的一个重要来源。当时普遍用食盐（氯化钠）做原料制取纯碱（碳酸钠），以供纺织工业漂白等使用。在制碱过程中，排出大量氯化氢气体，这种气体有强烈的刺激性和腐蚀性，严重损害周围农田和建筑物。后来，用水喷淋吸收，废气变成了废水，后果更加严重。受害群众纷纷起来抗议示威，迫使英国当局不得不在1863年发布"制碱法规"，限制氯化氢的排放。但是，消极的限制并不能解决问题。后来，通过生产实践，人们发现氯化氢不仅不"废"，而且是用处很大的重要化工原料，就是现在大家熟知的盐酸。同时，制碱工艺逐步改革，利用空气中的氮和水中的氢发生作用生成氨代替食盐作为制碱的原料。这样既促进了制碱等化学工业的发展，又解决了氯化氢气体和盐酸对环境的污染。

19世纪中期，为了适应冶金工业的需要，把煤在摄氏一千度左右的高温下干馏成焦炭。但是，在炼焦过程中又产生了带有恶臭的副产品——煤焦油，成为当时难以处理的"废物"。资本家为了追求高额利润，进一步降低冶炼成本，不得不对大量"废物"——煤焦油开刀。后来，就在这个"废物"中逐步提炼出了蒽、萘、苯、甲苯、酚等多种有机化学物质，合成了染料、药品、香精、炸药等产品。从此，煤不仅是重要的燃料，而且成了重要的原料，煤焦油也从"废"变成了宝。现在，从煤焦油中分离和合成的产品已不下数百种。煤焦油的综合利用奠定了合成化学工业的基础，是化学工业发展史上的一次飞跃。但是，资本主义并没有从根本上解决污染。随着资产阶级竞争和垄断的加剧，污染也越发严重。

同时，主要的污染物质也包括烧煤所产生的烟尘和二氧化硫废气，以及无机化学工业、印染业排放的含氯、含硫、含酸和含碱的废水。1873年，

---

① 柯勤：《环境污染的由来和发展》，《自然辩证法杂志》，1974年第1期。

由于大量用煤,伦敦发生了有文献记载的第一次重大环境污染事件。在煤烟毒雾下,200余人受害死亡。1880年、1892年伦敦发生了更严重的煤烟污染事件,夺去了1000余人的生命。格拉斯哥、曼彻斯特等城市也发生过类似事件。除大气污染外,水质污染也随之而来。当时,工厂大多建在近水的地方,并直接向河流排放污水,特别是纺织和化学工业的污水,严重破坏了水质。伦敦的泰晤士河,18世纪还是著名的鲑鱼产地,而到1850年后水生生物就基本绝迹了。英国许多河流都成了污浊不堪的臭水沟。早在19世纪40年代,恩格斯就在《英国工人阶级状况》一书中深刻揭露了环境污染对劳动人民的危害:"一切最使我们厌恶和愤怒的东西在这里都是最近的产物,工业时代的产物。"

(三)西方国家八大环境公害事件

随着工业化进程的不断推进,除英国外,还有更多的资本主义国家受到了资源环境污染问题的侵害。以下所讨论问题的视角,就不仅着眼于英国一国。

20世纪以来,工业生产中对环境影响最明显的是能源变化和有机合成化学工业的发展。能源变化主要表现为石油在燃料构成中的比重大幅度上升。1913年,石油只占世界总能量的5.2%,到1968年,已上升为43.9%。同一时期,煤炭却从世界总能量的94.8%下降到33%。仅在20世纪60年代,石油年产量就从10亿吨跃升为21亿吨。石油的大量使用,带来了石油废气污染、汽车废气污染、石油化工"三废"污染等一系列新问题。有机合成化学工业,如塑料、化学纤维、合成橡胶、某些药品和农药(滴滴涕、六六六)等,使含酚、氰、汞、有机氯化物等的废气废水成为污染环境、危害人类的"大敌"。与此同时,煤烟、有色金属的污染也在继续发展。当时环境污染的特点是:数量大、范围广、危害严重。单是美国,每年就要排放废气2.64亿吨、污水1500亿吨,还有几十亿吨的固体废物。

有个美国人写了首题为《公害》的诗,说:"假如你游览美国的城市……有两件事必须注意:不要喝这里的水,这里的空气也不能呼吸。"日本人称自己生活在"化学试管"中,"每天呼吸被二氧化硫和粉尘污染的'七色空气',十分厌恶那散发恶臭而满是淤泥的浑浊河水,为喷气飞机和汽车制造厂的噪声而烦恼,无可奈何地生活在一天都见不到太阳的房屋和喧喧嚷嚷的拥挤之中。"但是,资本家却大发"污染财",兜售"郊外空气"、制造"空气罐头""瓶装清洁水"、兴建"别墅"等成了赚钱的时髦生意。①

战后资本主义国家环境污染的严重性突出地表现在接连发生的重大公害事件上。其中著名的有伦敦烟雾事件、洛杉矶光化学烟雾事件、水俣事件、富山事件、四日市事件、米糠油事件等。

1952年12月,英国伦敦连续四五天煤烟粉尘在浓雾中蓄积不散,居民感到胸闷,并有咳嗽、喉痛、呕吐等症状发生,造成震惊一时的一周内死亡人数增加4000余人的严重事件。1956年、1957年和1962年,又相继发生了同类事件。

洛杉矶是美国西部的滨海城市。从1936年开发石油以来,特别是第二次世界大战后,洛杉矶的飞机制造和军事工业迅速发展,城市人口急剧增加,成为仅次于纽约和芝加哥的美国第三大城市。从1943年开始,洛杉矶开始出现不同于燃煤烟雾的浅蓝色光化学烟雾。这是由于石油和汽车废气在紫外线作用下形成的含有臭氧、二氧化氮、乙醛和过氧乙酰基硝酸酯等刺激性化合物烟雾。它不仅妨碍交通、腐蚀建筑物,而且易使人得红眼病、喉炎等。当时,美国几乎每座大城市都有光化学烟雾污染问题。其他资本主义国家的许多大城市也有光化学毒雾发生。1970年,日本东京的光化学毒雾整整持续了一个夏季,使2万人患上眼疾。

1953年,日本熊本县水俣镇发现一个精神失常的"怪"病人,之后

---

① 柯勤:《环境污染的由来和发展》,《自然辩证法杂志》,1974年第1期。

又陆续发现了几十个这种病人,成为威胁当地人民生命健康的一个严重问题。1959年,这种病经查明是由该地区化工厂排出的含汞废水通过饮水、食鱼进入人体,造成中枢神经中毒而引起的。但资本家拒不认账,还雇用一些人进行反"实验",直到1967年才在大量事实面前被迫承认。这时"水俣病"不仅在水俣地区蔓延,在新潟县等地也流行了。据1973年统计,水俣镇患者558人,72人死亡;新潟县患者332人,14人死亡。

1955年,日本富山县神通川下游出现一种全身骨痛的病人。直到1961年才有人查明这种病与神冈炼锌厂排放的含镉废水有关。镉通过大米、饮水进入人体后,进入肾脏,取代骨骼中的钙质,发生病变。1972年,日本骨痛病患者已超过280余人,死亡34人。

1955年,日本四日市因石油化学工业废气和燃烧重油产生的废气,以及重金属粉尘污染大气,造成哮喘病患者达500余人,名为四日市哮喘病。据日本官方统计,到1972年,这种哮喘病患者高达6376人。现在,日本几十个城市蔓延着这种哮喘病。

1968年,日本还发生了米糠油事件。一家食用油工厂在生产米糠油时,作为载热体的聚氯联苯混进了米糠油中,使一万多人中毒,16人死亡。

以上种种恶性事件,外加比利时马斯河谷烟雾事件(1936年12月),致60余人死亡,数千人患病;美国多诺拉镇烟雾事件(1948年10月),5910人患病,17人死亡,共计八件,因此也被称为"西方国家八大环境公害事件"。

(四)苏联在资源环境问题方面也未能幸免

据不完全统计,1969年苏联排放的废气近一亿吨,污水近400亿立方米。许多城市上空笼罩着一层厚厚的烟雾,许多河流湖泊受到严重污染。据官方统计,仅水质污染每年就要损失66亿美元以上。

据1966年调查,被称为"俄罗斯母亲河"的伏尔加河,每小时就要接纳30余万立方米的污水。特别严重的是由于炼油厂的排污和油轮漏油，使河面到处漂浮着石油。有一次，竟因小孩玩火引起河面燃起大火，可谓今古奇观！苏联伊谢特河也发生过起火事件。此后，苏联内河航轮上都竖起了"严禁向河面抛烟头和未熄灭的火柴"的牌子。1970年，伏尔加河口的重要城市阿斯特拉罕暴发霍乱，其主要原因就是伏尔加河水质污染严重。

地处西伯利亚的贝加尔湖是世界著名的淡水湖，贮水量占全世界淡水贮量的1/40，沿岸大片森林构成了天然绿化带。因工厂肆意排放污水，使洁净的贝加尔湖受到严重破坏。1966年，造纸厂在湖边投产后，工厂排水管附近的水生生物减少了1/3到1/2。贝加尔湖的名产白鲑鱼减产一半以上。同时，滥伐森林使沿岸多次发生地崩，土地迅速风化。

此外，由于盲目垦荒、滥伐森林，"黑风暴"经常席卷苏联广大地区。每年春季，当狂风大作时，在哈萨克、乌拉尔、西伯利亚、北高加索等垦荒地区，松散的表土经常被刮起而形成巨大的"黑风暴"。1963年，"黑风暴"使哈萨克受灾的耕地达2000万公顷。1969年1月2日至7日，几天之内克腊斯诺达尔、斯塔夫罗波兰和罗斯托夫等地又有82万公顷冬小麦完全毁于"黑风暴"，有63.4万公顷的其他庄稼受到严重损害。在中亚，受风蚀的土地面积竟达4500万公顷，比苏联欧洲部分全部耕地面积还大。[①]

（五）人类对资源环境保护意识的觉醒

从20世纪六七十年代开始，人类才开始彻底检讨工业带来的资源环境问题。例如，卡逊的《寂静的春天》，鲍尔丁提出的循环经济，罗马俱乐部的《增长的极限》，特别是1972年联合国首次召开了全球范围内的"人类环境大会"。从此，发达国家的资源环境与发展才开始真正转型，并逐步向资源环境与发展协调共赢方向转变。

---

① 柯勤:《环境污染的由来和发展》，《自然辩证法杂志》，1974年第1期。

1. 卡逊与《寂静的春天》

《寂静的春天》是一本激起了全世界环境保护事业的书,作者是美国海洋生物学家蕾切尔·卡逊,于1962年出版。它描述了人类可能将面临一个没有鸟、蜜蜂和蝴蝶的世界,用生动而细腻的笔触描写了农药、杀虫剂等化学制品对环境、生物和人类健康造成的毁灭性破坏,首次真正结合社会经济问题开展生态学研究。这本书引发了公众对环境问题的注意,将环境保护问题提到了各国政府面前。

20世纪60年代以前的报纸或书刊几乎找不到"环境保护"这个词。也就是说,环境保护在那时并不是一个存在于社会意识和科学讨论中的概念。回想一下长期流行于全世界的口号——"向大自然宣战""征服大自然",在这里,大自然仅仅是人们征服与控制的对象,而非保护并与之和谐相处的对象。人类的这种意识大概起源于洪荒的原始年月,一直持续到20世纪。没有人怀疑它的正确性,因为人类文明的许多进展是基于此意识而获得的,人类当前的许多经济与社会发展计划也是基于此意识而制定的。卡逊第一次对这一人类意识的绝对正确性提出了质疑。但是,工业大亨们对卡逊进行了更为激烈的人格迫害,以致卡逊郁郁寡欢患癌症而死。这是环境保护主义者为环境保护而付出的代价。作为一个学者与作家,卡逊所遭受的诋毁和攻击是空前的,但其所坚持的思想终于为人类环境意识的启蒙点燃了一盏明亮的灯。

2. 鲍尔丁与循环经济

在《寂静的春天》发表后不到三年,1965年5月,美国经济学家鲍尔丁在《地球像一艘宇宙飞船》一文中,从经济发展的视角,推断人口及经济迅速增长的"黄金时期",终将耗尽"飞船"有限的资源,同时,排出的各种废弃物也将充斥"飞船"的内舱,其后果是"飞船"因内耗而毁灭。在他看来,快速的经济增长已使地球成为一个极小的、封闭的、有限的、拥挤的、正撞向未知空间的球体。他认为，面对这样的局面，人类完全有必要开发一种不同于现在状况的、稳定的、循环的高级技术，以满足生活高质量的需求。为此，他提出：人是生态系统中的一员，人的生存能力依赖于具有闭路循环特征的世界生态系统上所有元素和人的共生关系的观点。

1966年，鲍尔丁又发表《未来宇宙飞船地球经济学》一文，文章指出：过去那种不计后果的"牛仔经济"应当代之以"宇航员经济"，在地球这艘孤独的宇宙飞船上生活的人类必须找到自己在生态系统循环中的位置。因此，一定要尽快减少生产和消费的流量，避免对自然资源的损害以维护自然资源的存量。鲍尔丁的这篇文章奠定了"循环经济"的思想基础。

3. 罗马俱乐部与《增长的极限》

1968年4月，罗马俱乐部（Club of Rome）成立，总部设在意大利罗马，是关于未来学研究的国际性民间学术团体，也是一个研讨全球问题的全球智囊组织。其主要创始人是意大利的著名实业家、学者A·佩切伊和英国科学家A·金。俱乐部的宗旨是研究未来的科学技术革命对人类发展的影响，阐明人类面临的主要困难，以引起政策制定者和舆论的注意。目前主要从事有关全球性问题的宣传、预测和研究活动。

罗马俱乐部的宗旨是通过对人口、粮食、工业化、污染、资源、贫困、教育等全球性问题的系统研究，提高公众的全球意识，敦促国际组织和各国有关部门改革社会和政治制度，并采取必要的社会和政治行动，以改善全球管理，使人类摆脱所面临的困境。由于它的观点和主张带有浓厚的消极和悲观色彩，被称为"未来学悲观派"的代表。

1970年夏天，罗马俱乐部在瑞士伯尔尼和美国麻省坎布里奇举行对人类困境研究计划第一阶段的会议。麻省理工学院的杰伊·福雷斯特教授提出了一个以追求"系统和谐"为特征的全球模型。D·米都（又译梅多斯）是研究这个全球模型国际小组的首席科学家。这个研究小组把人口、农业生产、自然资源、工业生产和污染确定为最终决定和限制我们星球增长的五个基本因素。

1972年，罗马俱乐部把他们的研究成果以《米都报告》的形式发表，即至今依然还闻名遐迩的《增长的极限》。它预言经济增长不可能无限持续下去，因为石油等自然资源的供给是有限的，做了世界性灾难即将来临的预测，设计了"零增长"的对策性方案，在全世界挑起了一场持续至今的大辩论。《增长的极限》是有关环境问题最畅销的出版物之一，引起了公众极大的关注，被翻译成三十多种语言出版发行。1973年的石油危机加强了公众对这个问题的关注。

4. 1972年联合国人类环境会议

1972年6月5日至16日，联合国人类环境会议在瑞典斯德哥尔摩举行。这是世界各国政府共同讨论当代环境问题，探讨保护全球环境战略的第一次国际会议。会议的目的是要促使人们和各国政府注意人类的活动正在破坏自然环境，并给人们的生存和发展造成了严重的威胁。

美国经济学家芭芭拉·沃德和生物学家勒内·杜博斯向联合国人类环境会议提供的一份非正式报告《只有一个地球》，评述了经济发展和环境污染对不同国家产生的影响，呼吁各国人民重视维护人类赖以生存的地球。

会议通过了《联合国人类环境会议宣言》，简称《人类环境宣言》，呼吁各国政府和人民为维护和改善人类环境、造福全体人民、造福后代而共同努力。为引导和鼓励全世界人民保护和改善人类环境，《人类环境宣言》提出和总结了7个共同观点、26项共同原则。它开创了人类社会环境保护事业的新纪元，这是人类环境保护史上的第一座里程碑。同年的第27届联合国大会，把每年的6月5日定为"世界环境日"。

5. 发达国家环境管理部门的成立以及环保技术的发展

随着民众对于环保的呼声愈来愈强烈，20世纪60年代以来，美、英、法、西德、日等主要资本主义国家纷纷建立和加强了专门负责环境管理的部门，设置各种研究机构和监测系统，制定有关环境保护的法令和排放标准等。更重要的是，广大劳动人民和科学技术工作者在同环境污染的斗争中，发明创造了许多行之有效的新技术、新方法。为了解决燃煤和燃油排出的二氧化硫废气污染，发明了在煤和石油燃烧前先行脱硫的技术，如微生物脱硫、气化脱硫等。对已经产生的二氧化硫废气，则用干、湿二法排烟脱硫。浓度较高的二氧化硫废气还可回收利用，那是制造硫酸的好原料。在废水处理和回收利用方面，也出现了许多新方法，如物理处理法、化学处理法、微生物处理法等。同时，不少无害或少害的新工艺、新材料也涌现出来。

发达国家在工业化发展初期资源环境问题比较严重，出现了严重的环境污染事件，给社会经济发展带来了严重的灾难性影响。而后在总结经验教训基础上通过采取严格的环保措施与产业转型，基本完成了常规污染物的治理与防控。

二、官厅水库治理揭开资源环境领域改革序幕

1971年冬末，官厅水库受到上游企业废水排放污染。1972—1976年间，党和政府采用跨省市、协同管理的组织形式，一边科学调研，一边分批推进，对官厅水库污染进行了成功治理。这是新中国成立以来在国家层面上开展的第一次实质性环境治理综合行动，为1973年第一次全国环境保护会议的召开提供了实践和思想认识准备。

（一）快速工业化导致严重资源环境问题

经历了鸦片战争后百年的屈辱史、战乱史，新中国成立宣告了中国

人民站起来了。但是新中国几乎是建立在"一张白纸"上的，一切百废待兴。根据英国经济学家安格斯·麦迪森在《世界经济千年史》中的测算，中国在1820年的GDP总量为2290亿1990年国际元[①]，而1950年的GDP总量也只有2399亿1990年国际元，和清朝中期差不多。

因此新中国成立后，我们便开始了快速工业化、城市化进程，在优先发展重工业的战略方针指导下，经济增长取得了一定的成就。但是中国在经济增长过程中积累了许多环境问题，造成了严重的负面影响，自然环境的破坏、工业生产污染等方面问题开始凸显。

中国矿产资源储量居世界前列，其中钨矿、铝矿、煤矿、汞矿已探明储量居世界第一位。铅、镍、锰、铜、铁等矿产也占有重要地位。中国矿产资源虽然丰富，但是铬、铂、钾盐、金刚石等矿种还不能满足国内需要。一部分矿种富矿少、贫矿多。如全国铁矿的中、贫矿占95%以上，而富矿则不到5%，富矿比例远低于苏联（约20%）、巴西（90%以上）、澳大利亚（100%）的富矿比例。此外，中国矿产资源还存在存量结构不合理、后备探明储量不足、资源开发利用效率低、浪费严重等问题。因此，尽管中国矿产资源绝对数量充足，但是由于以上种种原因，现有矿产存量远远不能满足经济社会快速发展的需要。

中国境内的海洋、草地、河流、生物等其他自然资源与矿产面临着类似的情况：绝对数量不低，但人均占有不足；原有数量不少，但是由于经济发展、过度开发、战争破坏等因素使这些资源不断减少并且受到不同程度的破坏和污染；对这些资源的开发利用不当，缺少相应合理的管理体制，利用效率低。

工业化的发展需要农业的反哺，但是新中国成立后中国几乎所有的耕

---

① 1990年国际元是麦迪森在研究中使用的一种可比较的衡量GDP的学术单位。

地都处于缺氮的状态。① 而中国自身难以提供满足国内大量需求的氮肥，因此当时只能依靠增加劳动力投入或耕地数量才能提高农业产出，以支持大规模工业化。增加劳动力投入的手段就是鼓励生育。1949 年，中国有人口 5.4 亿，可耕地面积 0.98 亿 hm^2，人均耕地面积 $0.1815hm^2$/人。到了 1977 年，人口增加到 9.4 亿，而可耕地面积仅为 0.99 亿 hm^2，人均耕地面积 $0.1053hm^2$/人，仅为 1949 年的 58%。②

增加耕地数量就需要向更边远的地区开荒并进一步破坏森林、草原和水环境，导致新中国成立后更大规模的生态破坏。新中国成立后，一方面政府号召"植树造林、绿化祖国"，加强山河绿化步伐，营造了大面积人工林；另一方面因耕地扩大，木材需求增加，森林赤字有增无减。新中国成立以来，中国发生了两次大规模毁林事件：一次是"大跃进"时期，为大炼钢铁和大修工程毁坏了大面积林木；另一次是"文化大革命"时期，大批的知识青年下乡毁林开荒，使中国森林覆盖率大大降低。河南省大别山区的有些县，林木被砍伐殆尽。四川省境内长江上游的林区被毁林木达几十万亩，加剧了水土流失等一系列生态问题，带来了长期后患。到 1978 年，中国森林覆盖率仅为 12.7%，在当时世界大约 160 个国家和地区中居第 116 位，低于亚洲的森林覆盖率平均值（19%），更低于工业发达、人口密集的欧洲地区（29%），苏联、美国和日本等工业发达国家的森林覆盖率也都在 20% 以上。同期，由于中国人口数量庞大，人均拥有的森林面积仅居世界第 121 位；木材蓄积量居世界第 5 位，而人均木材蓄积量只有 $10m^3$，远低于加拿大（$825m^3$）等国家。③

---

① Jung-Chao Liu, China's Fertilizer Economy[M].Chicago, IL: Aldine Publishing Co., 104-105.
② 白永秀：《中国经济改革 30 年（1978—2008）》（资源环境卷），重庆大学出版社，2008 年版，第 4 页。
③ 中国林业科学研究院科技情报研究所：《我国是怎样由多林变为少林的》，《新疆林业》，1979 年第 6 期。

新中国成立后，中国水土流失面积增加了31.8%，每年地表土流失量达50亿吨以上，相当于全国耕地每年剥去1cm厚的肥土层，这反过来导致了土壤原来含有的氮、磷、钾大量损失，相当于数万吨化肥。① 进行了大量的毁林开荒的活动，造田面积远远超过了基本建设占地和自然损毁土地面积，耕地面积绝对数量的增加一直持续到20世纪80年代初。

20世纪60年代末到70年代初，工业排放的废水、废气、废渣（简称"三废"）导致了严重的环境污染问题：②

海水污染严重，近海渔业急剧萎缩。渤海每天接纳沿海五省市排放的工业废水600多万吨，海水中普遍含有砷、油、酚、汞等有毒物质，出现涨潮一片黑水，退潮一片黑滩的景象。据1972年普查，石油污染已遍及海域。大连、锦州附近，水色浑浊，常见浮油。锦州湾1960年捕捞黄花鱼6500吨，1972年降到1吨多。近海渔场已向深海迁移。

内陆水污染也很严重。长江沿岸有21个大中城市，直接把废水排入江中。经检查，长江自渡口以下，重庆、宜昌、武汉、九江、南京、上海各江段的水中，均含有过量的有毒物质。南京江段明显的污染带长达12公里。南京鲥鱼产量1958年为530吨，1972年降为83吨，当地渔业队反映，1970年捕鱼量比1969年减少了一半。杭嘉湖地区原是"河水常青鱼常在"的鱼米之乡，现在群众反映是"黑水常在鱼不见"。淡水鱼产量连年下降，有的渔业队吃光了国家贷款，只有等待救济。杭州、苏州等水乡城市，由于河道污染，方圆十里内找不到自来水水源。黄河的污染在兰州及包头附近很严重。兰州市有几十里河水均呈黑褐色，河面上有明显油膜。上游湟水含酚量高，西宁自来水测定38次，有30次超过国家标准。黄河主要支

---

① 颜世黉、赵旭东、祁兵：《环保浪潮与中国对策》，世界知识出版社，1999年版，第148页。
② 曲格平、彭近新：《环境觉醒：人类环境会议和中国第一次环境保护会议》，中国环境科学出版社，2010年版，第225~227页、313~317页。

流汾河，已被人们称为"酚"河。另一支流渭河，在西安附近污染也较严重，居民若饮用河水附近的井水，就有腹痛、呕吐等症状。松花江的治理工作做了多年，但由于吉林、齐齐哈尔、哈尔滨、牡丹江、佳木斯等城市排出的废水愈来愈多，水质情况几起几落。1973年2月，齐齐哈尔以下300余公里江段又发现大量死鱼。吉林市以下江段鱼虾绝迹，江底污泥中普遍含有该市排出的汞，当地长期食鱼的渔民头发中，含汞量最多的达50.2mg/kg（超过正常人10倍多），接近日本水俣病的下限（50.8mg/kg）。其他水系也都不同程度地受到污染。辽宁省6条较大的河流没有一条是干净的。太子河基本上是一条污水河，本溪附近河床没有一条是干净的，由于废渣沉积，河床比18年前抬高了2米，浑河是名副其实的"浑"河，浑浊度高达12000度。鸭绿江丹东岸边棕色污水已经扩展到70米宽，当地特产面条鱼已经减产90%。珠江水系以南宁、桂林、梧州、百色和广州等河段污染较为明显。桂林市的工业废水，使漓江下游30公里内的水质恶化，耗氧量比上游增加5.5倍。广州市在珠江沿岸6个水厂的几个主要取水口，水中氰化物的含量超过标准6~17.5倍，酚的浓度超过标准12~390倍。湘江水质也在不断恶化，仅株洲化工厂每天排入湘江的砒霜就有一吨左右。富春江和新安江水库损失极大，据初步估计富春江里有70%的鱼死亡，从黄蚬到百斤大鱼都保不住。嘉陵江、岷江、乌江等经检查水中也含有有毒物质。云南滇池，原以清澈见底闻名，周围16家工厂排入废水后，湖面上可见死鱼、白沫，滇池北部的草海里的海菜也不见了，昆明市及沿岸人民的生活饮用水亦受到危害。新疆地区伊犁、喀什、和田等内陆河道开始污染，乌鲁木齐的水磨沟原来是秀溪清涧，现已成了臭水沟，含酚量超过标准24倍。

地下水的污染需要高度重视。北京城区及近郊区160平方公里（占北京市地下水总面积的1/5）的地下水中，有毒物质含量超过饮用水标准，其中被迫停用的水源井占10%，每天减少供水能力6万吨。包头全市50%地区的地下水，受到铬、酚等有害物质的污染，使一批自来水井报废并明显危害人体健康。据1971年5月对东河铬污染区调查，在受检查的225人中，消化道症状患者占40%左右，口咽病患者占33%，一些生产队反映，近年来由于饮用被污染的井水，人畜发病率普遍增高。西南地区某些厂矿，直接把废水排入地下溶洞，又经地下潜流注入河道造成污染。如贵州某镀金厂排出含氰化物的废水，通过溶洞，使下游7头耕牛饮水后死亡。

不少城市空气污浊，有害气体增多。有些工业区经常烟雾弥漫，如同"烟城""雾区"。吉林市哈达湾地区每逢气压低时，烟气笼罩，白天行车必须开灯。鞍山市工业区每月每平方公里降尘量高达534吨；成都青白江工业区每天排出有害气体500万余立方米，大气中氟化氢、二硫化碳、二氧化硫等超过标准几十倍到一百多倍，严重影响居民健康和附近农业生产。在化工行业中，工人由于接触有毒气体，肝脏肿大，白细胞降低，神经系统和呼吸系统疾病相当普遍，有些化工厂工人发病率高达20%~30%。

工业废渣的危害也比较严重。辽宁省年排放废渣1.8亿余吨。鞍钢存渣达到1亿余吨，堆成了延绵几公里50米高的渣山，每天用100辆车皮、20台机车、140个渣罐、上万名工人，把废渣运往营口填海。阜新矿区的煤矸石占地5.4万余亩，其中占用耕地2.3万亩。

农药残毒危害情况日益凸显。农业中大量使用六六六、滴滴涕等农药，有些地区在粮食、蔬菜、水果、鸡蛋、烟叶、水产品中均发现有过量残毒。据中国粮油食品进出口总公司反映，西德倍尔公司对我国出口的干蛋黄粉进行检验，50个样品中只有5个符合西欧共同市场规定。1972年，浙江省对全省200亿斤粮食进行化验，有100亿斤被汞污染，其中4亿斤不能食用。

1972年，北京市的全市工业污染源调查表明，"三废"排放量大，没有采取污染防治措施。北京石景山地区的北辛安"三废"排放量为173吨，朝阳、西城区的"三废"排放量也在90吨以上，这些地区呼吸道疾病比空气清洁地区高一至三倍。特别是有害废水的数量日益增多，由于未做处理而任意排放，污染了江河、湖泊、海域和地下水源，破坏了水产资源，影响到工农业生产和人体健康。官厅水库污染就是当时极其典型的一例。

（二）官厅水库污染引发社会争议

官厅水库是北京市主要供水水源地之一，上游由山西雁北地区的桑干河、河北张家口地区怀来的洋河和北京延庆的妫水河组成。1971年冬末，官厅水库开始发现漂有大量泡沫，水色浑黄有异味。1972年3月，北京市场出售的在官厅水库打捞的鲜鱼有异味，人食用之后出现头痛、恶心、呕吐等中毒症状。洋河河源的良田屯社员反映，两年间患病者增多，普遍出现中毒症状，良田屯小学426名学生近一年来因病缺席率达50%，上课时打盹的半数以上，记忆力也都有不同程度减退。妫水河边的社员也反映，库水有药味，食用后除有类似中毒症状外，由于饮水含氟高，导致患关节炎、掉牙的情况增多。①

卫生部门就此问题向国务院作了专项报告，由当时在国务院计划起草小组负责环保工作的曲格平将报告上呈国务院总理周恩来。周恩来对此非常重视，要求立即查清事件原因。很快，国家计委和建委组成调查组，并于1972年4月开始调查。

当时还处于"文化大革命"期间，即使在科学领域，"环境污染""环境保护"还都是新鲜概念，在极左路线指导下，人们认为社会主义制度是不可能存在污染的，甚至还认为"谁要说有污染，有公害，谁就是给社

---

① 《关于官厅水库目前污染情况的调查报告》（1974年4月29日），河北省档案馆藏，档案号：964-4-23。

主义抹黑"。① 还有一些人从环境污染会危害人体健康的角度出发,认为环境问题属于卫生领域,轻视环境污染对经济社会危害的严重性。② 有的上纲上线,提到政治斗争高度,判断污染原因是阶级敌人投毒。"那时人们的思想都特别'左',阶级斗争的弦都绷得特别紧,这水是流到北京去的,流到中南海的,一定是阶级敌人在搞破坏,有人往水库投毒,想毒害首都人民,毒害党中央毛主席。"③

(三)调查组查明污染原因是工业排放所致

在此历史背景下,由北京市"三废"管理办公室、官厅水库管理处和中国科学院地理研究所等组成的"官厅水库污染情况调查组"对官厅水库污染展开调查。调查组发现上游建了造纸厂、钢铁厂、炭黑厂,小工厂很多,大量的污水进入河流,汇入水库,引起鱼类死亡。为了保证调查结果的严肃性、准确性,调查组之后又在官厅水库布置了采样点,对水质、渔业养殖、水生生物、水库的底泥等都进行采样分析。最终,根据大量调查事实和分析数据,确定"官厅水库的死鱼事件是由于上游工厂排放污水引起来的"。化验表明,水库水质有恶化趋势。

调查组发现,沙城农药厂废水是危及官厅水库最直接的污染源,污染源主要是张家口、大同、宣化等地区的污水。沿入库河流两岸建了各种工厂500余家,根据不完全统计,每年排放污水约6786.8万吨,直接或间接地排入河道、进入水库,造成污染。洋河河畔的沙城农药厂、沙城磷肥厂排出的废水污染严重,直接威胁了沿岸7.5公里范围内六个生产大队的农业生产和社员身体健康。良田屯大队因距沙城农药厂最近,24口井水都有

---

① 曲格平、彭近新:《环境觉醒:人类环境会议和中国第一次环境保护会议》,中国环境科学出版社,2010年版,第2页。
② 《中国环境保护行政二十年》,中国环境科学出版社,1994年版,第10页。
③ 冯永峰:《不要指责环保局长——从北京看中国城市的环保出路》,世界知识出版社,2007年版,第168页。

强烈的漂白粉味,含氯量在 300~1000mg/L（当时北京市自来水含氯量一般不超过 100mg/L）。

调查组专家对当时国内不承认社会主义国家存在"环境污染"的舆论和可能要因此承担的政治风险是十分清楚的。这样的报告上报,存在很大风险。在调查结果、科学检验与政治压力面前,调查组专家选择了实事求是。

1972 年 4 月 29 日,官厅水库污染情况调查组完成《关于官厅水库目前污染情况的调查报告》,认定了官厅水库污染不是投毒,主要是上游各河道的工业废水排放所致。报告强调,污染的程度严重,治理紧迫。经化验证明水质已受污染,并有急剧恶化的趋势,水库盛产的小白鱼、胖头鱼体内滴滴涕含量 2mg/kg（日本规定不得超过 0.11mg/kg）。报告预估,如果不采取有效措施任其发展,按照现有废水排放量,再过半年水库滴滴涕的浓度可能由现在最大的 0.42μg/L 上升到 0.95μg/L,其他毒物也必然相应增加,后果严重。报告郑重指出:官厅水库受污染,势必直接影响北京市的地面和地下水的水质。保护官厅水库的水质,是关系到首都用水安全的一件大事,是一项严肃的政治任务。6 月,调查组正式向国务院上报《关于官厅水库污染情况和解决意见的报告》,建议成立官厅水库水源保护小组,采取各种紧急治理措施。

（四）周恩来亲自指导开展污染治理

周恩来总理对《关于官厅水库目前污染情况的调查报告》作出批示,要求成立领导小组,开展污染治理,尽快改变被污染的现状。紧接着,国务院以国发〔1972〕46 号文批转《关于官厅水库污染情况和解决意见的报告》,批示指出,随着中国工业的发展,对于防止污染必须更加重视,特别是对于关系到人民身体健康的水源和城市空气污染问题,各地应尽快组织力量,进行检查,作出规划,认真治理。短时间内如此密集的批示,显示了国家对这一问题高度重视。在周恩来的领导下,国务院首次向全国发出中国存在环境污染的警示,并提出对区域性的水污染和空气污染进行治理的要求。

从1972年开始,国家和有关部委投入专款近3000万元展开治污攻关行动,分三批对官厅水库上游39个重点污染企业的77个项目进行治理,按其规模、性质分别确定相应治理方案。同时,还在水库及其上游地区建成五个监测站。在专家和水库沿线企业及有关单位与村民的共同努力下,各类污染项目治理都取得了很大进展,并在系统总结中为水源保护工作提供了科学数据、分析和指导。

领导小组在各方协调下,克服了种种困难,从1973年治理伊始就有了明显成效。1973年官厅水系水源保护领导小组《关于官厅水库水源保护工作的报告》指出,沙城农药厂滴滴涕车间停产以来,附近良田屯大队的社员健康状况有了明显好转。1974年上半年据河道和库区居民反映,除氯化物略有增加,水质略偏碱性外,水体色、嗅、味略有增加,滴滴涕、六六六等有机氯农药的污染得到了控制,死鱼现象未再发现,其他多种污染物质的浓度都有所降低,水库水质得到明显好转。1975年测定时,官厅水库水质显著好转,库水异味消失,水色变清,死鱼现象已经没有了。官厅水库污染治理工程在1976年末基本落下了帷幕。

这是新中国进行的第一项大型水源污染治理工程。到1975年,治理重点污染源70余项,水源污染基本得到控制,工程投资近3000万元,这在当时是一笔巨大投入。在"文化大革命"混乱的形势下,工业建设和生产活动很多都处于停滞状态,而这项工程却取得很大成功,主要原因有:一是指挥有力,刚被"解放"出来的万里同志任组长,他深入调查,周密计划,敢抓敢管,措施落实有力;二是实行全流域统一规划,统一领导,各省市区分别治理,提供了流域治理的成功经验。①

三、改革开放之前的开放:参加联合国人类环境会议

联合国人类环境会议又称斯德哥尔摩人类环境会议,于1972年6月5日至16日在瑞典斯德哥尔摩举行。这是世界各国政府共同讨论当代环境问题、探讨保护全球环境战略的第一次国际会议。1972年6月16日,第21次全体会议通过了《联合国人类环境会议宣言》(简称《人类环境宣言》),呼吁各国政府和人民为维护和改善人类环境、造福全体人民、造福后代而共同努力。为引导和鼓励全世界人民保护和改善人类环境,宣言郑重宣布会议提出和总结的7个共同观点、26项共同原则。叙述了对环境问题的看法和态度,规定了保护环境,特别是保护自然资源的要求。这一宣言是维护和改善人类生存环境的一个纲领性文件,反映了世界各国人民,特别是第三世界各国人民改善和保护人类环境的强烈愿望和主张。中国代表参加宣言的制定,并为确保各国际组织在环境保护方面的协调作用做了很大努力。这次参加联合国人类环境会议在改革开放前让中国在环境领域率先向世界开放,一方面是响亮地发出中国声音;另一方面让中国睁眼看到自己与世界的关系——真正认识到了自身环境问题,也让中国人学习到西方国家环境保护的最新理念与最新实践。

(一)中国人终于走出国门看世界

1971年12月,联合国秘书长给中国外交部部长发出照会,邀请中国参加1972年6月5日至16日在瑞典斯德哥尔摩举行的联合国人类环境会议。12月2日,联合国环境委员会副秘书长莫里斯·斯特朗会见了中国驻联合国代表团团长乔冠华,希望中国参加这个会议。在当时,"文化大

---

① 曲格平、彭近新:《环境觉醒:人类环境会议和中国第一次环境保护会议》,中国环境科学出版社,2010年版,第4页。

革命"正在惨烈地进行中，国民经济到了崩溃的边缘。但是周恩来总理马上批准组团参加，并作出积极支持的重要批示："通过这次会议，了解世界环境状况和各国环境问题对经济社会发展的重大影响，并以此作为镜子，认识中国的环境问题。"[①] 这是周总理高瞻远瞩的历史性决策，他看到了中国环境问题的巨大威胁，让当时闭目塞听的中国人走出国门看看世界，以便更好地筹划中国的发展。参加这次会议的中国代表团由国家计委、外交、冶金、轻工、卫生、核工业、石油化工、农业等部门和北京、上海，以及科技界的20多人组成。这是中国重返联合国之后，出席联合国会议规模最大的一个代表团。这一决策出乎一般人的想象，也使国际社会感到吃惊。

（二）在联合国人类环境会议向世界开放发出中国声音

会议期间，中国政府代表团唐克团长、毕季龙代表和陈海峰代表在不同场合积极发言，多次表明中国政府关于环境问题的原则立场。归纳起来，主要有这样几个方面的内容：

一是表明中国政府积极参与全球环境事务，同时坚决维护国家主权。人类只有一个地球，环境问题是人类社会面临的共同挑战，需要相互尊重，加强全球合作。

中国代表团在发言中表示：维护与改善人类环境，与公害作斗争，已成为保证人类健康发展的一个迫切任务。我们在维护和改善人类环境方面还缺乏经验，还要继续做更大努力。我们愿意学习世界各国在维护和改善人类环境方面的一切好经验，为维护和改善人类环境作出贡献。

同时，中国代表团主张："国际上任何有关改善人类环境的政策与措施，都应该尊重各国的主权和经济利益，符合发展中国家的当前和长远利益。"

[①] 曲格平、彭近新：《环境觉醒：人类环境会议和中国第一次环境保护会议》，中国环境科学出版社，2010年版，第206页。

二是分析产生环境污染的社会根源，批评一些发达国家的侵略、掠夺政策和行为。环境问题的产生，有其深刻的社会原因。工业革命以来，西方发达国家走过了一条"先污染，后治理"的道路，对全球环境产生了深刻影响。

唐克团长在大会发言中指出，当前，某些地区的公害之所以日益严重，成为突出的问题，主要是由于资本主义发展到帝国主义，特别是由于超级大国疯狂推行掠夺政策、侵略政策和战争政策造成的。帝国主义、新老殖民主义及其垄断资本集团，为了追逐高额利润，不顾人民死活，疯狂进行掠夺和剥削，破坏资源，日益排放有害物质，污染和毒化本国和别国环境。

中国代表团强烈谴责了美国军队在越南、老挝使用化学毒剂和毒瓦斯，导致河流水源被毒化、森林和农作物被毁坏、有些生物面临灭绝的危险，"造成了人类环境前所未有的严重破坏"。中国代表团还阐明了在核武器问题上的原则立场。

三是坚决维护发展中国家发展民族经济的正当权益。环境危机出现以后，人们开始反思经济发展与环境保护的关系。一些环保主义者认为，正是经济发展日益接近"增长的极限"，才导致人类社会的环境危机。

中国代表团强调，中国人民在长期的革命斗争实践中体会到，只有发展独立的民族工业，才能不断提高人民生活水平，才能使国家繁荣富强。当然，工业的发展会引起对环境的污染。但这个问题随着社会的进步和科学技术的发展，是可以得到解决的。绝不能因噎废食，因为怕环境被污染而不去发展工业。只要人民当了国家的主人，只要政府真正是为人民服务的，发展工业就能造福于人民，工业发展中带来的问题是可以解决的。

四是高扬人的主体地位，对环境保护持乐观态度。对人与自然的关系的反思，使环境问题上升到了哲学的高度。一些环境伦理学家批评"人类中心论",人的主体地位受到怀疑和挑战。

中国代表团认为,世间一切事物中,人是第一个可宝贵的。人民推动社会进步,创造着社会财富,发展着科学技术,并通过自己的辛勤劳动,不断地改造着环境。随着社会进步和生产、科学技术的发展,人类改善环境的能力日益增强,因此人类环境的改善是有无限广阔前景的。在人类环境的问题上,任何消极的观点,都是毫无根据的(唐克团长的发言全文请见文后附件1)。

大会要制定《人类环境宣言》,会议前期筹备委员会已经做了不少工作,由27国形成了一份初步宣言草案,但是还没能充分反映与会的100多个国家的意见,工作组内部也没有达成一致的意见,而且会议筹备委员会不主张大会花过多时间集体讨论修改《人类环境宣言》草案,只安排了6个小时的讨论。1972年6月7日上午,中国代表团向大会提出紧急动议,要求成立特别委员会,由参会的所有国家代表团参会,就《人类环境宣言》进行广泛讨论。在中国代表团联合其他国家代表团的强烈建议与积极推动下,大会建立了《人类环境宣言》特别工作组,从6月9日开始工作,对宣言的具体内容进行广泛的讨论与艰苦的修订。《人类环境宣言》特别工作组最后一次会议从6月15日晚上持续到6月16日4时许,通过了《人类环境宣言》的前言部分,基本上接受中国代表团的主张。6月17日,大会秘书长发表新闻公报称,大会一致通过《人类环境宣言》(具体内容请见文后附件2)。中国为大会成功作出了应有的积极贡献,极大地维护了中国及广大发展中国家的利益。

会议经过反复磋商谈判,《人类环境宣言》最终采纳了中国代表团的不少意见。

一是在分析产生环境污染的社会根源时,虽然比较笼统,没有点名道姓地批评具体国家,但宣言谴责了"促进或维护种族隔离、种族分离与歧视、殖民主义和其他形式的压迫及外国统治的政策",并明确提出,要"支持各国人民反对污染的正义斗争"。

关于核武器问题,宣言呼吁"人类及其环境必须免受核武器和其他一切大规模毁灭性手段的影响。各国必须努力在有关的国际机构内就消除和彻底销毁这种武器迅速达成协议"。

二是维护了发展中国家发展民族经济的正当性。宣言既指出保护和改善环境是各国人民面临的重要问题,但也注意到发展中国家环境问题的特殊性,即"在发展中的国家中,环境问题大半是由于发展不足造成的"。

宣言指出,在发展中国家"千百万人的生活仍然远远低于像样的生活所需要的最低水平。他们无法取得充足的食物和衣服、住房和教育、保健和卫生设备。因此,发展中的国家必须致力于发展工作,牢记他们优先任务和保护及改善环境的必要"。

宣言中多处维护了发展中国家的权益。如,"所有国家的环境政策应该提高,而不应该损及发展中国家现有或将来的发展潜力",并提出"应筹集资金来维护和改善环境,其中要照顾到发展中国家的情况和特殊性"。

三是肯定了公众在解决环境问题中的积极作用。宣言虽然注意到人口的自然增长不断地给环境保护带来一些问题,但同时指出,"如果采取适当的政策和措施,这些问题是可以解决的。世间一切事物中,人是第一个可宝贵的。人民推动着社会进步,创造着社会财富,发展着科学技术,并通过自己的辛勤劳动,不断地改造着人类环境。随着社会进步和生产、科学及技术的发展,人类改善环境的能力也与日俱增。"

《人类环境宣言》不仅采纳了中国代表团的诸多观点,回应了中国等广大发展中国家的关切,其中有一些语言,甚至直接引用了中国人民广为熟知的毛主席语录。如:"世间一切事物中,人是第一个可宝贵的。""人类总得不断地总结经验,有所发现,有所发明,有所创造,有所前进。""我们需要的是热烈而镇定的情绪,紧张而有秩序的工作。"从而使宣言文本的"中国元素"格外醒目。①

(三)大会让中国认清自身环境问题并学习西方国家对策

中国政府代表团为联合国人类环境会议成功举行作出贡献的同时,也让当时闭目塞听的中国人开始意识到环境问题的重要性和现实威胁。代表团向周恩来总理作了汇报。汇报当中,在列举世界环境问题的同时,对照中国的一些情况,证实中国的环境问题已经相当严重。像大气污染、水质污染、固体废弃物污染,还有自然生态破坏,都已经达到比较严重的程度。代表团得出两点结论:一是中国城市环境污染不比西方国家轻;二是中国自然生态破坏远在西方国家之上。联合国人类环境会议成了中国人认识自身环境问题的"镜子"。1976年1月11日,国务院批准派国务院环境保护领导小组办公室负责人曲格平为中国驻联合国环境署第一任常驻代表,进一步加强在环境领域的对外开放。

理念是实践的先导,如果对环境问题没有足够的认识,就不会有环境保护的措施。当时中国正处于"文化大革命"时期,人们的思维被封闭、被桎梏,不愿更不敢承认社会主义中国也有环境污染,认为那都是西方资本主义国家的不治之症。谁要说中国有污染,谁就是给社会主义抹黑。现在看来,这是多么荒唐可笑的逻辑,但是在当时是不容置疑的信条,环境保护的行动也就难以实行。另外,之前人们对于环境问题是很陌生的,甚至连"环境保护"这个词都没怎么听说过,认为环境保护就是打扫卫生这类事。以"环境保护"为检索词,检索《人民日报》1949年10月至1972年6月1日前标题或文中含有该词的文献,没有检索到目标文献。②

---

① 刘友宾:《重读〈人类环境宣言〉:建构中国环境话语体系的可贵努力》,《中国环境报》,2015年1月14日。
② 翟亚柳:《中国环境保护事业的初创——兼述第一次全国环境保护会议及其历史贡献》,《中共党史研究》,2012年第8期。

这次会议中国是在已经开始走出封闭状态，已经开始与国际社会加强政治经济交流的国际环境下参与的。20世纪70年代初，在毛泽东同志打开中美关系新局面的战略决策中，中国恢复在联合国的合法席位，中美关系开启正常化进程，加快同发达国家普遍建立外交关系，积极发展对外经济技术交流，这些为中国提供了了解世界、观察世界甚至今后对外开放的客观条件。周恩来等中央领导始终在以世界的眼光和胸怀关注环境保护，在对发达资本主义国家的环境污染问题主动了解的同时，以此为参照，进一步发展了预防为主、综合利用等思想。而参加联合国人类环境会议，则直接使与会中国代表团成员更进一步意识到环境公害问题的严重性和解决环境问题的迫切性。通过了解资本主义国家的环境问题，反观国内的环境现状，提出要把消除公害作为社会主义优越性的体现，既要发展工业生产，又不能重复西方国家先污染后治理的老路，进一步将预防为主的思想体现在环境保护政策当中。

大会打开了中国人学习西方国家环境保护的最新理念与最新实践的大门。1973年6月，经国务院批准，中国第一个环境出国考察团赴英国进行了一个月的考察，代表团由国家建委、中国科学院，北京、上海、天津、沈阳市的代表11人组成。代表团参加了在伦敦召开的"环境污染控制"国际会议，先后考察了城市规划和大气污染、水质污染与控制及科研单位。[1]

四、改革开放之前的改革：第一次全国环境保护会议

在"文化大革命"之际召开的第一次全国环境保护会议，直面我国当时存在的各类环境问题，分析国家环境保护现状，确定环境保护工作方针，讨论通过我国第一个环境保护文件。从此，资源环境领域的体制改革

---

[1] 《中国环境保护行政二十年》，中国环境科学出版社，1994年版，第370页。

在改革开放之前率先开启，全国性环境保护机构、资源环境保护的法律制度体系开始逐步建立。

（一）官厅水库治理与人类环境会议推动会议召开

参加联合国人类环境会议的中国代表团通过会议内外的交流，拓宽了视野，在回国后向周恩来总理、李先念副总理、国家计委余秋里主任汇报时，除了列举世界环境问题外，还提出了我国环境问题的严重性，明示中国的环境问题，如大气污染、水质污染、固体废弃物污染，以及自然生态破坏，已经达到比较严重的程度。周恩来听后表示，所担心的问题在我们国家还是发生了，而且还比较严重。他指示，立即召开一次全国性的会议，环境保护问题，不仅国家有关部门要重视，更要使得全国各级领导都要重视。

实际上，早在参加联合国人类环境会议前，国家计委负责"三废"研究治理工作的曲格平已经建议要召开专门会议，研究环境污染和治理问题。当时国务院相关领导同意了这个建议，计划在1972年底举办会议并发了预通知，后来因筹备联合国人类环境会议而推迟。

1972年6月，官厅水库水源保护领导小组成立后，北京、天津、河北、山西四省、市召开会议，共同商讨污染治理问题的工作办法，很快显出成效。1972年9月21日，国家计委建议按照官厅水库的做法，10月份召开一次有辽宁、天津、河北、山东四省、市和有关部门参加的防止渤海湾污染的会议。11月4日，卫生部又向国务院建议由国家计委主持召开长江、黄河、珠江、松花江、渤海、东海等水系污染调查汇报会。11月30日，国家计委请示建议关于长江、黄河、珠江、松花江、渤海、东海等水系污染调查汇报会议，拟与在近期内召开的防止大连、上海、南京等主要港口及渤海湾污染会议合并召开，卫生部共同筹备。报告得到李先念副总理批示："要召开会就要认真开。卫生部的意见对，由计委统一抓。如果时间来不及，推迟召开，必使会议开得有结果。"①当然此时这些酝酿中的会议还属于研究解决某项具体问题的协调会。1973年1月8日，全国环境保护会议提上日程时，前两个合并召开的会议再次被合并到全国环境保护会议之中，会议议题也顺理成章地成为其中的组成部分。随着会议主题和内容的不断扩充和丰富，召开第一次全国环境保护会议水到渠成。

1973年1月8日，国家计委向国务院递交了《关于召开全国环境保护会议的请示》，提出"根据最近总理、先念副总理对开展综合利用、预防和解决环境污染问题的指示精神"，拟在全国计划会议以后，召开全国环境保护会议。同时商定成立会议筹备小组，国家计委顾明任组长、国家建委宋养初、燃化部唐克、卫生部谢华为副组长，分别来自中科院、轻工部、农林部、交通部、冶金部、一机部、国家计委的7位同志为成员。筹备小组办公室设在国家计委。经国务院领导同意，1973年1月20日，国家计委向各省、市、自治区和有关部委发出了召开全国环境保护会议的预通知。根据筹备工作进展情况，会议最终确定在8月初召开。

为开好这次会议，在国家计委和会议筹备小组的领导下，有关部门和同志做了大量准备工作。在会议材料准备方面，一是搜集整理了反映我国当时"三废"污染现状的有关材料。为此国家计委事先组织了一次全国性的调查，请各个省分别调查本省环境污染方面的问题，还给各省选定了一些题目。当时参与此项工作的同志对一些省、市和部门做过"发动"工作，鼓励他们大胆暴露问题。这在当时虽然难以消解人们的顾虑，但不少省份的调查情况很快反馈回来，其中揭露出不少中国在环境污染和生态破坏方面的严重问题。二是起草了《关于开展环境保护工作的几点意见（讨论稿）》等文件。4月底，会议筹备小组起草完成《关于开展环境保护工作的几点意见（讨论稿）》，另外还组织草拟了《工业废水废气排放标准》《开

---

①《李先念年谱（1970—1978）》（第5卷），中央文献出版社，2011年版，第233页。

展环境监测的意见》《防止海水污染的管理办法》等其他几个有关环境保护的文件。5月初,国家计委组织了5个小组分赴各地广泛征求对这些文件的意见,进一步做了修改。

与此同时,国家计委筹备一个环境保护小型展览,准备在会议期间展出。先后举办了15次大型座谈会,座谈了生态学、化学、地质学、气象、医学、林业、水产、海洋、放射性物质等方面的情况,普及和提高有关环境保护的知识。还组织有关部门和上海、天津市的科技人员140多人,编写和翻译了11本书。

(二)会议取得超过预期的效果

1973年8月5日至20日,经过精心筹备,全国环境保护会议在北京召开。各省、市、自治区委员会主管环境保护工作的负责同志,国务院有关部门的负责同志,一些开展综合利用、除害兴利做得比较好的厂矿企业的代表,以及科学研究部门、大专院校等单位的代表共312人参加会议。会议采取大会发言与小组讨论相结合的方式进行。8月7日,国家计委顾明在大会上作了《以路线为纲,搞好环境保护,为广大人民和子孙后代造福》的主题发言,冶金、燃化、轻工、卫生等部负责人均在大会上作了发言。与会代表除了介绍经验和听取情况外,还重点讨论通过了《关于全国环境保护会议情况的报告》及其附件《关于保护环境和改善环境的若干规定(试行草案)》两个文件。

会上,会议秘书处将代表反映的环境污染和破坏情况及开展综合利用情况写进会议简报中。简报主要从综合利用、除害兴利的角度正面反映一些单位治理"三废"的成效,同时批评了一些做得不好的单位。但是,根据会前掌握的情况看,会议组织者依然觉得对问题暴露得不充分,在征得领导同意后,会议组织者将国家计委会前调查和搜集到的一些环境污染和生态破坏情况编写成6期《简报增刊》和4期《环境保护情况反映》,并将这些材料及时发到与会代表手中。

由于会议材料内容丰富,会议讨论热烈,会议越开越深入。会议结束前一天,按照国务院的指示,8月19日下午在人民大会堂召开全国环境保护大会。参加第一次全国环境保护会议的全体代表和中央各部门,人大常委会,国务院各部委,军委各总部、各军兵种,北京市、原北京军区的负责同志和干部、工程技术人员以及在京的大专院校、厂矿、设计、科研单位的1万余人参加这次大会。大会由余秋里主持。李先念、华国锋分别讲话。北京市、上海市,沈阳化工厂、广东马坝冶炼厂、吉林造纸厂和株洲市的代表,在大会上介绍了他们开展综合利用、消除"三废"污染、保护环境的经验。

李先念在讲话中指出,消除污染保护环境要提高到路线上来看。他认为环境保护问题,还没有引起大多数同志特别是领导同志的重视。他说:"环境问题是个重大问题,全世界都在讨论。今天开这么一个大会,就是要造个声势,把它摆到议事日程上来。"他明确提出三个解决办法:一是各地企业要自力更生,挖掘内部潜力,对"三废"进行综合治理;二是新建企业,要把"三废"治理安排好,和主体工程同时设计,同时施工,同时投产,否则不准开工,不准投产;三是要讲工农关系,不准随意圈占土地。①

华国锋在发言中指出:我们工业在全国还要有很大的发展,但现在已暴露出污染的严重。所以必须注意防止污染。必须重视综合利用,它既充分利用资源,又减轻环境污染。这次会议,是正需要认真抓"三废"治理的时候,中央批准召开的。这个万人大会的目的,是要全党、全国引起重视,首先是北京市要作出成绩来。华国锋还提出会后要认真传达,认真抓,要求各个城市、所有工业企业都做到家喻户晓。他指出做好"三废"

---

① 《李先念年谱(1970—1978)》(第5卷),中央文献出版社,2011年版,第313页。

治理工作,不但是这一代的事,而且关系到后代,不能叫子孙后代骂我们。①

当晚与会代表又分组讨论了李先念、华国锋的指示。20日,会议圆满结束。

第一次全国环境保护会议结束后,绝大部分省、区、市的代表回去后向省、市委作了汇报,传达全国环境保护会议精神,并积极筹备召开各省环境保护会议。到1973年10月25日为止,已开过或正在召开环境保护会议的有江西、湖北、云南、宁夏回族自治区。南京、广州、长春、南昌、大同、张家口等城市,分别召开了各种规模的环境保护大会,广泛进行动员。例如,长春市于9月7日至12日,由市委书记主持召开了有各县、区、局、工厂、科研单位、大专院校负责人参加的环境保护会议,总结工作,交流经验,讨论制定了今后工作规划和具体措施,并采取会内会外相结合的办法,先后两次分别组织100多个分会场,每次有10万人左右参加,初步做到了家喻户晓。

(三)会议开启了中国资源环境领域的率先改革

第一,明确了国家关于环境保护32字工作方针,审议通过《关于保护和改善环境的若干规定(试行草案)》(以下简称《规定》)(全文请见文后附件3),对环保工作进行全面部署。该文件经国务院以国发〔1973〕158号文批转全国,是中国历史上第一个由国务院批转的具有法规性质的环境保护文件。

会议明确了我们国家关于环境保护的方针是"全面规划,合理布局,综合利用,化害为利,依靠群众,大家动手,保护环境,造福人民",并指明这32字方针的内涵、作用、指导意义。会议认为:全面规划,合理布

---

① 曲格平、彭近新:《环境觉醒:人类环境会议和中国第一次环境保护会议》,中国环境科学出版社,2010年版,第243~245页。

局是保护环境、防止污染的一个极其重要的方面;综合利用,化害为利是消除污染危害的积极措施;依靠群众,大家动手指的是保护环境必须走群众路线;保护环境,造福人民是环境保护的目的。

《规定》提出了10项要求和规定,涉及:全面规划;工业合理布局;改善城市环境;综合利用,除害兴利;加强对土壤和植物的保护;保护江河、湖泊、海洋的水质;保护森林,保护草原,大力植树造林,绿化祖国;认真开展环境监督工作;大力开展环境保护的科学研究工作和宣传教育;环境保护需要的投资、设备和材料要尽可能予以保证等内容。环境保护的"三同时"原则,提出要首先抓好北京、上海等18个城市的环境改造工作。可以说《规定》中许多原则来源于我国多年来环境保护工作实践经验的总结,有很强的针对性和可操作性,是个解决问题的文件。同时,《规定》又为我国未来环境保护工作提出了发展方向和具体要求,在我国《环境保护法》出台前,它一直是指导我国环境保护工作的重要法律依据。

此外,会议还对加强环境保护宣传、尽快成立专门机构等工作提出了要求和安排。由于意识到许多人对环境保护这项新的工作的重要性还不了解,与会代表提出加强环保宣传工作。与会代表对于建立机构问题也表示极大关心。许多同志说,组织不落实,遇事没人管,保护环境就是一句空话。当务之急要按照文件的规定,赶快把机构建立起来。

第二,突出反映中国环境污染问题的严重性,初步分析产生环境污染的问题和污染治理不力的原因。使人们感到震惊的同时,加深了对问题的认识,提升了环保理念。

无论是大会发言还是小组讨论,大家肯定了我国在维护和改善环境方面取得的显著成绩,认为社会主义制度比资本主义制度更能也更应该做好环境保护工作。但同时也客观地承认,我们国家在环境保护方面还存在不少问题,一些地方出现了环境污染,个别地区和企业污染情况比较严重。对简报和简报增刊反映的问题，大家均表示触动很大。江西等地的代表说："只要我们认识到这个问题，立即采取措施，为时还不晚；如果再不抓，就要对人民犯罪。"许多代表表示，我们在搞工业建设的同时，就要抓紧解决保护环境这个问题，绝对不能做贻害子孙后代的事。

会议批评了当时在环境保护问题上存在的一些错误观点和糊涂认识，主要包括：把工业污染看成是无法避免的"污染难免"的认识；认为公害是资本主义的产物，我们是社会主义国家不会产生环境污染，可以不必注意这个问题的说法；还有一些同志"重生产，轻治害"，把发展生产和消除"三废"污染对立起来，认为当前的任务是发展工业和抓好生产，"三废"治理可以以后再搞。

围绕顾明在会上的报告，会议以大会发言、小组讨论、简报等各种形式，把这几种错误认识的表现形式、根本实质、后果危害揭透批透。认为"无法避免论""社会主义无公害论""治公害误生产论"这些认识实质上是人们特别是领导干部在思想上对"三废"污染问题没有重视，没有上升到路线高度来认识。如有的代表在发言中指出，保护环境、造福人民，还是污染环境、危害人民？这是社会主义和资本主义两种社会制度的根本区别，是无产阶级和资产阶级对待人民群众的两种根本不同的态度。上海的代表说，把环境保护工作当作业务工作去做，工作就推不开，提到路线高度去认识，问题就好解决。

第三，交流了环境保护工作的经验，将我国早期环境治理工作中一些合理的思想、有效的做法加以总结和推广，为今后的环境保护工作打下了基础。

会议指出我国是一个发展中的社会主义国家，今后的工业生产和其他建设事业要有更大的发展。我们要以对人民高度负责的精神，抓紧解决已经出现的环境污染问题。现在就抓，为时不晚。会议明确提出开展综合利用，是发展生产、消除污染的有效途径。会议通过典型经验介绍了大量工厂和单位治理"三废"、综合利用、除害兴利的做法和成绩。会议所发的16期简报中，有10期简报介绍了不同单位环境保护的实践经验，既表扬了"三废"治理做得好的单位，也批评了做得不好的单位，一些标题下分一正一反两个例子，令人印象深刻。如简报第2期的例子：积极治理，三废变三宝（上海燎原化工厂），放任自流，农业受危害（武汉市葛店化工厂）；自己动手，环境大改善（沈阳化工厂），消极等待，海湾遭浸染（大连化工厂）。简报第3期则以上海树脂厂和燎原化工厂两厂加强协作作正面例子，一厂利用另一厂的废气搞回收，结果"一条管道连两家，除害兴利作用大"，以吉林铁合金厂和吉林碳素厂，"一堵围墙分两家，不相往来危害大"为反面例子作对比，说明在环境保护方面，互相协作，注意协作和尚未形成协作效果是不一样的。在批评的同时，注意指出原因，认为"三废"治理不好的单位既有认识的问题，也有企业体制和管理方面的政治问题。①

第一次全国环境保护会议是在"文化大革命"的政治背景下，揭露"社会主义阴暗面"，这不得不说是一个奇迹。当时"四人帮"正忙于夺权，未出来反对和阻挠，他们对于环境保护这种事不屑一顾。②会后，从中央到各地区、各有关部门，都相继建立起环境保护机构，并制定各种规章制度，加强了对环境的管理。对某些污染严重的工矿区、城市和江河进行了初步的治理，环境科学研究和环境教育蓬勃发展起来。第一次全国环境保护会议所确立的一些基本方针和政策，不仅有力地推动了中国当时环境保护事业的发展，而且对以后的环境保护事业也有指导作用，在全面改

---

① 曲格平、彭近新：《环境觉醒：人类环境会议和中国第一次环境保护会议》，中国环境科学出版社，2010年版，第273~305页。
② 同上书，第3页。

革开放前开启了中国资源环境领域的率先改革,为中国的生态文明体制改革奠定了坚实基础。

五、改革开放之前率先改革的资源环境领域制度

第一次全国环境保护会议推动了资源环境领域一系列制度在改革开放前进行了率先改革,尤其是"三同时"制度是在中国出台最早的一项环境管理制度,它是中国的独创,是在中国社会主义制度和建设经验的基础上提出来的,是具有中国特色且行之有效的环境管理制度。

(一)资源领域制度初步调整

新中国成立后,"资源廉价""资源无限""资源无价"等传统观念处于统治地位。当时施行的国家《宪法》(1954年)规定:"由法律规定为国有的森林、荒地和其他资源,都属于全民所有。"这决定了中国国内各种资源都属于国家所有,国家可以对各种资源具有绝对的所有权,国家可以无偿占有和使用,或无偿拨付给企业或组织,因此,在生产核算中没有把资源计入成本,造成了资源的过度开发和无效利用。新中国成立初期,鼓励人口增长的政策更加剧了资源的利用和匮乏,这一时期较为重视对作为农业命脉的自然环境要素的保护,并且以公有制为基础确立了自然资源的全民所有制形式,在自然资源管理的法制建设方面,国家较为重视对水土保持、森林保护、矿产资源保护等方面的行政管理,并制定了若干法律和制度,如1950年颁布了第一部矿产资源法规——《中华人民共和国矿业暂行条例》,1953年颁布了《国家建设征用土地办法》,1956年颁布了《矿产资源保护试行条例》,1957年颁布了《中华人民共和国水土保持暂行纲要》。但是,新中国成立初期人们对自然资源的保护意识不强,也缺乏必要的环境意识,认为"浓烟滚滚"是建设热潮的表现,并加以极力赞美。面对伤痕累累、百废待兴的中国,在党和人民政府的领导下,广大人民激发了空前的建设热情,经历了"大跃进""大炼钢铁""移山填海""围湖造田"等恢复生产的活动,造成了自然资源的过度开发利用,使国内资源存量迅速减少。为实现工业化,"超英赶美"对自然资源进行了大量的开发,只看眼前,不顾长远:石油、铁矿、天然气等矿产资源不断被勘探和开发;大量荒山荒地被开垦,现有耕地不断改良;一片片森林被砍伐并运往工地……

第一次全国环境保护会议制定的《关于保护和改善环境的若干规定(试行草案)》中对资源管理作出了一些规定:对自然资源的开发,包括采伐森林、开发矿山、兴建大型水利工程等,都要考虑到对气象、水生资源、水土保持等自然环境的影响,不能只看局部,不顾全局,只看眼前,不顾长远。植物保护要贯彻"预防为主"的方针,要采取生物的、物理的综合性防治措施,保护和繁殖益虫,以虫治虫,消灭害虫。尤其是对于植树造林,包括野生动物资源保护作了较为详细的规定:各地方要制定绿化规划,落实有关政策,国家植树造林与群众植树造林结合起来,绿化一切可能绿化的荒地荒山。城市和工厂区还要利用一切零散空地,多植草坪。加强对森林资源和各种防护林的管理,严禁乱砍滥伐。加强对政府划定的自然保护区的管理,认真保护野生动物资源。加强对城市林木、公园和风景游览区的管理。

1975年3月21日,国务院以国发〔1975〕45号文转发农林部、四川省《关于珍贵动物保护管理情况的调查报告》,指出珍贵稀有野生动物资源是国家的宝贵财富,保护这些资源具有重要意义,要严禁乱捕滥猎,严禁破坏自然保护区,切实做好资源保护管理工作。

(二)环境领域制度大力改革

全国第一次环境保护大会之前,环境污染被认为是一个卫生问题,环境保护甚至和环境卫生工作等同。1956年,卫生部和国家建设委员会联合颁发了《工业企业设计暂行卫生标准》，它是预防环境污染的一种非强制性技术规范。同年，卫生部、农业部、全国供销合作社联合发出《关于严防农药中毒的联合通知》。1957年，制定《关于注意处理工矿企业排出有毒废水、废气问题的通知》《爆炸物品管理规则》。1959年，颁布了《生活饮用水卫生规程》《关于加强农药安全管理规定（草案）》和《放射性工作卫生防护暂行规定》。1960年，卫生部和国家科学技术委员会发布《放射性工作卫生防护暂行规定》《放射性同位素工作的卫生防护细则》。1961年，制定《化学危险物品储存管理暂行办法》。1964年，制定《放射性同位素工作卫生防护管理办法》《有机磷剧毒农药安全使用规程》。1965年，制定《食品卫生管理试行条例》。这一时期立法的形式主要是行政法规和部门规章。

1973年全国环境保护会议通过的《关于保护和改善环境的若干规定（试行草案）》，建立起了一整套中国最初的较为完整的环境保护制度，率先提出了中国环境管理制度的32字方针——"全面规划，合理布局，综合利用，化害为利，依靠群众，大家动手，保护环境，造福人民"。

"全面规划，合理布局"是一个全局性的重大改革。之前制定国民经济发展计划时都是重视经济增长，轻视、忽视甚至无视环境保护，这次要求国民经济发展计划既要从发展生产出发，又要充分注意到环境的保护和改善，把两方面的要求统一起来，统筹兼顾，全面安排。还要求各省、市、自治区制定本地区保护和改善环境的规划，作为长期计划和年度计划的组成部分，认真组织实施。在当时还是需要大力推动城市工业发展的背景下，合理布局城市与工业成了一项重要课题。

"综合利用，化害为利"是一项时至今日还是非常先进的理念。当时全世界，包括西方发达国家的环境治理还是以末端污染治理为主，综合利用是我国提出的一项消除污染的积极措施，可以变"废"为宝、化害为利。很超前的是，在当时计划经济的背景下，我国提出了对综合利用的产品提供税收和价格政策上给予适当支持。综合利用中还确定了"三同时"制度：一切新建、扩建和改建的企业，防治污染项目，必须和主体工程同时设计、同时施工、同时投产。

"依靠群众，大家动手"是指环境保护必须走群众路线，坚持"从群众中来，到群众中去"。中国的各项改革一般都是自上而下地推动，群众参与程度比较低。但是在环境保护领域的改革中，群众一直有较为充分的参与，一系列环境群体性事件也从侧面倒逼着我国环境保护管理制度的改革，甚至是政治制度的变革。比如据当时一份调查材料反映，吉林市永红制药厂排放氢氰酸废气，常熏得周围居民头晕、呕吐、昏迷，对居民多次要求处理的意见置之不理，结果愤怒的居民把该厂在建的烟囱推倒。广东染料化工厂也因为对污染治理不利，设备被群众贴上封条，不准生产。①1974年7月1日19—21时，因受官厅水库污染影响的良田屯生产大队千余农民包围、冲击了沙城农药厂，导致"工厂停产12天，损失近50万元产值"。这次事件的缘起，是由于1972年沙城农药厂对良田屯的污染赔偿一直未落实。农药厂经过停产治理后，滴滴涕、氯化苯、三氯乙醛在污水中的含量已达到或接近国家排放标准。由于非正常排碱，产生了危害，农民认为该厂在治理污水上弄虚作假、欺骗领导，是为不赔偿农业损失制造借口，如果再沉默下去，就要永远受农药厂危害。②

"保护环境，造福人民"是环境管理的根本目的。环境污染严重危害人民健康，当时政府已经认识到并把其作为民生工作的一项重要内容，这也在逐步推动广大群众以及企业认识到环境污染的重大危害，并采取

---

① 曲格平、彭近新：《环境觉醒：人类环境会议和中国第一次环境保护会议》，中国环境科学出版社，2010年版，第317页。
② 张家口革命委员会：《〈关于报送沙城农药厂被农民冲厂调查报告〉的报告》（1974年9月14日），河北省档案馆藏，档案号：1098-1-6-27。

相应措施。

1973年，全国环境保护会议筹备小组组织有关部门共同编制了《放射防护规定》。1974年，国务院颁布了《环境保护规划要点和主要措施》。1974年，国务院颁布了《中华人民共和国防治沿海水域污染暂行规定》，这是我国第一个防治沿海海域污染的法规。这一时期，我国还制定颁布了一批新的环境标准，使国家的环境管理有了定量指标。这些标准主要有《工业"三废"排放试行标准》《生活饮用水卫生标准》《食品卫生标准》等。其中，《工业"三废"排放试行标准》是1973年11月17日由国家计委、国家建委、卫生部联合颁布的中国第一个环境标准，这是一种浓度控制标准，共4章19条，从1974年1月1日开始试行。

1975年1月29日，国务院以国发〔1975〕20号文批复河北省报送的保定地委、市委《关于迅速解决白洋淀污染问题的紧急报告》，原则同意河北省的意见：白洋淀污染严重，必须迅速治理。治理费用要根据轻重缓急，分期分批纳入有关部门和河北省1975年计划和长远规划。

1975年，我国制定了第一份长期环境保护的规划，设定了解决环境污染的目标及相应对策。5月18日，国务院环境保护领导小组以（75）国环字5号文将《关于环境保护的十年规划意见》及附件《1976—1980年对有关方面环境保护的要求》印发各省、自治区、直辖市以及国务院各部门参照实行。规划目标要求十年内基本解决环境污染问题。解决的办法是：（1）对现有工矿企业的污染进行积极治理，逐步消除；（2）新建、扩建、改建的工业项目，要同时采取防治措施，不再造成新的污染；（3）注意工业的合理布局。要求各地区、各部门把环境保护纳入长远规划和年度计划中去，作为国民经济计划的一个组成部分，统筹兼顾，适当安排，并切实加强对环境保护的领导。这个十年规划是依据西方国家环境保护的经验而制定的，西方国家从控制到解决污染，一般经历了十年左右的时间。我国当时的环境污染的范围和程度比西方国家轻，按理十年时间应该是够了。但是这个规划设定的目标没能实现，主要因为：(1)环境保护规划没有被国家经济计划部门所接受，没有纳入国民经济计划，进行统筹安排。在当时实行计划经济的背景下，如此重大的环境目标没有列入国家、地区与各部门的计划，注定要失败；(2)我国当时的经济和技术都还落后，一方面拿不出很多资金集中解决环境污染，另一方面许多环境科学技术问题尚待探索研究。

1977年11月28日，由国务院以国发〔1977〕128号文批转国务院环境保护领导小组和国家建委《防治渤、黄海污染会议纪要》。国务院在批文中同意该会议纪要，为加强对渤、黄海海域保护的领导，决定成立领导小组。

(三)"三同时"制度是中国首创的环保体制改革

1972年6月，在国务院批准的《国家计委、国家建委关于官厅水库污染情况和解决意见的报告》中，第一次提出了"工厂建设和三废利用工程要同时设计、同时施工、同时投产"的要求。1973年，经国务院批准的《关于保护和改善环境的若干规定（试行草案）》中规定，"一切新建、扩建和改建的企业，防治污染项目，必须和主体工程同时设计、同时施工、同时投产。""正在建设的企业没有采取防治措施的，必须补上。各级主管部门要会同环境保护和卫生等部门，认真审查设计，做好竣工验收，严格把关。"1977年4月，国家计委、财政部、国务院环境保护领导小组联合印发了《关于治理"三废"开展综合利用的几项规定》，要求各地区、各部门研究实行。规定的主要内容是：坚持自力更生、勤俭办一切事业的原则，搞好"三废"治理工作；新建、改建、扩建项目必须严格执行"三同时"的规定；消除污染、保护环境应该作为工矿企业全面完成国家计划的一项考核指标；要保护和合理利用资源，凡是现有企业能通过"三废"综合利用生产的产品,要优先发展;企业排放的"三废"在没有利用和处理前,其他单位可以利用的,一般应该免费提供;工业、企业利用"三废"生产的产品,纳税有困难者可予定期减税、免税。

从此,"三同时"成为中国最早的环境管理制度。但起初执行"三同时"的比例还不到20%,新的污染仍不断出现。这是因为当时处于中国环境保护事业的初创阶段,人们对环境保护事业的重要性了解不深;中国经济有困难,拿不出更多的钱防治污染;有关"三同时"的法规不完善,环境管理机构不健全,进行监督管理不力。

六、改革开放之前的资源环境管理机构

全面的体制改革需要相应的管理机构来落实,资源环境领域中,资源领域的管理机构改革相对于环境领域的管理机构改革相对滞后,但是环境领域的管理机构是从无到有的,整体管理能力和力量与资源领域的管理机构相比还显薄弱,尚待进一步加强,与全面改革相适应。

(一)资源领域管理机构分散设置

改革开放前,由于当时中国经济体制选择的是高度集中单一计划的经济体制,从而建立的自然资源管理体制是分散的、互相牵制的耗散管理体制。这种体制中按自然资源属性分别设立管理机构,分设为农业、林业、牧业、副业、渔业、工业资源相应的管理机构。

对于土地资源,我国土地资源管理机构虽然在新中国成立后几经变化,管理职能和权限也几经调整,但总体来讲是处于多个部门分割管理状态。新中国成立初期,在政务院下设内务部中设地政司,主要负责全国的土地改革工作。1954年国家撤销了地政司,在农业部设土地利用总局。1956年又在此基础上成立了农垦部,主管全国所有荒地和国有农场建设工作。各级政府机构中没有统一管理土地资源的专门机构,城乡土地处于分

散管理状态，其中农村土地（包括农场和林地），由农业部门管理，而城市土地则由城建、规划、房产、水电、交通、铁道等部门分割管理。多部门分割分散管理，导致全国土地资源开发利用与保护缺乏统一的规划与管理，造成土地资源严重的不合理利用和浪费。

对于矿产资源，1950年政府成立了统一规划全国地质矿产工作的管理机构——中国地质工作指导委员会；1952年成立地质部；1953年成立了全国矿产储量委员会；1955年成立了全国地质资料管理机构，地质勘查和矿产资源、储量、地质资料管理有了统一的管理机构和职能；1970年地质部并入国家计委，下设地质局；1975年改设国家地质总局。但是，由于矿产勘查开发工作实行高度计划经济的体制，由国家投入、多部门勘查，找到矿后再由国家投资，由工业部门组织开采，这实际上形成了分散的管理格局。有色、冶金、化工、建材、煤炭、石油等部门，主要承担矿产资源开发利用的生产经营任务，国家重视矿产资源有关产业活动管理，资源的部分管理职能主要依附于矿产资源开发利用的生产经营活动，矿产资源这种政企合一的管理方式，必然导致资源的不合理利用和浪费。

对于海洋资源，我国海洋资源的管理基本上处于多头管理和资源管理与资源产业管理不分的状态。1964年成立了国家海洋局，主要承担海洋综合性调查和研究工作，是一个事业单位。国家海洋局虽然历经由海军代管、国家科委代管，以及国务院直接领导的几度变迁，但始终未能脱离调查研究事业单位性质。海洋资源的管理先后经历了由农业部管理海洋渔业资源，交通部管理海港海洋运输，能源部管理海上石油生产，轻工业部管理盐业的生产，国家旅游局管理滨海旅游资源等部门分割分散管理状态。

对于水资源，新中国成立以来，我国的水资源（主要指淡水资源）主要管理机构历经了水利部或水利电力部多次交替反复的调整变化：1949—1958年为水利部，1958—1979年为水利电力部。其职责主要是统一管理全国水资源和河道、水库、湖泊，以及全国防汛抗旱和水土保护工作与全国水利行业管理等。其中，水利部的职能主要集中在对农村和国家大型水利建设工程的管理上，而城市自来水主要由城市建设部门管理，"多龙管水"现象比较严重，我国水资源的管理基本处于单项资源的行业管理状态，这也是造成与其他资源管理部门矛盾冲突的根本原因之一。

对于森林资源，1949年10月成立了林垦部，下设林政、森林经理、造林、森林利用四个司，各级地方政府也相应建立林业主管机构。1951年改成林业部，实施对我国林业资源的相对集中管理。但在1956—1958年间，我国的林业资源分别由林业部和森林部共同管理，1958—1970年间由农林部管理。国民经济恢复时期，林业管理的权力主要集中在大行政区。第一个五年计划时期，为了集中力量进行重点林区的建设，采取了中央高度集中的管理体制，主要的林业企业的建设投资和生产技术设备、物资的分配等，都由中央林业部门直接领导和管理。林业基本建设项目主要由中央直接安排，木材及其他重要林产品的生产和分配指标，基本上由国家直接控制、下达指令性计划指标，林业财务方面则实行统收统支。随着第一个五年计划的胜利完成，国有林业企业、国有林场和集体所有制的社队林场相继建立和发展起来。1954年大行政区撤销后，国有林区主要由林业部领导，实行政企合一、统一管理。1958年林业部又把直属林业企业下放给各省、自治区管理，扩大地方对林业的管理权限。1961年贯彻执行"调整、巩固、充实、提高"的八字方针，又重新强调统一领导和中央集权管理。1962年为了加强林业集中统一领导，东北、内蒙古林区又由林业部直接经营管理，实行政企合一，即高度中央集权的计划管理体制。1965年开始，又有部分权力下放给地方。

（二）环境领域管理机构从无到有

新中国成立后，环境污染被认为是一个卫生问题，环境保护甚至和环境卫生工作等同，因此环境管理机构一直没有独立建立，环境管理工作由卫生部门负责。1962 年，北京工业卫生研究所在放射卫生研究室内设立了由秦苏云、孙江成负责的环境卫生（与劳动卫生相对应）研究组，研究解决核污染问题。同年，上海市在环境卫生管理局设置了废渣管理所和废水废气管理处。

1969 年，受日本公害事件的影响，周恩来总理敏锐地意识到中国在进行工业化过程中面临的环境问题，指示要在国民经济计划中注意"公害"问题，并责成当时负责国民经济计划的国务院计划起草小组负责此项工作。

1971 年，针对工业"三废"污染问题，国家计划委员会设立了"三废"利用领导小组，主要对工业"三废"开展综合利用工作，这是新中国成立以后成立的第一个环境保护机构。

1972 年 6 月 23 日，在周恩来指导下，为了应对官厅水库污染，官厅水系水源保护领导小组迅速成立，主任是刚复出的万里，主要成员有：河北、山西、北京、天津和国务院有关部委以及中国科学院的领导。领导小组和所属办公室是一个跨省、市的联合组织形式，主要任务是协调官厅水库上游山西、河北和北京的工厂污染源治理。基本任务是组织统一规划、分头治理、联合检查、相互促进。同时，调集水文、气象、地质、水利工程等科技力量，展开对官厅水库全流域性的勘查工作，为治理收集系统完备的资料。

1973 年第一次全国环境保护会议上，对尽快成立专门机构等工作提出了要求和安排。会上，万里建议设立环境保护机构，而且应该是如国家计委一样的大机构。[①]

1974 年 10 月，经国务院批准正式成立了国务院环境保护领导小组，由国家计委、工业、农业、交通、水利、卫生等有关部委人员组成，国家

---

① 哲夫：《中国档案：高层决策写真》，光明日报出版社，1998 年版，第 57 页。

计委主任余秋里任组长，国家计委副主任谷牧任副组长，下设办公室负责处理日常工作。国务院环境保护领导小组是专门的环境保护机构，它的成立标志着国家一级的环境保护行政机构从此在中国诞生。当时国务院环境保护领导小组的主要职责是：负责制定环境保护的方针、政策和规定，审定全国环境保护规划，组织协调和督促检查各地区、各部门的环境保护工作。国务院环境保护领导小组成立后，各地也相继建立了环境管理机构和环保科研、监测机构。如1974年12月26日，北京市决定将北京市革命委员会三废治理办公室改名为北京市革命委员会环境保护办公室，自1975年1月1日起执行。①

七、毛泽东、周恩来的资源环境思想

在马克思主义人与自然的思想指导下，毛泽东同志将其与中国具体国情紧密结合，提出的综合利用保护生态环境、增产节约提高资源使用效益、发展林业促进工农业生产、兴修水利促进经济社会效益和生态效益协调发展等理念，将人、自然、经济、社会看作地球生态系统中互相制约、互相促进、互相影响的因子，认为其中任何一个因子的缺失或失衡都会破坏整个生态系统，从而直接影响人类的生存环境。周恩来作为新中国的第一任总理，担负落实毛泽东同志的资源环境思想到我国社会主义建设事业中的重任。难能可贵的是在"文化大革命"期间，在人们深受极左思想影响的情况下，他仍大胆提出社会主义也存在污染问题，要正视存在的问题并加以解决。周恩来不但提出了环境保护问题，还利用主持国务院日常工作的机会，强调环境保护的重要性。在他的努力下，各部门主要领导人的环境保护意识提高，相关环境保护规定出台，全国性环境机构建立，我国

---

① 中共北京市委党史研究室：《中国共产党历史大事记（1949—1978）》，北京出版社，2001年版，第323页。

的资源环境保护事业开始步入正轨。

(一)毛泽东的资源环境思想

1. 合理利用资源保护生态环境

(1)发展经济的同时注重资源综合利用

早在1956年,在《论十大关系》中,毛泽东同志就提出要保护自然环境资源、保护生态的问题,他指出:空气、森林、矿产等自然资源,成为社会主义建设的影响要素。这些空气、森林、矿产等自然资源,不仅是人类存在的根本条件,而且是社会生产力中不可缺少的因素,也是社会主义国家综合国力中的关键因素,因此,社会主义国家都要加以小心保护,进行合理使用。[①]毛泽东同志指出发展经济的同时要注意资源的综合利用,不能以牺牲环境的代价来换取经济的发展。1965年1月,毛泽东同志提出,"综合利用单打一总是不成,搞化工的单搞化工,搞石油的单搞石油,搞煤炭的单搞煤炭,总不成吧!煤焦可以出很多东西。采掘工业也是这样,采钨的就只要钨,别的通通丢掉。水利工程,管水利的只管水利,修了坝以后船也不通了,木材也不通了。那怎么办?是个大浪费。综合利用大有文章可做。"[②]毛泽东同志还提出综合利用"和打麻将一样,上家的废物,就是下家的原料!"他还指出,要想多有赢牌的机会,就得吃上家的废牌。

(2)发展可再生能源,保护生态环境

毛泽东同志指出,发展可再生能源,也是合理利用资源、保护生态环境的有效方式,一些非再生能源的开采与使用,对生态环境危害较大。为减少能源开发给生态环境造成的破坏,缓解能源短缺的状况,在毛泽东同志的领导下,我国积极开展了小水电、太阳灶、风力提水机、小型风力机等可再生能源的开发利用。1958年2月,中央政治局扩大会议提及水电问

---

① 《毛泽东文集》(第7卷),人民出版社,1999年版,第34页。
② 顾龙生:《毛泽东经济年谱》,中共中央党校出版社,1993年版,第623页。

题与三峡工程时,长江水利委员会总工程师林一山谈到每年长江流失的能量可与 4000 万吨优质煤的能量相匹敌时,毛泽东同志语重心长地说:"我们祖辈已用了 2000 多年的煤,如今我们学会了用水发电,因而我们应减少用煤量,让煤保存下来,遗留给子孙后代。"①毛泽东同志还提倡在农村地区开发沼气,1959 年,他通过对湖北、安徽等省市的视察指出,沼气可燃烧,可用来做饭、照明,还可用作肥料,需大力推广发展。此后,沼气作为可再生能源在我国南方地区广泛使用。

2. 提高资源使用效益

毛泽东同志提出通过提高劳动生产率,开展增产节约运动,来提高资源的使用效益。1957 年 2 月 27 日,毛泽东同志在《关于正确处理人民内部矛盾的问题》的讲话中指出,要全面持久地厉行节约。我们 6 亿人口都要实行增产节约,反对铺张浪费。这不但在经济上有重大意义,在政治上也有重大意义,要使全体干部和全体人民经常想到我国是一个社会主义的大国,但又是一个经济落后的穷国,这是一个很大的矛盾。要使我国富强起来,需要几十年艰苦奋斗的时间,其中包括执行厉行节约、反对浪费这样一个勤俭建国的方针。②农村社会主义合作社高潮来临之际,毛泽东同志认为,把厉行节约、积累大量的物力和财力,当成只是在极为困难的情况下要做的事情,是不对的。任何社会主义的经济事业,必须注意尽可能充分地利用人力和设备,尽可能改善劳动组织、改善经营管理和提高劳动生产率,节约一切可能节约的人力和物力,实行劳动竞赛和经济核算,借以逐年降低成本,增加个人收入和增加积累。③

---

① 毛泽东:《建国以来毛泽东文稿》(第 1 册),中央文献出版社,1987 年版,第 152 页。
② 顾龙生:《毛泽东经济年谱》,中共中央党校出版社,1993 年版,第 395 页。
③《毛泽东文集》(第 7 卷),人民出版社,1999 年版,第 461~462 页。

3. 发展林业促进工农业生产

（1）植树造林、绿化祖国

从1840年鸦片战争开始到新中国成立，战争的破坏和长期的乱砍滥伐使我国森林覆盖面积大幅下降，为了改变环境，1928年毛泽东同志在永新县倡导百姓造林。1932年，以毛泽东同志为主席的中华苏维埃政府颁布《植树造林》决议。1938—1942年，在毛泽东同志的倡议下，陕甘宁边区政府发动群众植树260万棵。1943—1946年，在陕北张家川畔荒滩植树500多万棵。新中国成立初期，毛泽东同志明确提出消灭荒地荒山，实行绿化的任务，要"在12年内，基本上消灭荒地荒山，在一切宅旁、村旁、路旁、水旁，以及荒地上荒山上，即在一切可能的地方，均要按规格种起树来，实行绿化"。[①]1956年，毛泽东同志在《中共中央致五省（自治区）青年造林大会的贺电》中向全国人民发出"绿化祖国"号召后，紧接着提出"实行大地园林化"。[②]1958年"大跃进"期间，由于指导思想的失误，盲目主张"向自然界开战"，特别是"大炼钢铁"运动，砍伐大量木材用于炼钢，毁掉大片森林。毛泽东同志针对"大跃进"对生态环境，尤其是对森林造成的破坏，提出了"要使我们祖国的河山全部绿化起来，要达到园林化，到处都很美丽，自然面貌要改变过来"[③]"一切能够植树造林的地方都要努力植树造林，逐步绿化我们的国家，美化我国人民劳动、工作、学习和生活的环境"[④]的目标和任务。1958年春，毛泽东同志路过云阳县（今属重庆市）时指示，要在荒山上栽树。县里当即成立绿化长江指挥部，掀起一场群众性造林运动。

---

① 中共中央文献研究室、国家林业局：《毛泽东论林业》，中央文献出版社，2003年版，第26页。
② 同上书，第67页。
③ 同上书，第51页。
④ 同上书，第77页。

（2）林业建设对工、农业生产具有重要意义

除发出植树造林、美化祖国的号召外，毛泽东同志还将林业与农业、牧业、副业、渔业并称为五业，强调综合平衡五业生产，可以促进经济发展，改善人民生活和生态环境。毛泽东同志提出"要努力发展粮、棉、油、麻、丝、茶、糖、菜、烟、果、药、杂等 12 项生产，要实行农、林、牧、副、渔五业并举的方针"。①他还强调了农、林、牧三者之间的辩证关系，"农、林业是发展畜牧业的祖宗，畜牧业是农、林业的儿子，然后，畜牧业又是农、林业（主要是农业）的祖宗，农、林业又变为儿子了，这就是三者平衡地互相依赖的道理"。②毛泽东同志还用系统论的观点考察五业之间的关系，指出它们是相互联系、相互影响，共同构成一个大的生产系统、生态系统。他说："所谓农者，指的农、林、牧、副、渔五业综合平衡：蔬菜是农，猪、牛、羊、鸡、鸭、鹅、兔等是牧，水产是渔，畜类、禽类要吃饱，才能长起来，于是需要生产大量精、粗两类饲料，这又是农业，牧放牲口需要林地、草地，又要注重林业、草业。由此观之，为了副食品，农、林、牧、副、渔五大业都牵动了，互相联系，缺一不可。"③在农、林、牧、副、渔业发展中，毛泽东同志又特别强调林业建设的重要意义，认为林业是一个大事业，每年都为国家创造财富，指示一定"要发展林业……林业以后才是牧业、渔业，蚕桑、大豆。林业是化学工业、建筑工业的基础"。④毛泽东同志曾在《关于加强山林保护管理，制止破坏山林、树木的通知》的批语中，对森林资源给予了高度肯定："森林是社会主义建设的重要资源，又是农业生产的一种保障。积极发展和保护森林资源，对

---

① 中共中央文献研究室、国家林业局：《毛泽东论林业》，中央文献出版社，2003 年版，第 72 页。
② 同上书，第 71 页。
③《毛泽东文集》（第 8 卷），人民出版社，1999 年版，第 69 页。
④ 中共中央文献研究室、国家林业局：《毛泽东论林业》，中央文献出版社，2003 年版，第 57 页。

于促进我国工、农业生产具有重要意义。"① 森林被誉为地球生态系统中重要一环，毛泽东重视林业生产、保护森林资源的理念，对于保护生态环境、促进工农业生产和经济建设发挥了重要作用。

4.兴修水利，促进经济、社会效益和生态效益协调发展

（1）从战略高度强调水利建设的重要性

中国是一个气候不稳定、水旱灾害频发、自然条件相对不利的国家，历史上经常发生的水旱灾害引发社会动荡，给经济社会建设带来严重影响。毛泽东同志对水利建设在中国农业生产中的地位有着深刻认识，1934年1月23日，毛泽东同志指出："水利是农业的命脉，我们也应予以极大的注意。"② 新中国成立后，毛泽东同志主持起草的《农业十七条》和《农业四十条》，也都从战略高度强调水利建设的重要性。在《农业四十条》中，毛泽东指出："兴修水利，保持水土。一切小型水利工程（打井、开渠、挖塘、筑坝等等）、小河的治理和各种水土保持工作，都由地方和农业生产合作社负责有计划地大量办理。通过上述这些工作，结合国家大型水利工程的建设和大、小河流治理，要求从1956年开始，在7年至12年内，基本消除普通的水灾和旱灾，机械制造部门和商业、供销合作部门，应当做好抽水机、水车、锅驼机等提水设备的供应工作。"③ 在《农业十七条》中，提出"同流域规划相结合，大量地兴修小型水利，保证在7年内基本上消灭普通的水灾旱灾"。④

（2）注重全面开发，重视大江大河的治理工作

新中国成立后，全国相继发生风雹、水、疫等自然灾害，其中水灾尤

---

① 中共中央文献研究室、国家林业局：《毛泽东论林业》，中央文献出版社，2003年版，第87页。
② 顾龙生：《毛泽东经济年谱》，中共中央党校出版社，1993年版，第249页。
③ 《1956年到1967年全国农业发展纲要（草案）》，人民出版社，1956年版，第2~13页。
④ 《毛泽东文集》（第6卷），人民出版社，1999年版，第509页。

为严重。为了整治水旱灾害，毛泽东同志把长江、黄河、淮河、海河等大江大河的治理与开发摆到重要工作日程，作出"一定要把淮河修好""把黄河的事情办好""一定要根治海河"、治理长江和修建三峡工程以及南水北调等决策，在大江大河的治理方面取得了突出成效。治淮是新中国成立后第一个大型治水工程。1950年6月至7月，淮河发大水，灾情严重。1950年9月21日，毛泽东同志作出指示：治淮开工期不能久延，早日做好计划，早日开工。①1951年5月9日，他为河南省治淮总指挥部题词："一定要把淮河修好"。②经过治理，到1957年冬，治理淮河工程初见成效。1855年，黄河决口改道，在徐州留下故道。1952年10月，毛泽东视察黄河，途经徐州时，看到黄河故道穿城而过，威胁人民的生命财产，就嘱咐当地陪同领导应该想想办法，变灾为利，好好防守，千万不能再让黄河决口了。在视察人民胜利渠时，他专程来到引黄灌溉济卫工程渠首闸，详细询问工程建设和灌溉效果。在讨论黄河灌溉问题时，毛泽东同志指出："渠灌是阵地战，井灌是游击战"，建议以井渠结合的办法来发展水利。③关于海河的治理，1963年11月12日，毛泽东同志在路过天津时，听取河北省委负责人林铁、刘子厚等汇报工作，询问生产救灾搞副业的问题时指出，你们要把河北的灾救出来！要把水切实地治起来！你们10年能把水治好吧？我70多了，看不见了，你们这辈子把水治好吧！④11月17日，毛泽东应林铁要求，给海河工程题词："一定要根治海河"。⑤

（3）水利建设要统筹兼顾，促进社会效益和生态效益的协调发展

水利建设中，毛泽东同志始终强调统筹兼顾的根本方法。他认为水

---

① 顾龙生：《毛泽东经济年谱》，中共中央党校出版社，1993年版，第285页。
② 同上书，第290页。
③ 陶永祥：《毛泽东与调查研究》，中央文献出版社，2004年版，第121页。
④ 顾龙生：《毛泽东经济年谱》，中共中央党校出版社，1993年版，第586页。
⑤ 同上书，第587页。

利是农业的命脉，是关系国计民生的重大问题，进行水利建设必须要立足全局，统筹个人利益和集体利益、局部利益和整体利益、当前利益和长远利益。对于大江大河的治理，往往存在着上中下游、左右岸的利益关系，为了保证治水取得最佳效果，必须在立足于全局的前提下，妥善处理局部性问题，协调各方面的利益关系。在地区之间发生矛盾时，毛泽东要求各省、各地要以大局为重、分工协作。同时，重大水利工程投资大、工期长、技术要求高，工程建设必须同整个国民经济的发展相适应，与国家的人力、物力、财力相协调。如果不顾当时客观条件制约盲目上马，不仅会对国民经济发展带来不利影响，还会涉及群众的切身利益，影响社会安定。以三峡工程为例，1958年3月25日，成都会议通过了《中共中央关于三峡水利枢纽和长江流域规划的意见》，毛泽东同志指出，从国家长远的经济发展和技术条件两个方面考虑，三峡水利枢纽是需要修建而且可能修建的。在治理长江的规划中，要正确处理远景与近景，干流与支流，上中下游，大中小型，防洪、发电、灌溉与航运，水电与火电，发电与用电等七种关系。①

（二）周恩来的资源环境思想

早在20世纪50年代中期，周恩来同志在不少讲话中就已经非常明确地谈到防治公害（当时国内称环境污染为公害）问题，特别是工业污染的问题。60年代末70年代初，他敏锐捕捉来自国际社会的相关信息，并联系国内的环境问题，推动相关工作。1969年1月下旬，周恩来同志读到美国总统尼克松的就职演说，因关注其中所提"保护环境"一词，特指示中共中央调查部的研究局从近年的国外书报杂志中选择有关材料，进行整理编辑。② 他对美国、日本等发达资本主义国家公害情况尤其关注，想方设

---

① 《建国以来重要文献选编》（第11册），中央文献出版社，1997年版，第227~228页。
② 熊向晖：《我的情报与外交生涯》，中共党史出版社，2006年版，第500页。

法多了解情况。1970年12月6日,周恩来同志会见日本社会党前委员长浅沼稻次郎夫人浅沼享子时,了解到随行的浅沼享子的女婿是电视台一位专门报道公害问题的记者,就特地向他详细了解日本公害的情况及对策,并令有关单位组织报告会,请这位日本记者授课,要求有关技术人员和国家机关的负责人及各个部委的负责人听课并进行分组讨论。[①] 联系我国要加快工业发展的现实,他指出:对我们来说工业公害是个新课题,工业化一搞起来,这个问题就大了。周恩来多次结合生产关系和社会性质来认识这个问题,他说:发达的资本主义国家公害很严重,我们要认识到经济发展中会遇到这个问题,采取措施解决。后起的工业化国家,不能走老路。资本主义国家解决不了工业污染的公害,是因为他们的私有制,生产无政府主义和追逐最大利润。我们一定能够解决工业污染,因为我们是社会主义计划经济,是为人民服务的。我们在搞经济建设的同时,就应该抓紧解决这个问题,绝对不做贻害子孙后代的事。据记录,仅1970至1974年,周恩来同志对环境保护作了30次讲话。[②] 特别是从1971年开始,每年的全国计划会议上,周恩来都会在讲话中提到治理"三废"、综合利用,向各地主要领导干部灌输环境保护的思想,提出防治环境污染的要求。周恩来同志寄希望于中国的社会主义计划经济制度来解决环境保护问题,运用政府调控手段综合治理。

在这一阶段,周恩来同志着力推动中国环保工作的一个重要决策,就是推动中国组团,参加1972年在瑞典斯德哥尔摩召开的联合国人类环境会议。1971年12月15日接到联合国邀请我国参加联合国人类环境会议的信函后,外交部与卫生部向国务院提出了关于参加会议的请示。同日,周

---

① 曲格平、彭近新:《环境觉醒:人类环境会议和中国第一次环境保护会议》,中国环境科学出版社,2010年版,第472~477页。
② 同上书,第463~471页。

恩来同志在收到这一请示报告后，指示说：环境保护不仅仅是个卫生问题，还涉及国民经济的各方面，应有综合管理部门组团并同意由燃料化学工业部副部长唐克担任团长、国家计委副主任顾明担任副团长。[①]根据周恩来同志的指示，中国派出了以唐克为团长、顾明为副团长的20多人的代表团出席会议。行前，周恩来对代表团指示："通过这次会议，了解世界环境状况和各国环境问题对经济、社会发展的重大影响，并以此作为镜子，认识中国的环境问题。"[②]他还亲自审阅了中国代表团提交大会的关于中国环境问题的报告草稿。

周恩来同志听了中国代表团回国后的汇报表示："我所担心的问题在我们国家还是发生了，而且还比较严重。"他指示，立即召开一次全国性的会议，环境保护问题不仅是国家有关部门要重视，还要使得全国各级领导都要重视这个问题。[③]这直接推动了第一次全国环境保护会议的召开。

---

① 曲格平、彭近新：《环境觉醒：人类环境会议和中国第一次环境保护会议》，中国环境科学出版社，2010年版，第204页。
② 同上书，第463~471页。
③ 同上书，第472~477页。

第一章
改革开放初期资源环境体制改革加速

（1978—1991）

改革开放推动了全面改革,在邓小平同志的资源环境思想指导下,我国进一步推动了资源环境体制改革加速。环境保护法从试行到正式成为基本法,进而建立了一整套资源环境领域的法律法规体系。这一阶段,环境保护上升到基本国策,并形成了环境保护的三大政策和八项制度,逐步推进了自然资源产权制度构建和资源税费改革。资源环境机构也进一步改革,尤其是成立了独立的国家环境保护局。

一、快速工业化与污染加剧

工业革命极大促进了经济发展,同时点燃了环境污染的导火索。对于我国而言,改革开放是快速工业化的催化剂,相伴而生了严重的资源环境问题。

（一）经济体制改革加速工业化进程

1978年4月,中共中央作出《关于加快工业发展若干问题的决定（草案）》（以下简称《决定》）,这是当时指导工业战线拨乱反正的重要文件。其基本思路是明确"企业是生产单位,必须以生产为中心"和强化生产指挥过程的责任制（党委领导下的厂长分工负责制,总工程师、总会计师责任制）来建立和保持正常的企业生产秩序。《决定》对工业改革所产生的实际作用并不很大，因为它只是要求维护计划经济体制下的生产活动。

1978年12月，党的十一届三中全会正式决定"把全党工作的着重点和全国人民的注意力转移到社会主义现代化建设上来"，确立了"以经济建设为中心"的党的基本路线，中国工业改革才得以加速。这体现了在中国生产效率低下、经济濒临崩溃、人民生活贫苦的困境中，工业领域渴望变革的迫切愿望。

1981年6月，党的十一届六中全会提出"我国的社会主义制度还处于初级的阶段"，让突破计划经济体制的尝试有了"名正言顺"的理由。按照当时的认识，高级阶段社会主义必须是纯粹的计划经济，而"初级阶段"的计划经济则可以不那么纯粹。1982年，党的十二大指出"正确贯彻计划经济为主，市场调节为辅的原则，是经济体制改革中的一个根本性问题"，这就在计划经济体系中为市场经济撕开一道缺口。

1984年，经济体制改革的主战场从农村转向城市，工业改革（企业改革）成为中心。同年党的十二届三中全会通过了《中共中央关于经济体制改革的决定》，提出："社会主义经济，是在公有制基础上的有计划的商品经济，商品经济的充分发展，是社会经济发展的不可逾越的阶段，是实现我国经济现代化的必要条件。"其中，"商品经济"的提法实际上是市场经济的另一种表达。从这一年开始，以工业领域为突破口和主攻点，计划经济的清规戒律一个个被打破。价值规律、价格改革、经济刺激等市场经济运行机理和原则逐步得到认可和实行。尽管这一时期的改革措施大多具有计划和市场"双轨制"的特征，并因此而产生了许多矛盾和混乱现象，但毕竟是在计划经济的机体中顽强地生长出了市场经济的因子。

改革开放初期的工业改革是"穷则思变的改革"。为了摆脱贫困、征服低效，迫不得已反思计划经济的有效性，既有对市场经济的怀疑，又有对计划经济的不舍，导致现实中的改革充满了争论、犹豫和反复。所以，尽管改革的方向是从计划经济向市场经济转变，但理论认识不够清晰，政策表述模棱两可，改革措施"双轨制"问题重重。

从今天的立场看，这一时期的改革所指向的方向是正确的，所产生的影响是深远的。因为从改革开放开始，我国开始了思想解放的历程，放弃了对计划经济的迷信和对传统社会主义模式的盲目崇拜，敢于"摸着石头过河"，并且敢于以"不管白猫黑猫，抓住耗子就是好猫"的朴素思想冲击当时极为僵化封闭的意识形态樊笼，特别是悄悄地开始了奠定市场经济发展基础的观念革命：人们越来越认识到，摆脱贫穷必须依靠自救自利，而如果仍然眼睛向上，"等、靠、要"，将没有人替你改变贫穷的命运。从此整个社会开始承认：个人和企业追求收入、利润和财富不仅是正当的个体理性行为，而且是对社会有益的合理行为。这一深刻的观念革命对于突破计划经济，转向市场经济具有决定性的意义。以此观念革命为基础，"发展是硬道理""效率就是生命""时间就是金钱"等口号迅速成为发自内心的社会共识和推动中国改革开放和高速发展的内在动机。观念的深刻变革对工业的快速发展起到了至关重要的促进作用。

（二）"优先发展重工业"导致重工业占国民经济比例过高

改革开放以来，我国逐步由计划经济体制向市场经济体制转型，工业进入结构调整纠偏、轻重工业协调发展的恢复理顺阶段。这一阶段包括改革开放初始的1978—1980年，并跨越"六五"和"七五"两个时期。由于前一段时期实行超前的重工业化战略，导致三次产业结构及轻重工业比例关系严重失调。为扭转产业之间及工业内部的结构失调现象，我国确立"轻纺工业优先发展"的调整方针，并通过实施一系列结构调整政策，使工业体系得以恢复和理顺。这一时期工业增加值占比和增速波动变化较为剧烈，工业占比最高的1978年达44.1%，最低的1990年为36.6%。但轻重工业初步实现协调发展，资本密集型部门呈现下降趋势，劳动密集型的轻纺工业快速发展，一些商品短缺状况基本缓解。①

新中国自1978年就已经进入了工业化初期的第一阶段。根据发展经济学研究的多国模式所揭示的理论线索，反映工业化演进的内容主要有三个方面：一是人均收入水平（GDP或GNP）的变动；二是三大产业的产值结构和就业结构；三是工业内部结构的变动，包括工业增加值、制造业增加值占GDP或商品总增加值的比重。另外，由于城市化水平与工业化水平是相辅相成的，所以城市化水平也能一定程度上反映工业化水平。

根据有关资料，将我国人均GDP、三大产业结构、工业结构和城镇化的演变情况进行汇总，将主要年份的数据列为表1-1（时间点分别为1978年、1990年，因1988年数据不足，故用相近年份数据）：

表1-1 中国改革开放以来主要年份人均GDP（或GNP）、三大产业结构、制造业演变情况②

年份	三大产业结构（按现价）	工业占GDP比重（按2007年价）	三大产业结构（1978年价）	三大产业就业结构	城镇化率	制造业占GDP比重	工业占GDP比重（1978年价）	人均GDP 按汇率	人均GDP 按PPP
1978	28.2∶47.9∶23.9	44.1	28.2∶47.9∶23.9	70.5∶17.3∶12.2	17.9		44.1	223	979
1990	27.1∶41.3∶31.6	36.7	19.1∶50.2∶30.7	60.1∶21.4∶18.5	26.4	32.9	46.2	310	1950

---

① 徐建伟、王岳平、付保宗：《改革开放以来我国工业发展的阶段性特征与未来展望》，《经济纵横》，2017年第3期。
② 何永芳：《中国改革开放以来的工业化进程分析》，《广东社会科学》，2009年第2期。

改革开放以来，我国对工业情有独钟，把迅速推进工业化特别是重化工业化作为我国的基本国策。各级地方政府为了追求更高的GDP，都以工业强省、强市、强区为根本，将工业尤其是重化工业作为重点，进行大规模投资，从而导致工业漫无休止地快速发展。

在工业发展中，中国长期重视制造业。在计划经济时代，不仅工农业产品之间存在价格剪刀差，而且工业中的加工工业与采掘工业产品之间也存在价格剪刀差，所以长期以来各地都竞相发展加工工业，而忽视采掘工业。由此中国建立起了强大的制造业基础，奠定了制造业在工业中的核心地位。因而，中国的工业化进程，不仅在人均收入很低的情况下就开始了，而且人为推动的速度很快，基本上没有经历轻工业阶段，而是直接跨入了重工业阶段；基本上没有初级工业产品阶段，而是直接进入到制造产品阶段。

（三）工业的快速发展为资源消耗环境污染埋下了隐患

工业发展是把双刃剑，工业的过度发展与对于环境保护的忽视是造成我国资源消耗和环境污染双双居高不下的重要原因。环境质量是衡量居民生活质量指标体系中的一项重要指标，城市环境质量的高低直接影响城市居民的生活质量。我国城市环境质量不佳对我国城市居民的生活质量产生了明显的消极影响，比如城市居民呼吸系统疾病和肿瘤的发病率明显高于农村居民。据1986年对全国8个城市的一项调查，市区癌症发病率为郊区癌症发病率的3.4倍。

1978—1992年为改革开放最初的发展时间段，从中国改革开放40年历程看来，经济发展程度并不够深入，同样，污染指数也远没有20世纪90年代以后严重。从另一角度讲，这个阶段国内工业化与污染问题仍处于量变阶段，尚不足以达到质变状态。

二、资源环境制度加速改革：立法、基本国策到制度体系

1973 年中国第一次全国环保大会的召开标志着中国人环保意识的觉醒。在随后的数十年间，伴随着改革开放的经济腾飞，中国的环保事业从无到有逐渐发展起来，但如何把环保事业做大做强依然是一场严峻的挑战。

（一）环境保护法引领资源环境法律体系构建

1978 年 3 月，第五届全国人大第一次会议通过第三部《中华人民共和国宪法》，其中第十一条第三款明确规定："国家保护环境和自然资源，防治污染和其他公害。"这是新中国成立以来，第一次在《宪法》中对资源环境保护作出规定，为中国第一部关于保护资源环境的综合性法律的制定打下坚实基础。

1979 年 9 月 13 日，第五届全国人民代表大会常务委员会第十一次会议原则通过《中华人民共和国环境保护法（试行）》，当日全国人民代表大会常务委员会令第二号公布试行。这是中国立法机关制定的第一部关于保护资源环境的综合性法律，对自然资源开发利用和防治环境污染作出了具体规定。从此中国资源环境保护工作开始走上法制化轨道，推动了中国资源环境法律体系的构建，也是中国资源环境保护的进一步体制改革及开放学习的成果。

《中华人民共和国环境保护法（试行）》（全文请见后文附件 4）共 7 章 33 条，明确了"环境"的法律定义："大气、水、土地、矿藏、森林、草原、野生动物、野生植物、水生生物、名胜古迹、风景游览区、温泉、疗养区、自然保护区、生活居住区等。"这实质就是"大环境"的概念，即自然资源与生态环境的概念。该法还以法律形式确立了之前一系列资源环境制度：（1）确立了第一次全国环境保护会议所提出的环境保护工作的方针——全面规划，合理布局，综合利用，化害为利，依靠群众，大家动

手,保护环境,造福人民。(2)确立了"三同时"制度——同时设计、同时施工、同时投产。该法还提出了当时在国际上都非常先进的谁污染谁治理原则、先评价后建设制度,还指出对有毒化学品进行管理。

该法具体四点特别值得一提:①

一是设立环境保护机构并确定其职能。不建立起环境管理机构体系,再好的规划,再好的主意也难被执行,环境保护事业就只能停留在一般号召上,难于打开局面。经过积极争取,在得到全国人大和国务院的支持后,建立环保机构被写进了环保法。环保法中规定:国务院设立环境保护机构,各省、自治区、直辖市设立环境保护局。市、自治州、县、自治县根据需要设立环境保护机构。除国家一级没有按照该法及时设立正式机构外,各省、市、区都相继设立了环境保护局,市、州、专署、县也大都设立了环保局,为环保事业提供了组织保障。同时,也培养了一批有事业心、熟悉业务和有很好组织才能的干部,不仅对当时,而且对以后的环保事业的发展,都起到了十分重要的作用。

二是明确环境责任,建立排污收费制度。之前工厂和工业部门认为排放污染物是理所当然的事,当时工业界曾有这样的话:人要吃饭拉屎,工厂生产也要排污。认为治理环境污染是政府和社会的事,不是他们的责任,而当时许多地区的环境管理部门又在从事污染治理。各级环境管理部门,包括国务院环境保护领导小组办公室在内都存在着"治理"和"管理"之争。环境责任划不清,就难以推动环保事业前进。因此该法中作出规定:"谁污染,谁治理"。这是从西方市场经济国家"污染者负担"原则借用过来的。从而划清了环境污染治理的责任,也明确了环境管理部门的责任,就是依照规划和法规进行监督管理。这对于推动污染防治和资金筹

---

① 曲格平、彭近新:《环境觉醒:人类环境会议和中国第一次环境保护会议》,中国环境科学出版社,2010年版,第5页。

集都有着重要意义。同时，根据这条原则，还规定了征收超标排污费。这是一项创举。这项制度不仅促进了污染的治理，而且对于强化环境监督管理和环境机构的能力建设都发挥了至关重要的作用。

三是规定了环境影响报告制度。新建、改建、扩建工程时，必须提出对环境影响的报告书，经环境保护部门审批后才能进行建设。这是从出席国际会议中学来的。当时这种制度只在一两个国家施行，先评价后建设制度奠定了环境监督管理在工业建设和其他重大建设项目中的法律地位。在其后各地实行的"环保一票否决制"就是这条法律的延伸。实践证明，这项制度对于改善工业布局和控制新的污染源都发挥了重大的作用。

四是规定了"三同时"制度。为了控制工业污染，从 70 年代初试行"三同时"做法，即防治环境污染的设施，必须与主体工程同时设计、同时施工、同时投产。实践证明，这是控制工业污染的有效做法。

但是，由于当时的局限性，《中华人民共和国环境保护法（试行）》也存在一些缺陷：试行法在审议时，希望其成为环境保护领域的基本法。但因为在审议过程中，常委们觉得草案不够成熟，不宜正式实施，采取了"原则通过"并"试行"的方式，因此埋下了环境保护法的地位之争的伏笔。① 这部在学界一直被认为是中国环境保护基本法的法律，实际上存在着尴尬：从形式上看，试行法由全国人大常委会通过，立法体系上不是基本法，与相关法律的沟通和统领作用难以发挥；从内容上看，试行法的制度设计具体且比较零散，后来制定的环境单行法并无明确分工，没有体现基本法应有的高度。②

1982 年新修订的第四部《宪法》在第二十六条规定："国家保护和改善生活环境和生态环境，防治污染和其他公害。"与 1978 年的《宪法》相

---

① 王灿发：《环境法的辉煌、挑战及前瞻》，《政法论坛》，2010 年第 3 期。
② 吕忠梅：《〈环境保护法〉的前世今生》，《政法论坛》，2014 年第 5 期。

比，新的《宪法》将环境的对象予以了扩大，同时还增加了一些合理开发利用自然资源的条款："国家保障自然资源的合理利用，保护珍贵的动物和植物……""一切使用土地的组织和个人必须合理地利用土地……"等。

从此，中国资源环境立法进入"快车道"。

在资源利用保护方面，1982年制定《海洋环境保护法》和《文物保护法》，1984年制定《中华人民共和国森林法》[1979年制定《森林法（试行）》]，1985年制定《草原法》，1986年制定《土地管理法》（1988年修正）、《矿产资源法》和《渔业法》，1988年制定《野生动物保护法》和《水法》，1991年制定《水土保持法》。这些资源法律的制定初步确立了资源管理的法律体系，使资源管理工作由原来的纯粹的行政计划走上了法制化的道路。此外，在国家一些重要的民事、行政和诉讼等基本法律与企业法律中也规定了环境保护的内容。例如，在《中华人民共和国刑法》中专门设立了一节——"破坏环境资源保护罪"，确立了由于污染造成的环境事故或破坏自然资源所要承担的刑事责任。

在环境污染防治立法方面，1982年制定《海洋环境保护法》，1984年制定《水污染防治法》，1989年制定《大气污染防治法》，1990年制定《国务院关于进一步加强环境保护工作的决定》，1992年制定《环境保护行政处罚办法》等；在环境管理方面，1982年制定《征收排污费暂行办法》，1983年制定《全国环境监测管理条例》和《环境保护标准管理办法》，1985年制定《关于开展资源综合利用若干问题的暂行规定》等。同时为了加强环境的定量管理，20世纪80年代颁布了一批具有规范性的环境质量标准、污染物排放标准、环保基础标准和环保方法标准。此外，在国家一些重要的民事、行政和诉讼等基本法律与企业法律中也规定了环境保护的内容。例如，在《民法通则》有关侵权责任的规定，就有关于危险作业和污染环境造成他人损害应承担民事责任的规定。在《中华人民共和国刑法》中专门设立了一节"破坏环境资源保护罪",确立了由于污染造成的环境事故或破坏自然资源所要承担的刑事责任。到1992年,国家规定了各项环境标准共300多项。

与此同时,试行法的修订工作列入立法日程。1980年,设立《中华人民共和国环境保护法（试行）》修订领导小组,请了北京大学、武汉大学、中国社科院、中国政法大学的专家学者组成专班,开始修法工作。修法工作几经波折、几度停顿,进展十分缓慢,最重要的因素是对试行法定位的纠结,环境保护单行法陆续出台的情况下,是否有必要修改试行法,甚至该法是否还有存在的必要,争论从未停止。

1989年12月26日,第七届全国人大常委会第十一次会议通过了《中华人民共和国环境保护法》,该法以试行法为基础修改而成（全文请见后文附件5）。

纵观《中华人民共和国环境保护法》的制定过程与内容,可以发现国际国内的多重因素对这部法律的明显影响,反映了我国当时的资源环境保护政策、经济发展需求以及国际环保思潮的状况。客观而言,这部法律较之于试行法有了重大进步：一是内容更加科学。《环保法》坚持了大环保的理念,并且增加了"改善环境"的规定,反映了现实需求;明确了环境监管体制,对监管部门、监管职权的规定更加明确,克服了试行法政企不分的问题;建立了环境监管的基本制度如环境标准、环境监测、环境影响评价、三同时、排污申报、限期治理、排污收费、防止污染转移、环境应急措施、法律责任等;初步建立了环境法律责任体系框架。二是立法技术显著进步。20世纪80年代兴起并迅速发展的环境法学研究为制定《环保法》提供了理论支持,使其体系性显著增强,制度规定和表述更加合理,与其他法律法规之间的关系也得到了考虑。

但这部《环保法》也存在着诸多缺陷：

第一，经济增长观念主导。《环保法》制定时，中国刚刚进入经济快速发展期，从政府到民间发展经济的愿望都十分强烈，环境保护虽然被提到了新的高度，但并不能改变我国发展经济的迫切要求，国际上逐渐兴起反环保的思潮也起到了推波助澜的作用。《环保法》确立"使环境保护工作同经济建设和社会发展相协调"的目标（第4条），被学者们总结为协调发展的基本原则，是典型的平衡环境保护与经济发展的思路，与"明智的利用"思潮具有一致性，其核心是要求环保顺应发展。这种思路实质上部分否定了环境保护所追求的环境目标纯粹性，体现了"发展优先""GDP导向"，是"退而求其次"的选择。也是基于这个目标，《环保法》删除了试行法中创造"适宜"环境、维持水质"良好"等提法，有环境目标倒退之嫌。

第二，立法定位问题仍未解决。与试行法一样，《环保法》在学界依然被认为是环境保护基本法，但否定观点仍存。其在立法效力层次、内容的统领性上并无根本改观，"无论在形式上还是内容上都未达到基本法的要求"，政府官员也认为其基本法地位不突出。

第三，部门立法、部分立法倾向明显。部门立法的问题不在于部门参与立法，而在于"行政机关借助于立法的方式使部门利益'合法化'"，《环保法》也具有明显的部门立法倾向，甚至被直指为"为环保局立法"。这一方面与20世纪80年代中国确定的环境保护任务有关，也与环境保护局刚成为独立机构需要显示自身存在有关。客观上使《环保法》呈现出明显的"为城市立法、为工业立法、为污染防治立法"的特征，为我国环境保护相对忽视农村和农业、轻视资源保护、市场机制与公众参与严重不足埋下了伏笔。与此同时，在"为污染立法"的思维主导下，主要制度安排集中在了污染控制，生态保护与预防原则基本没有得到体现。理念的疏漏与重要制度的缺失，导致科学的环境保护体制、机制没有真正形成，不能充分发挥法律的约束力和强制力,这是造成中国环境污染和生态破坏严重的原因之一。[①]

(二)环境保护确定为基本国策

中共中央以中发〔1978〕79号文转发国务院环境保护领导小组《环境保护工作汇报要点》。《汇报要点》列举了全国环境保护工作开展情况和环境污染状况,提出要解决十个方面的问题:(1)把环境保护纳入国家经济管理轨道;(2)大力推行奖励综合利用的政策;(3)严格执行"三同时"规定,控制新污染源产生;(4)加强城市环境管理;(5)把环境保护作为企业管理的重要内容;(6)制定环境保护法令和条例;(7)发动群众对环境污染进行监督;(8)加强环境监测和科学研究,拟成立环境保护研究院;(9)环境保护战线要深入学大庆;(10)整顿和加强各级环境保护管理机构,对各地区、各部门环境保护机构的设立提出建议。

中共中央同意《环境保护工作汇报要点》,并指出消除污染、保护环境是进行经济建设、实现四个现代化的一个重要组成部分。要高度重视,认真去抓。要制定环境保护法规。要规定工矿企业和一切污染、危害环境的单位的限期治理。对于那些严重污染环境、长期不改的要停产治理,并追究领导责任,要实行经济处罚,严重的给予法律制裁。各地区、各部门要充实加强环境保护机构,认真监督检查,真正把环境保护工作管起来。中共中央要求各地区、各部门在1979年第一季度把本地区、本部门环境保护情况、规划、措施向中央作一专题汇报。

这是中国共产党历史上第一次以党中央的名义对环境保护工作作出的指示,引起了各级党组织的重视,加强了领导,推动了中国环境保护事业的发展。

1983年12月31日至1984年1月7日,第二次全国环境保护会议召

[①] 吕忠梅:《〈环境保护法〉的前世今生》,《政法论坛》,2014年第5期。

开，会上宣布将环境保护确定为基本国策，所谓国策就是立国之策、治国之策，只有那些对国家经济建设、社会发展和人民生活具有全局性、长期性和决定性影响的谋划和策略才被称为是国策，而在当时决定把环境保护放进基本国策的范畴，是基于以下几点的考虑：

首先，吸取人口增长的教训，由于人口失控，尽管中国到 20 世纪 70 年代初就实行了计划生育政策，但是人口仍在急剧增长，给环境与经济带来了极大的压力。第二，保护环境就是保护资源，也就是保护工农业发展的物质基础，为经济建设服务。第三，保护环境、保障环境安全才能够保护当代人的健康以及人类自身再生产的正常运行，有利于子孙后代的健康成长。第四，为人民创造清洁、舒适、安静、优美的环境，是社会主义国家各级政府为人民服务应尽的责任。

改革开放初期，保护环境基本国策的制定并不能和当下的中国形势相提并论。因为当时国家经济百废待兴，各级政府关注更多的是经济复兴，而忽略了环境保护。尽管有反对的声音，但是中央政府还是作出了经济建设、城乡建设和环境建设要同步规划、同步实施、同步发展的方针。此外，初步规划出到 20 世纪末中国环境保护的主要指标、步骤和措施。会议具有鲜明的中国特色，推进了我国环境保护事业发展。

第二次全国环境保护会议后，环境保护作为一项基本国策被写入党和国家的许多重要文件，成为经济和社会发展的一个重要组成部分。

1985 年 9 月 23 日通过的《中共中央关于制定国民经济和社会发展第七个五年计划的建议》指出：要把改善生活环境作为提高城乡人民生活水平和生活质量的一项重要内容。要加强空气、水域、土壤污染和噪声等公害的监测和防治，注意环境保护，特别是要使重点城市和旅游区的环境有显著改善。

1987 年 10 月 25 日，党的十三大报告中指出，环境保护和生态平衡是关系到经济和社会发展全局的重要问题。在推进经济建设的同时，要大力保护和合理利用各种自然资源，努力开展对环境污染的综合治理，加强生态环境的保护，把经济效益、社会效益和环境效益很好地结合起来。这是在党的全国代表大会上第一次阐述环境保护的意义，提出环境保护的任务，对推动中国环境保护深入发展产生了深刻的影响。

1990年12月30日通过的《中共中央关于制定国民经济和社会发展十年规划和"八五"计划的建议》指出，环境保护是一项基本国策，也是提高人民生活质量的一个重要方面。要加强对大气、水域、土壤污染、固体废物和噪声等公害的监测和防治，特别要保护江河、湖泊、水库和地下水的水质，保护森林，抑制自然生态环境恶化的趋势，改善环境质量。积极治理环境污染，明确环境保护的职责范围，执行经济建设、城乡建设、环境建设同步规划、同步实施、同步发展的方针，使环境保护与国民经济和社会发展相协调。

自1984年以后，在历年的政府工作报告中，环境保护都被作为一项重要的内容写入。1989年3月20日，第七届全国人民代表大会第二次会议上的政府工作报告中，时任国务院总理李鹏指出："切实加强环境保护，也是我国的一项基本国策。各级政府必须把环境保护作为关系经济发展和社会发展全局的重要问题来抓，切实加强领导，采取坚决措施，控制环境污染的发展。"

环境保护写入政府工作报告，不但表明政府对环境保护的高度重视，而且指出了环境保护的任务、目标和根据国情提出的工作要求，这对环保事业发展是巨大的推动。

（三）第三次环境保护会议确定三大政策和八项制度

1989年4月底至5月初，在北京召开了第三次全国环境保护会议，确立环境保护三大政策（预防为主、防治结合；谁污染，谁治理；强化环境管理）和八项制度（环境影响评价、"三同时"、征收排污费、限期治理、排污许可证、污染物集中控制、环境保护目标责任制、城市环境综合整治定量考核制度），提出"经济建设、城乡建设和环境建设同步规划、同步实施、同步发展",实现"经济效益、社会效益与环境效益的统一"（"三同时三统一"）目标和"努力开拓有中国特色的环境保护道路"。

改革开放以来，中国的发展战略开始强调向持续、稳定、协调发展的模式转变，这种转变的主要表现是：在发展方针上，强调持续和协调发展，注意保持国民经济和社会发展的合理比例关系，努力搞好资源合理配置和产业结构调整，把保护环境、维护生态平衡作为协调发展的主要内容之一；在发展目标上，既保持适当的发展速度，更注意发展的综合效益，强调速度和效益的统一；在扩大再生产上，把重点放在内涵扩大再生产上，放在对现有企业的挖潜和技术改造上，尽量采用新工艺、新技术、新设备，在扩大生产能力和提高经济效益的过程中，同时防治环境污染和生态破坏。伴随着这种转变，并总结以往的经验教训，中国逐步形成了"预防为主、防治结合""谁污染谁治理"和"强化环境管理"三大环境管理政策体系。

1."预防为主、防治结合"的政策

早在1972年，周恩来总理就提出了"预防为主"的管理思想。他在会见英国《泰晤士报》记者时说："要消灭公害就必须提倡综合利用。进行基本建设，要从项目方面、设备方面和科学技术方面更加注意，那才能免去祸害。否则，已经造成祸害以后，再去消除，那已经走了弯路。我们不能再走资本主义工业化老路，要少走、不走弯路。"[①] 中国对于环境保护是走"预防为主、防治结合"还是"先污染后治理"的道路，有一个逐步

[①] 曲格平、彭近新：《环境觉醒：人类环境会议和中国第一次环境保护会议》，中国环境科学出版社，2010年版，第469页。

认识的过程。当时有人认为,"先污染后治理"是发展的规律,主张中国在经济还比较落后的情况下,应集中力量发展经济,待经济发达之后再来治理污染。经过较长时间的讨论,中国环境保护理论工作者与实践工作者都认识到,环境问题是经济发展不当所带来的,如果采取恰当的政策,兼顾经济发展与环境保护,将长远利益与近期利益、局部利益与整体利益结合起来,是可以有效地防治环境问题的。中国环境问题非常严重,如果不加以积极的防治,将造成巨大的经济损失,严重阻碍经济的发展。中国必须走预防为主、防治结合的道路。1978年12月31日,中共中央在批转国务院环境保护领导小组办公室《环境保护工作汇报要点》的通知中指出:"我们绝不能走先建设后治理的弯路。我们要在建设的同时就解决环境问题。"1983年底,在国务院召开的第二次全国环境保护会议上,李鹏指出:"在今后的环境管理工作中,要进一步贯彻预防为主,防治结合的方针。"[①]这次会议明确提出的环境保护是基本国策和经济建设与环境建设同步发展的方针,使得"预防为主、防治结合"的政策得到了保证。"预防为主、防治结合"思想是中国环境政策的基本出发点,其主要措施是:

(1)将环境保护纳入国民经济与社会发展计划和年度计划,在工农业发展中防治环境污染和生态破坏。

(2)为达到环境保护目标,对各级政府、各有关部门和有关单位普遍实行环境保护目标责任制。

(3)实行城市环境综合整治,在城市化进程中改善环境质量。为此,推行城市环境综合整治定量考核制度,每年考核一次,考核结果向公众公布。

(4)严格对新建、扩建、改建项目实行环境影响评价制度和"三同时"制度(防治污染设施与生产主体工程同时设计、同时施工、同时投产

[①]《中国环境保护行政二十年》,中国环境科学出版社,1994年版,第25页。

（5）逐步推行排污申报登记和排污许可证制度，使末端管理与全过程管理相结合。

（6）制定环境时限标准，对工业企业实行超前管理。

2."谁污染谁治理"的政策

中国的"谁污染谁治理"政策是从20世纪70年代初经济合作与发展组织（OECD）的"污染者负担"原则引申出来的。鉴于环境污染主要是企事业单位造成的，如果他们不采取积极的措施加以防治，把治理责任都推给政府和社会，不仅缺乏足够的治理资金，而且污染也将防不胜防、治不胜治。1979年的《中华人民共和国环境保护法（试行）》明确规定，"超过国家规定的标准排放污染物，要按照排放污染物的数量和浓度，根据规定收取排污费"，从而在法律上确定了"谁污染谁治理"政策。"谁污染谁治理"政策既明确了环境责任，又解决了污染治理的资金来源，是环境管理思想的重大变化。但是，由于政府当时对企业管理过多、过细，企业的生产计划由政府部门下达，企业的原材料、能源由政府部门调拨，企业生产的产品由国家包销，利润全部交给国家，所以，企业防治污染也要由国家列入计划，分配资金，企业自身没有治理污染的责任和能力，政策难以切实贯彻。随着经济体制改革的深入发展，实行政企分开，经营管理权下放给企业，"谁污染谁治理"政策才开始能够真正实行。

1982年2月，国务院颁布了《征收排污费暂行办法》，同年7月在全国实施。1983年2月6日，国务院发布了《关于结合技术改造防治工业污染的几项规定》，规定工业企业在进行技术改造时，要通过采用先进的技术和设备，提高资源、能源利用率，把污染物消除在生产过程之中，并对防治污染的资金作出了规定。1983年底，李鹏在第二次全国环境保护会议上指出："环境污染治理主要靠企业自己的力量，'谁污染谁治理'的原则必须坚持","对自然资源的开发利用,要实行'谁开发谁保护的原则"。①

1987年10月,国务院环境保护委员会审议排污收费的使用改革方案,决定由拨款改为贷款,由无偿使用改为有偿使用。这是对排污收费制度的重大改革。1990年12月5日,国务院发布了《关于进一步加强环境保护工作的决定》,规定在资源开发利用中,要按照"谁开发谁保护,谁破坏谁恢复,谁利用谁补偿"和"开发利用与保护增殖并重"的方针,认真保护和合理利用自然资源。1991年6月,国家环境保护局、国家物价局、财政部联合颁发了新的污水收费标准和噪声收费标准。

"谁污染谁治理"政策是中国环境经济政策的基础,其具体措施是:

(1)结合企业技术改造防治工业污染,规定技术改造费的7%用于污染防治,通过采用先进的技术和设备降低资源能源消耗,将污染消除在生产过程之中。

(2)对浪费资源能源、污染严重、影响人民生活的企业限期治理或关停并转迁。

(3)实行排污收费制度,运用价值规律和经济手段,使排污单位支付一定份额的环境补偿费用。

(4)征收生态环境补偿费和环境税。

1992年开始在两省九市开展征收燃煤二氧化硫排污费试点,在内蒙古自治区开展征收环境资源补偿费试点。广西、黑龙江、山东、福建等地也开始对矿产开发、自然资源利用活动征收生态环境补偿费,并取得了良好的效果。

3."强化环境管理"的政策

1973年,第一次全国环境保护会议以后,中国一直把环境保护的重点放在环境污染的治理上,解决了一些群众反映强烈的环境污染问题,取得

---

①《中国环境保护行政二十年》,中国环境科学出版社,1994年版,第26页。

了一定的成绩。但这种政策也逐渐暴露出一些问题，一是经济实力比较薄弱，国家难以拿出很多的钱来治理环境；二是环境问题有许多是由于管理不善造成的，如果仅靠当时国家每年下拨的非常有限的资金，环境污染治不胜治，环境恶化的趋势难以控制。1979年，国务院环境保护领导小组在成都召开了全国环境保护工作会议，就"治理"还是"管理"进行了充分的讨论，认识到了加强环境管理的重要性，提出了"加强全面环境管理，以管促治"的口号。之后，中国的环境管理政策逐步由组织治理转向通过各种手段加强环境管理上来，通过管理促进污染的治理和控制。1982年在建设部设立环境保护局之初，提出了环境管理的四大领域和十五项主要任务，长期有争议的环境管理部门的职责和任务得到了明确。1983年底，第二次全国环境保护会议明确提出要把环境管理作为环保工作的中心环节。时任国务院总理李鹏在会议上指出："环境管理很重要。大量的环境问题都与我们对环境缺乏管理或管理不善有关。在目前我国财力有限、技术条件比较落后的情况下，更要通过加强管理来解决许多环境问题。而且，有许多环境问题，不一定要花很多钱，通过加强管理就能够解决。"①

1986年2月5日，国务院环境保护委员会第六次会议指出，中国的环境保护一靠政策，二靠管理，三靠科学技术进步。强调环境保护要狠抓管理，严字当头。1988年2月，在全国环境保护厅（局）长会议上，时任国家环保局局长曲格平从理论上阐述了环境管理与环境建设之间的区别和关系，并突出强调了环境管理部门的基本职责。1989年4月，国务院召开了第三次全国环境保护工作会议，在原有管理制度的基础上，根据各地的改革和实践经验，又推出了强化环境管理新的五项制度，即环境保护目标责任制、城市环境综合整治定量考核、排放污染物许可证制度、污染集中控制和污染源限期治理。

---

① 《中国环境保护行政二十年》，中国环境科学出版社，1994年版，第27页。

强化环境管理的政策是中国环境管理政策体系的核心,其主要措施有:

(1)制定国家的、地方的法规和标准,使环境保护有法可依、有章可循。

(2)建立健全各级环境管理机构,强化环境监督管理。

(3)吸收国外先进经验,总结国内成功实践,大力推行多项行之有效的管理制度和措施。

(4)坚持从实际出发,不断明确和加强各级环境管理机构的管理职能。

经过近20年不断地的探索和实践,我国初步形成了包括"三同时"制度(1973年、1979年)、环境影响评价制度(1979年5月、1979年9月)、排污收费制度(1978年12月、1979年9月)、环境保护目标责任制制度(1989年4月、1989年12月)、城市环境综合整治定量考核制度(1988年)、排污申报登记与排污许可证制度(1987年、1989年)、污染集中控制制度(1987年)和污染限期治理制度(1978年、1982年)等八项制度为核心的环境管理制度体系。八项环境管理制度之间存在着十分重要的内在关系,构成了一个完整的环境管理制度体系。

八项制度:

1."三同时"制度

1977年4月,国家计委、国家建委、国务院环境保护领导小组联合发布《关于治理工业"三废"开展综合利用的几项规定》,进一步扩大了"三同时"制度的适用范围,为"三同时"制度的执行提出了相应的保证措施。但"三同时"执行率并不高。1979年9月,《中华人民共和国环境保护法(试行)》颁布,"三同时"制度以法律形式得到确认(第六条):"在进行新建、改建和扩建工程时,防止污染和其他公害的设施,必须与主体工程同时设计、同时施工、同时投产。"

至此,"三同时"制度成了环境法律制度,"三同时"执行率有了较大提高。1979年,《中华人民共和国环境保护法(试行)》颁布以前,"三同时"制度执行率为40%左右,1977—1979年呈逐年下降的趋势。《中华人民共和国环境保护法(试行)》颁布后的1980年,"三同时"制度执行率达到了53%,较前一年提高了35.6%,以后逐年大幅度递增。到1989年,《中华人民共和国环境保护法》颁布之年,"三同时"制度执行率已达到97%。

2. 环境影响评价制度

环境影响评价制度是指把环境影响评价工作以法律、法规或行政规章的形式确定下来从而必须遵守的制度。至1989年《环保法》出台,我国环境影响评价制度的立法经历了两个阶段。

第一阶段为创立阶段。1973年首先提出环境影响评价的概念,1979年颁布的《环境保护法(试行)》使环境影响评价制度化、法律化。1981年发布的《基本建设项目环境保护管理办法》专门对环境影响评价的基本内容和程序作了规定。后经修改,1986年颁布了《建设项目环境保护管理办法》,进一步明确了环境影响评价的范围、内容、管理权限和责任。

第二阶段为发展阶段。1989年正式颁布《环境保护法》,该法第13条规定:"建设污染环境的项目,必须遵守国家有关建设项目环境保护管理的规定。建设项目的环境影响报告书,必须对建设项目产生的污染和对环境的影响作出评价,规定防治措施,经项目主管部门预审并依照规定的程序报环境保护行政主管部门批准。环境影响报告书经批准后,计划部门方可批准建设项目设计任务书。"

环境影响评价制度的实施,无疑可以防止一些建设项目对环境产生严重的不良影响,也可以通过对可行性方案的比较和筛选,把某些建设项目的环境影响减少到最小程度。因此环境影响评价制度同国土利用规划一起被视为贯彻预见性环境政策的重要支柱和卓有成效的法律制度,在国际上越来越引起广泛的重视。

3. 排污收费制度

排污收费制度是指向环境排放污染物或超过规定的标准排放污染物的排污者，依照国家法律和有关规定按标准缴纳费用的制度。征收排污费的目的，是为了促使排污者加强经营管理，节约和综合利用资源，治理污染，改善环境。排污收费制度是"污染者付费"原则的体现，可以使污染防治责任与排污者的经济利益直接挂钩，促进经济效益、社会效益和环境效益的统一。

《排污费征收使用管理条例》明确征收排污费的条件是排污者直接向环境排放污染物，同时明确不得重复收费的原则。它规定："排污者向城市污水集中处理设施排放污水，缴纳污水处理费用的，不再缴纳排污费。排污者建成工业固体废物贮存或者处理设施、场所并符合环境保护标准，或者其原有工业固体废物贮存或者处置设施、场所经改造符合环境保护标准的，自建成或者改造完成之日起，不再缴纳排污费。"另外，对于集中处理工业废水的工业区内的排污单位属未直接向环境排放污水的排污者，不缴纳污水排污费。但工业区内的污水厂营运单位属于排污者，应缴纳污水排污费，超标排放的污染物还应当加倍收费。

排污收费制度对于治理污染、改善环境、发展经济有以下几方面积极作用：

（1）促进老污染源治理。在全国开征排污费以前，防治工业污染的进展非常缓慢。当时企业治理污染主要是向国家伸手要钱、要物，缺乏防治污染的自觉性和主动性。近些年来，通过开展环境保护宣传教育，特别是运用经济杠杆和法律手段进行环境监督，深入开展征收排污费工作，促进"谁污染谁治理"政策的落实，提高了企业防治污染的自觉性。

（2）有力地控制新污染源。对不执行"三同时"或有治理设施不运转，排放污染物又超过排放标准的单位实行加倍收费，有力地控制了新污染源。

（3）促使排污单位加强经营管理。征收排污费促使排污单位从经济上分析比较治理与不治理的利害得失，促使其加强经营管理，建立规章制度，严格管理，减少跑、冒、滴、漏，提高设备完好率。

（4）推动综合利用，提高资源、能源的利用率。工业"三废"排放量越大，原材料利用率越低，资源能源的消耗量越多，生产成本也就越高，很多可以综合利用、回收的资源能源白白浪费掉了。征收排污费大大促进企业节约和综合利用资源。

（5）为防治污染提供了大量专项资金。

（6）促进环境保护部门自身建设，促进环境保护工作。

4. 环境保护目标责任制制度

环境保护目标责任制制度是通过签订责任书的形式，具体落实到地方各级人民政府和有污染的单位对环境质量负责的行政管理制度。

环境保护目标责任制是以社会主义初级阶段的基本国情为基础，以现行法律为依据、以责任制为核心，以行政制约为机制，把责任、权利、义务有机地结合在一起，以明确地方行政首长在改善环境质量上的权力、责任。在现有的环境质量和所制定的环境目标之间铺设了一座桥梁，使人们经过努力，能够逐步改善环境质量达到既定的环境目标。它确定了一个区域、一个部门乃至一个单位环境保护的主要责任者和责任范围，推动环境保护工作的全面深入发展。

环境管理目标责任在现行的环境管理工作中发挥了重大作用：

（1）明确了保护环境的主要责任者、责任目标和责任范围，解决了"谁对环境质量负责"这一首要问题，按要求是一把手负总责。具体来说就是省长对本省的环境质量负责，市长对本市的环境质量负责，各排污企业的法人要对本企业的排污负责，企业的法人要确保企业污染物达标排放，有总量控制任务的企业还要达到总量控制要求。

（2）责任的各项指标层层分解、落实。各级政府和有关部门都按责任书项目的分工承担了相应的任务，使环境保护由过去环境部门一家抓，逐步发展为各部门各司其职，各负其责，齐抓共管。因此，全面推行环境保护目标责任制，对多层次、全方位推进环境保护工作，有着十分重要的意义。

5. 城市环境综合整治定量考核制度

1984年12月，中共中央《关于经济体制改革的决定》提出："城市政府应该集中力量做好城市的规划、建设和管理，加强各种公用设施的建设，进行环境的综合整治。"1988年9月，国务院环境保护委员会发布《关于城市环境综合整治定量考核的决定》，要求从1989年1月1日起实施城市环境综合整治定量考核工作。1989年5月，国务院环境保护委员会下发《城市环境综合整治定量考核措施解释与计算方法（修改稿）》《城市环境综合整治定量考核监督办法》，城市环境综合整治定量考核制度更加完善。

虽然城市环境综合整治定量考核制度至今不能称之为环境法律制度，但是环境法律所规定的"政府对环境质量负责制度"为城市环境综合整治定量考核奠定了法律基础；"环境监测制度"和"环境规划制度"为环境综合整治定量考核提供了技术保证；"淘汰落后生产工艺设备制度"和"划定污染防治重点城市制度"为环境综合整治定量考核的实施提供了管理方法和技术路线。城市环境综合整治定量考核制度的实质就是"政府对环境质量负责"环境法律制度的延续和具体化，是"政府对环境质量负责"的量化过程和具体实施与考核依据。

6. 排污申报登记与排污许可证制度

排污申报登记是要求具有排污活动行为的单位按一定规格形式就其生产经营活动中的生产工艺设备、原材料产品、污染物排放处理设施，以及污染物排放种类、数量、方式、趋向等定期或不定期地向所在地环境主管部门呈报的过程。排污许可证制度是依法规范企事业单位排污行为的基础性环境管理制度，环境保护部门通过对企事业单位发放排污许可证并依证监管实施排污许可制。排污申报登记制度是各国环境管理中普遍采取的一项制度，是排污许可证制度的组成部分。在我国则作为一项独立的环境管理制度规定于《中华人民共和国环境保护法》等有关法规中，并成为实施排污许可证制度工作的基础。

在制度建立初期，各地积极探索排污许可制，取得初步成效。但总体看，排污许可制定位不明确，企事业单位治污责任不落实，环境保护部门依证监管不到位，使得管理制度效能难以充分发挥。

7. 污染集中控制制度

污染集中控制制度是要求在一定区域，建立集中的污染处理设施，对多个项目的污染源进行集中控制和处理。这样做既可以节省环保投资，提高处理效率，又可采用先进工艺，进行现代化管理，因此有显著的社会、经济、环境效益。

污染集中控制制度是从我国环境管理实践中总结出来的。多年的实践证明，我国的污染治理必须以改善环境质量为目的，以提高经济效益为原则。就是说，治理污染的根本目的不是去追求单个污染源的处理率和达标率，而应当是谋求整个环境质量的改善，同时讲求经济效率，以尽可能小的投入获取尽可能大的效益。但是，以往的污染治理常常过分强调单个污染源的治理，追求其处理率和达标率，实际上是"头痛医头""脚痛医脚"，尽管花了不少钱，费了不少劲，搞了不少污染治理设施，可是区域总的环境质量并没有大的改善，环境污染并没有得到有效控制。

8. 污染限期治理制度

污染限期治理制度是指对严重污染的企业事业单位和在特殊保护的区

域内超标排污的生产、经营设施和活动，由各级人民政府或其授权的环境保护部门决定、环境保护部门监督实施，在一定期限内消除污染的法律制度。其有以下几个主要特点：

（1）有严厉的法律强制性。由国家行政机关作出的限期治理决定必须履行，给予未按规定履行限期治理决定的排污单位的法律制裁是严厉的，并可采取强制措施。

（2）有明确的时间要求。这一制度的实行是以时间限期为界线作为承担法律责任的依据之一，时间要求既体现了对限期治理对象的压力，也体现了留有余地的政策。

（3）有具体的治理任务。体现治理任务和要求的主要衡量尺度，是看是否达到消除或减轻污染的效果和是否符合排放标准。是否完成治理任务是另一个承担法律责任的依据。

（4）体现了突出重点的政策，有明确的治理对象：位于居民稠密区、水源保护区、风景名胜区、城市上风向等环境敏感区内严重超标排放污染物的单位；排放有毒有害物，对环境造成严重污染，危害人群健康的单位；污染物排放量大，对环境质量有重大影响的单位。

（四）自然资源产权制度和资源税费改革

1982年《宪法》第一章第九条和第十条进一步规定"矿藏、水流、森林、山岭、草原、荒地、滩涂等自然资源，都属于国家所有，即全民所有；由法律规定属于集体所有的森林和山岭、草原、荒地、滩涂除外""农村和城市郊区的土地，除由法律规定属于国家所有的以外，属于集体所有；宅基地和自留地、自留山，也属于集体所有"。1986年《民法通则》第80条和81条规定了土地、森林、矿山等自然资源的公有制形式，这些全民所有和集体所有的资源受国家法律保护，不得非法转卖。另外在《森林法》《草原法》《渔业法》《矿产资源法》《土地管理法》《野生动物保护法》和《水法》以及大量行政法规、地方法规和行政规章中都对自然资源的产权作出了相关的规定。这些法律、法规和规章正式安排了中国自然资源产权制度，实现了自然资源管理的规范化和法制化，也表明在中国已形成了自然资源管理的法律体系，以及各种资源产权制度。中国的自然资源管理开始进入"产权法制化"阶段。伴随产权法制化和市场经济发展的步伐，中国为提高资源开发利用效率，解决政府计划经济和行政管理的弊端，在资源体制改革中也逐步放开对资源的管理，实现资源市场化。这主要表现在自然资源产权交易市场的发展。1982年中国颁布的《中华人民共和国对外合作开采海洋石油资源条例》明确规定，"允许外国企业参与合作开采中华人民共和国海洋石油资源"，允许"通过组织招标，采取签订石油合同方式，同外国企业合作开采石油资源"，这可以看作是资源开发权依法转让的萌芽。1988年，我国《宪法》第十条第四款修改为"任何组织或者个人不得侵占、买卖或以其他形式非法转让土地。土地的使用权可以有偿转让"。《宪法》的这次修改对中国自然资源法律制度的变迁具有极为重要的影响，它标志着中国自然资源产权交易开始起步，产权市场开始发育。之后，《土地管理法》也随之作了修正。《土地管理法》（1988）第二条和第七条确立了土地有偿使用制度，明确规定了土地使用权出让、转让、出租、抵押制度，并划出了土地使用权交易与划拨的界限。这一新的法律制度安排使土地开发利用权成为最早进入交易的自然资源产权。自此以后，中国自然资源产权市场逐步形成并发展起来，自然资源开始允许在法律许可的范围内"转让使用权"。这一改革是中国资源管理体制的一大进步，为资源市场化奠定了基础。

改革开放前，中国普遍认为资源完全"公有"，不允许私自转让，对资源的使用由国家计划指导，采取"无偿授予""无偿开采"的手段。改革开放后，中国逐步走向市场经济，同时也认识到资源是稀缺的，对经济发展起着至关重要的作用，因此资源体制也开始走向市场化、资产化。1980年，第五届全国人大三次会议上中国首次提出开征资源税问题。1982年1月，国务院发布的《中华人民共和国对外合作开采海洋石油资源条例》规定，"参与合作开采海洋石油资源的中国企业、外国企业，都应当依法纳税，缴纳矿区使用费"，这可以看作是有偿开采的萌芽。1984年9月18日，国务院正式发布了《中华人民共和国资源税条例（草案）》，标志着资源税在我国的正式建立。此后，我国开始对自然资源征税。当时征收范围较小，实际上仅对原油、天然气、煤炭和铁矿石征收，至于对盐征税，不包括在资源税范围内。但是该《条例》建立的思路完全是为了调节级差收益，把起征点定为销售利润率的12%，也就是说对没有获得12%以上的销售利润的企业，国有矿产资源都可以无偿开采。1984年，资源税制度的建立在客观上维护了国家对于矿产资源的部分权益，推动了改革的前进。1986年3月19日，六届全国人大常委会第十五次会议通过并公布了《中华人民共和国矿产资源法》，进一步明确规定："国家对矿产资源实行有偿开采。开采矿产资源，必须按照国家有关规定缴纳资源税和资源补偿费。""税费并存"的制度从此以法律的形式确立了下来。这一制度的确立，尽管是对西方国家经验的简单移植，确立的调节级差收益的思路不能从根本上消除"无偿开发"，只是符合一定条件的部分"有偿开发"，但这也是中国资源体制的一项重大改革和进步，对我国矿产资源保护和生态环境建设具有良好的促进作用。

（五）资源环境领域进一步对外开放

我国此时的资源环境保护已经大步走出国门，开启了国际合作模式。这个阶段，我国加强了与联合国环境规划署及其他国际组织的合作。1979年国务院批准中国参加联合国环境规划署的全球环境监测系统、国际潜在有毒化学品登记中心和国际环境情报资料查询系统，并在中国设立了国家联络点。从 1985 年开始,中国参加了联合国环境规划署开展的"世界环境日"纪念活动。

我国还加入了多个世界性环境保护组织,并参与多个国际环境公约。1980 年与美国签订了《中美环境保护科技合作协作书》;签订了 1980 年的《有灭绝危险的野生动植物国际贸易公约》;参加了 1985 年的《防止倾倒废物及其他物质污染海洋的公约》,1989 年的《保护臭氧维也纳公约》及 1990 年的《控制危险废物越境转移及其处置的巴赛尔公约》;签订了 1991 年的《关于消耗臭氧层物质的蒙特利尔协定书》。

三、资源环境管理机构加速改革

(一)资源管理机构逐步加强综合管理

对于土地资源,1979 年国家又将国家地质总局改为地质部。1982 年虽然成立了地质矿产部,但由于当时的多种原因,其主要仍从事地质勘查工作,矿产资源管理职能主要体现在由国家储量委员会对矿产资源储量的管理。1986 年国家土地管理局成立,作为国务院的直属机构,履行全国土地、城乡地政的统一管理工作。此后,省、地(市)、县(市)和部分乡(镇)的土地管理机构开始建立,土地资源的全国五级管理体系逐渐形成。

对于矿产资源,《矿产资源法》明确规定"国务院地质矿产部门主管全国矿产资源勘查、开采的监督管理工作"。1988 年又将履行对地质矿产资源综合管理,地勘工作行业管理,地质矿产资源的合理开发利用和保护监督管理,地质环境监测、评价和监督管理的"四项政府职能"写入了《地质矿产部"三定"方案》。随后,省、地(市)、县(市)的地矿行政管理机构也相继建立。

对于海洋资源,这一阶段海洋资源的分散管理状态仍未能改变,但强化了规划管理和环境管理的职能,1988 年国家海洋局改为国务院直属局,综合管理我国海域，探索对海洋权益、资源、生态环境、灾害以及公益服务的一体化管理，其综合管理职能得以加强。

对于水资源，1978年以来，我国的水资源（主要指淡水资源）主要管理机构历经了水利部或水利电力部，还是延续新中国成立以来多次交替反复的调整变化：1979—1982年为水利部，1982—1998年为水利电力部。

对于林业资源，1979—1998年又转由林业部管理，主要负责林业生态环境建设事业管理及林业产业行业管理，行使林业行政执法职能和林地管理职能。

（二）环境管理机构升级后独立设立

1982年5月，国务院第一次机构改革，经第五届全国人大常委会第二十三次会议决定，将国家建委、国家城建总局、建工总局、国家测绘局、国务院环境保护领导小组办公室合并，组建城乡建设环境保护部，部内设环境保护局。

1984年5月，国务院决定成立环境保护委员会，专门负责协调各部门间的环保问题。其任务是：研究审定有关环境保护的方针、政策，提出规划要求，领导和组织协调全国的环境保护工作。委员会主任由副总理兼任，办事机构设在城乡建设环境保护部（由环境保护局代行）。

1984年12月，城乡建设环境保护部环境保护局改为国家环境保护局，仍归城乡建设环境保护部领导，同时也是国务院环境保护委员会的办事机构，主要任务是负责全国环境保护的规划、协调、监督和指导工作。

1988年7月，国务院第二次机构改革将环保工作从城乡建设部分离出来，成立独立的国家环境保护局（副部级），明确为国务院综合管理环境保护的职能部门，作为国务院直属机构，也是国务院环境保护委员会的办事机构。

四、邓小平的资源环境思想

邓小平同志的资源环境思想具有重要的理论和现实意义。在理论上，邓小平同志继承了马克思主义人与自然关系的理论，发展了毛泽东同志相关思想，实现了中国化马克思主义生态理论的与时俱进，深化了中国共产党对社会主义条件下进行资源环境保护的有益探索。

邓小平同志的资源环境思想，立足于我国正处于社会主义初级阶段的具体国情，科学认识到中国人口数量多、环境负荷重的客观实际，探索了我国作为发展中国家在经济快速发展的同时，如何妥善处理好环境保护问题，指出了在我国社会发展过程中，农业、林业以及畜牧业等多种产业中要注意环境安全，阐发了人与自然和谐发展的基本主张，纠正了长期以来单纯将经济增长视为社会发展的传统认识误区，其著作、谈话中包含着丰富的资源环境保护思想。

（一）农业发展不能破坏生态环境的整体安全

邓小平同志十分重视生产发展与环境保护之间的紧密关系，强调发展农业要保护环境系统的完整性，要及时制止大面积开垦而破坏植被的传统耕作模式。要科学计算农业开垦与环境成本之间的收支关系，吸取盲目开发导致生态破坏的深刻教训。邓小平同志认为科学发展林业是保障生态安全的重要方面，当他看到四川遭受水灾，人民生命财产遭受严重损失时，深刻认识到洪灾与森林过度砍伐有关。邓小平同志指出："最近发生的洪水，涉及林业问题，涉及森林的过量采伐，看来宁可进口一点木材，也要少砍一点树，报上对森林采伐的方式有争议。这些地方是否可以只搞间伐，不搞皆伐。"[①] 邓小平同志提出要通过植树造林增强我国生态安全，他指出："植树造林，绿化祖国，是建设社会主义，造福子孙后代的伟大事

---

① 《邓小平论林业与生态建设》，《内蒙古林业》，2004 年第 1 期。

业，要坚持二十年，坚持一百年，要一代代永远干下去。"[1]

（二）提出人与自然协调发展的主张

邓小平同志认为我国在经济发展过程中必须保护环境，走人与自然协调发展的道路。邓小平同志的人与自然协调发展的思想还体现在对人口数量和质量的控制上，提高人口素质，为生态环境保护培育建设者和承载者。1982年，在邓小平同志的主持下，计划生育被列为基本国策，他还强调要优生优育，提高人口素质。

（三）转变经济增长方式

邓小平同志非常重视通过转变经济增长方式来提高经济效益，他认为，要提高经济效益，不要片面追求产值、产量的增长。可以说，我国作为最大的发展中国家，经济发展仍旧是当前的首要问题，其中不可避免地就要触及经济与环境之间的紧张关系，如何保障社会经济在实现跨越式发展的同时，避免出现严重的生态环境问题，是我国经济社会发展中的当务之急。对此，邓小平同志提出，经济发展不能盲目地关注经济指标，而要注重经济发展的质量和效益，要区分经济发展和经济增长之间的重大差异。深刻揭示了如果不提高效益，增产不增收，无疑会给生态环境带来沉重压力。

---

[1]《邓小平论林业与生态建设》，《内蒙古林业》，2004年第1期。

第二章
可持续发展的践行与生态文明的酝酿

(1992—2002)

这一阶段,中国资源环境问题加剧,我国采取了多种治理措施,完善了资源环境制度体系与机构。1992年联合国环境与发展大会召开,可持续发展成为国际共识。会后,中国启动了可持续发展战略,并将其作为国家战略。在江泽民的资源环境思想指导下,在可持续发展战略的践行中,生态文明建设开始在顶层设计层面酝酿。

一、中国认识并践行可持续发展战略

可持续发展是指满足当代人需要而又不削弱子孙后代满足其需要之能力的发展。中国在参加1992年联合国环境与发展大会后,制定了《中国21世纪议程》,大力践行可持续发展,并将其作为国家战略。

(一)可持续发展概念提出

联合国于1983年12月成立了由挪威首相布伦特兰夫人为主席的世界环境与发展委员会,对世界面临的问题及应采取的战略进行研究。1987年,世界环境与发展委员会发表了影响全球的题为《我们共同的未来》的报告,它分为"共同的问题""共同的挑战"和"共同的努力"三大部分,在集中分析了全球人口、粮食、物种和遗传资源、能源、工业和人类居住等方面的情况,并系统探讨了人类面临的一系列重大经济、社会和环境问题之后,这份报告鲜明地提出了三个观点:(1)环境危机、能源危机和发展危机不能分割;(2)地球的资源和能源远不能满足人类发展的需要;(3)必须为当代人和下代人的利益改变发展模式。

报告深刻指出,在过去,我们关心的是经济发展对生态环境带来的影响,而现在,我们正迫切地感到生态的压力对经济发展所带来的重大影响。因此,我们需要有一条新的发展道路,这条道路不是一条仅能在若干年内、在若干地方支持人类进步的道路,而是一直到遥远的未来都能支持全球人类进步的道路。这一鲜明、创新的科学观点,把人们从单纯考虑环境保护引导到把环境保护与人类发展切实结合起来,实现了人类有关环境与发展思想的重要飞跃。在此基础上报告提出了"可持续发展"的概念,即"可持续发展是指既满足当代人的需要,又不损害后代人满足需要的能力的发展。它包括两个重要的概念:'需要'的概念,其是世界上贫困人民的基本需要,将此放在特别优先的地位来考虑;'限制'的概念,技术状况和社会组织对环境满足眼前和将来需要的能力施加的限制。"[①]

可持续发展观的提出立即引起了国际社会的广泛关注。1988年年初,在联合国开发计划署理事会全面委员会的磋商会议期间,发达国家与发展中国家围绕"可持续发展"的含义问题展开了激烈的争论。1989年5月举行的第15届联合国环境规划署管理理事会会议,讨论通过了《关于可持续发展的声明》。声明指出,可持续发展是指满足当代人需要而又不削弱子孙后代满足其需要之能力的发展,而且绝不包含侵犯国家主权的含义。要达到可持续发展的目标,必须加强国内合作和国际合作。

(二)可持续发展成为国际共识

联合国环境与发展大会,又称"地球会议"。为纪念斯德哥尔摩第一

---

① 世界环境与发展委员会:《我们共同的未来》,吉林人民出版社,1997年版,第52页。

次人类环境会议召开20周年，1992年6月3日至14日，联合国在巴西的"里约中心"组织召开联合国环境与发展大会，这是继1972年6月瑞典斯德哥尔摩联合国人类环境会议之后，环境与发展领域中规模最大、级别最高的一次国际会议。有183个国家代表团、70个国际组织的代表参加了会议，有102位国家元首或政府首脑到会讲话。中国政府派出以国务委员兼国家科委主任、国务院环境保护委员会主任宋健为团长，9位部长和副部长、19位司局长共60多人组成的高级代表团，参加在巴西里约热内卢召开的联合国环境与发展大会。随后，国务院总理李鹏前往参加联合国环境与发展大会的首脑会议，发表了重要讲话，进行了广泛的高层次接触。

这次大会是在全球环境持续恶化、发展问题更趋严重的情况下召开的。会议围绕环境与发展这一主题，在维护发展中国家主权和发展权、发达国家提供资金和技术等根本问题上进行了艰苦的谈判。最后通过了《关于环境与发展的里约热内卢宣言》《21世纪议程》和《关于森林问题的原则声明》3项文件。会议期间，对《联合国气候变化框架公约》和《联合国生物多样性公约》进行了开放签字，已有153个国家和欧共体正式签署。这些会议文件和公约有利于保护全球环境和资源，要求发达国家承担更多的义务，同时也照顾到发展中国家的特殊情况和利益。这次会议的成果具有积极意义，在人类环境保护与持续发展进程上迈出了重要的一步。这次大会标志着可持续发展成为全世界认同的经济社会发展的基本方略与指导思想。

《关于环境与发展的里约热内卢宣言》是建立在《人类环境宣言》的基础之上的，两者所宣示的许多原则，具有高度的延续性。与20年前《人类环境宣言》相比，《里约宣言》在更大程度上反映了发展中国家的政治议程。《里约宣言》详细阐述了可持续发展的思想和国际合作的原则，将环境问题与其他更广泛的问题联系在一起。

《里约宣言》确立了世界各国在可持续发展和国际合作领域的一般性原则，而《21世纪议程》则是可持续发展和国际合作的行动计划，反映了世界各国在可持续发展问题上的基本共识和政治承诺。《21世纪议程》构筑了一个庞大的体系，涉及人类社会可持续发展的所有领域。总体上来看，可以分为四个部分：确立可持续发展的一系列程序和政策；确定优先领域和保护对策；公众广泛参与决策和参与整个发展过程；解决一些跨领域的重大问题。《21世纪议程》阐述的可持续发展战略，不仅整合了环境与发展的不同需求，而且调和了发达国家与发展中国家的立场和利益。

（三）《中国21世纪议程》：中国启动可持续发展战略

中国依据《21世纪议程》的主要精神，充分发挥国务院相关部门的智力优势，同时邀请国外专家参与文本制定，促成了《中国21世纪议程》的出台。

在代表中国政府在联合国环境与发展大会上作出履行全球《21世纪议程》的庄严承诺之后，李鹏曾对国务院环境保护委员会主任宋健说，《21世纪议程》非常重要，你们要抓紧制定自己的《21世纪议程》。[①]1992年7月2日，国务院环境保护委员会主任宋健主持召开了国务院环委会第23次会议。会议审议通过了报送中共中央、国务院的《关于出席联合国环境与发展大会的情况及有关对策的报告》。

1992年8月，中共中央和国务院批准，中共中央和国务院办公厅转发了外交部和国家环保局《关于出席联合国环境与发展大会的情况及有关对策的报告》。报告指出，联合国环发大会上，中国同世界各国一起，一同接受了会议通过的文件，签署了两项公约。按照联合国环境与发展大会的精神，根据中国的具体情况，提出了中国环境与发展领域应采取的十条对

---

① 荣跃：《跨世纪寻梦——〈中国21世纪议程〉出台内幕》，《中国质量万里行》，1995年第2期。

策和措施——《我国环境与发展的十大对策》(全文请见后文附件6)。主要内容包括:(1)实行持续发展战略,各地各部门要将环境保护纳入本地的经济和社会发展中长期规划,社会效益和环境效益要作为考核领导干部的参考指标;(2)采取有效措施,防治工业污染;(3)深入开展城市环境综合整治,认真治理城市"四害";(4)提高能源利用效率,改善能源结构;(5)推广生态农业,坚持不懈地植树造林,切实加强生物多样性的保护;(6)大力推进科技进步,加强环境科学研究,积极发展环保产业;(7)运用经济手段保护环境;(8)加强环境教育,不断提高全民族的环境意识;(9)健全环境法制,强化环境管理;(10)参照环发大会精神,制定我国行动计划。这些对策在现在看来依然是非常先进的。

国务院要求各有关部门制定环境与发展的行动计划,通过综合平衡后,纳入"八五"计划后三年和"九五"计划中付诸实施。这些对策是在总结中国20多年来的环境保护事业发展的历史经验的基础上提出来的,是在由计划经济向社会主义市场经济转变的新形势下,提出的协调经济发展与环境保护的战略对策。曲格平在中国环境与发展委员会会议上将这十个方面作出了进一步概括,这些对策主要集中在:第一,转变发展战略,走持续发展的道路。第二,持续把防治工业污染和进行城市环境综合整治作为环保工作的重点。第三,强化政府在环境管理上的职能,更好地运用经济手段和法律手段保护环境。

在国务院环委会第23次会议上,环委会专门研究和部署了如何全面落实联合国环境与发展大会的有关决议和精神,作出关于国家计委和国家科委牵头组织各有关部门共同编制《中国21世纪议程》的决定。为了保证《中国21世纪议程》制定工作顺利有效地进行,国家计划委员会和国家科学技术委员会联合成立了"中国21世纪议程管理中心",整体承办日常管理工作。

1994年1月，历时一年五个月的《中国21世纪议程》编制工作顺利完成，报送国务院审批。3月25日，李鹏主持召开国务院第16次常务会议。李鹏在正标题后面加了一个副标题——"中国21世纪人口、环境与发展白皮书"。会议决定《中国21世纪议程——中国21世纪人口、环境与发展白皮书》将作为中国制定国民经济和社会发展规划的指导性文件。为了推动《21世纪议程》的实施，当时制定了中国21世纪议程优先项目计划。《中国21世纪议程》共包括20章，78个方案领域。从中国具体国情和人口、环境与发展总体联系出发，提出经济社会与人口、资源、环境相互协调、可持续发展的总体战略、对策和行动方案，集中了中国政府各部门正在组织进行和将要实施的各类计划，有很强的综合性、指导性和可操作性。

《中国21世纪议程》是世界上第一个国家级的可持续发展议程。它的制定和实施充分体现了中国政府以强烈的历史使命感、责任感和对人类未来的生存和发展负责的态度，履行国际义务，推动人类社会和谐进步的决心。议程全面分析了中国的基本国情，系统地论述了中国经济、社会和生态的相互关系，构筑了一个综合性、长期性、渐进性的可持续发展战略框架，对"九五"期间中国发展战略、指导思想和未来15年发展方向的形成起到了重要的准备作用。《中国21世纪议程》的制定对国情研究提出的一些主要对策和中共中央、国务院的决策奠定了重要的基础。

（四）可持续发展成为国家战略

1995年9月25日至28日，党的十四届五中全会举行。这次全会的主要议题是审议通过《中共中央关于制定国民经济和社会发展"九五"计划和2010年远景目标的建议》。时任国务院总理李鹏在全会上作关于《建议》的说明。《建议》提出了"九五"时期和2010年国民经济和社会发展的主要奋斗目标，提出两个根本性转变的思想。《建议》提出中国经济要走可持续发展的道路的思想，指出中国经济发展基本上仍然沿用以大量消耗自然资源和粗放经营为特征的传统发展模式，不仅会造成对环境的极大损害，而且使发展本身难以持久。因此，转变发展战略，走可持续发展道路，加速中国经济发展、解决环境问题是正确选择。在闭幕式上，时任中共中央总书记江泽民发表讲话，系统阐述了在推进社会主义现代化建设的过程中，必须处理好若干带有全局性的重大关系，其中之一就是正确处理好经济建设和人口、资源、环境的关系。他指出："在现代化建设中，必须把实现可持续发展作为一个重大战略。要把控制人口、节约资源、保护环境放到重要位置，使人口增长与社会生产力发展相适应，经济建设与资源、环境相协调，实现良性循环。"

1996年3月5日至17日，第八届全国人民代表大会第四次会议举行。李鹏同志在大会上作了关于《国民经济和社会发展"九五"计划和2010年远景目标纲要》的报告。报告指出，实施科教兴国战略和可持续发展战略，对于今后十五年的发展乃至整个现代化的实现，具有重要意义。要加快科技进步，优先发展教育，控制人口增长，合理开发利用资源，保护生态环境，实现经济社会相互协调和可持续发展。这次会议审议通过了《纲要》，完成了通过国民经济和社会发展规划来实施可持续发展战略的关键一步。《国民经济和社会发展"九五"计划和2010年远景目标纲要》是中国在发展社会主义市场经济条件下的第一个中长期规划，长期的传统发展模式所带来的发展危机日益严峻，这个规划从经济增长方式转变、控制人口增长、资源环境保护、加强法制建设、发展科技教育等方面体现出了中国可持续发展战略的内在要求，形成实施中国可持续发展战略的顶层设计。

1997年，党的十五大报告中重申了中国实施可持续发展战略的决心，指出："我国是人口众多、资源相对不足的国家，现代化建设中必须实施可持续发展战略。"2000年10月9日至11日，党的十五届五中全会审议并通过了《中共中央关于制定国民经济和社会发展第十个五年计划的建议》。会议明确提出要加强基础设施建设，加强人口和资源管理，重视生态建设和环境保护，实现可持续发展。2001年3月5日，第九届全国人民代表大会第四次会议通过了《中华人民共和国国民经济和社会发展第十个五年计划纲要》。《纲要》重申实施可持续发展战略，可持续发展关系中华民族生存和发展的长远大计。《纲要》从人口、资源、生态、环保四个维度对"十五"期间可持续发展战略的实施作出总体部署，推动了从确立、初步实施到全面可持续发展战略的历史进程。

（五）生态文明建设开始在顶层设计层面酝酿

1992年8月发布的《我国环境与发展的十大对策》中提出要建立"现代工业新文明"，这是我国在顶层设计层面的关于生态文明的初步设想。

1999年，时任国务院副总理温家宝提出"21世纪将是一个生态文明的世纪"。[①]

2001年7月1日，江泽民同志在中国共产党成立80周年纪念大会上全面阐述了可持续发展战略："坚持实施可持续发展战略，正确处理经济发展同人口、资源、环境的关系，改善生态环境和美化生活环境，改善公共设施和社会福利设施，努力开创生产发展、生活富裕和生态良好的文明发展道路。"

2002年11月，党的十六大报告把实施可持续发展战略，实现经济发展和人口、资源、环境相协调写入了党领导人民建设中国特色社会主义必须坚持的基本经验，强调实现全面建设小康社会的宏伟目标，必须使可持续发展能力不断增强，生态环境得到改善，资源利用效率显著提高，促进人与自然的和谐。报告再次强调要"推动整个社会走上生产发展、生活富裕、生态良好的文明发展道路"。这说明我国已经开始形成建设生态文明

---

① 中共首次把"生态文明"写进党代会政治报告。

的初步理念。生态文明建设开始在顶层设计层面酝酿。

二、资源环境问题加剧与治理

1992年，是转折性的一年，中国经济开始进入20年的飞速发展期，环境状况也迎来压力最大的时期。这一年，邓小平南方谈话，中国掀起了新一轮的大规模经济建设，加之20世纪80年代乡镇企业的无序发展，导致资源环境状况日益恶化，江河湖泊污水横流，蓝藻大面积暴发，城市空气质量变差，呼吸道疾病急剧上升。1992—2002年间，最典型的三大资源环境问题是淮河污染、酸雨、沙尘暴，我国采取了相关措施进行治理。整体上看，当时资源保护与环境治理取得了巨大的成就，但遗憾的是，由于经济结构没有彻底转型，可持续发展战略难以真正完全贯彻落实，我国的资源环境问题依然严峻。

（一）淮河污染与治理

1. 淮河遭受严重污染

淮河发源于河南省西部的桐柏山，全长1000余公里，汇集580多条支流，流域面积27万平方公里，主要流经河南、山东、安徽、江苏四省的40多个地（市）、180多个县（市），哺育着流域内约1.8亿人，为中国的第三大河。淮河流域地势平坦，河网密布，气候温和，四季分明，是最适合人类居住的地方。淮河流域是中华民族主要发祥地之一，孔子、孟子、老子、庄子、墨子、管子等先贤圣哲都曾生活并活动于淮河流域，大禹治水主要在淮河流域，人祖伏羲、女娲补天等历史传说也都发生在淮河流域……淮河流域英才辈出，璨若星辰，尽显人杰地灵之华光。

河畅、水清、岸绿、景美，这些曾经真实的存在，现在却成为淮河流域人民的期盼。"50年代淘米洗菜，60年代洗衣灌溉，70年代水质变坏，80年代鱼虾绝代，90年代身心受害。"一段民谣真实反映了淮河饱经沧桑的历史，淮河和沿岸人民在经济快速发展和城市化进程中经历着切肤之痛。从20世纪80年代开始，围绕着淮河以及各支流，造纸、酿造、制革、化工等行业迅速发展，带来了经济的繁荣，人们的生活质量得以改善，但同时这些产业普遍存在资源消耗大、对环境造成严重污染的特点。此外，淮河流域工业结构较为单一、工业企业技术水平偏低也使得污染程度雪上加霜。

随着沿淮乡镇企业大规模发展，大量工业污水不经任何处理径自排入淮河，淮河水质迅速恶化。淮河两岸的河南、江苏、安徽等地"癌症村"屡屡见诸报端。《中国环境状况公报》记载了在20世纪90年代，发生在淮河流域的重大污染事件。1989年早春，淮河主要支流污水下泄，发生大范围污染事件，处在下游的洪泽湖中鱼类大量死亡。1991年2月，淮河发生全流域大规模水污染，下游淮南市的自来水色度、氨氮、亚硝酸盐分别超标10倍、200倍和14倍。1992年1月至3月，下游蚌埠市40余天自来水不能饮用。1993年检测了73个河段，水质良好的只有1个，轻度污染的有18个，其余均为重度污染。而导致淮河流域严重污染的原因是从20世纪80年代开始，这一流域的工农业生产突飞猛进，乡镇企业迅速增加。生活污水、工业污水、城镇垃圾，以及农田里的农药和化肥等，大多随着地沟、天雨泄入河道。盲目追求经济效益的发展方式，给整个淮河流域带来严重的生态灾难。1994年7月，发生了震惊中外的淮河特大污染事件。也就在这一年，我国启动了淮河流域污染综合治理工程。

2.治理淮河污染而制定的政策和措施

以淮河特大污染事件为导火索，党中央、国务院开始高度重视淮河流域水资源保护与水污染防治工作，淮河水污染被列入国家"九五""十五"重点治理的"三河三湖"之首。1994年5月，淮河流域环保执法检查现场会在安徽省蚌埠市召开，从此拉开了国家全面治理淮河流域水污染的序幕。1995年8月8日，国务院颁布了我国第一部流域水污染防治法规《淮河流域水污染防治暂行条例》，这是我国为单一河流水污染治理制定的一部法规。1996年6月29日，国务院批复了《淮河流域水污染防治规划及"九五"计划》。2003年1月11日，国务院又批复了《淮河流域水污染防治"十五"计划》。2004年10月，国务院在安徽省蚌埠市召开了淮河流域水污染防治现场会，提出了"从根本上消除水污染，实现流域生态系统的良性循环，再造一条山清水秀的新淮河"的总体治理目标。

为加强淮河流域水资源保护与水污染防治工作，国家先后成立了淮河流域水资源保护领导小组和淮河流域水资源保护机构，负责协调解决流域水资源保护和水污染防治工作。1996—1998年淮河流域开展了大规模的"零点行动"，对流域内1562家排污企业进行限期治理。"九五"期间全流域开建并运行城市污水处理厂44座，打深井1855眼。"十五"期间实施重点水污染排放许可证制度，实施南水北调治污规划，开建污水厂430个，并进行农业面源污染治理。"十一五"期间，继续加大点源与面源治理投入与责任制的落实。

流域各省也相应采取了一系列治理措施，有效地遏制了淮河水污染的加剧。1994—2003年，通过"关、停、禁、改、转"等措施，对重点污染企业实行限期治理成效明显，全流域入河排污量明显下降。主要污染物质化学需氧量排放量已从1995年的150万吨，削减到1998年的116.7万吨和2000年的94.7万吨。淮河干流高锰酸盐指数浓度值总体呈好转趋势，由1994年的6.78mg/L降至2003年的4.91mg/L，重大水污染事故明显减少。

（二）酸雨加剧与治理

1. 酸雨的概念及危害

酸雨为酸性沉降中的湿沉降。酸性沉降可分为湿沉降与干沉降两大类，前者指的是所有气状污染物或粒状污染物，随着雨、雪、雾或雹等降水形态而落到地面者,后者则是指在不下雨的日子,从空中降下来的落尘所带的酸性物质。判断液体酸碱性的指标是氢离子浓度对数的负值,即 pH 值。纯水的 pH 值为 7,酸性越大,pH 值越低,碱性越大,pH 值越高。未被污染的雨雪是中性的,pH 值近于 7。当它为大气中二氧化碳饱和时,略呈酸性,pH 值为 5.65。被大气中存在的酸性气体污染,pH 值小于 5.65 的雨叫酸雨,pH 值小于 5.65 的雪叫酸雪。在高空或高山(如峨眉山)上弥漫的雾,pH 值小于 5.65 时叫酸雾。

我国在改革开放后就开始受到酸雨的侵蚀,20 世纪 90 年代后因酸雨而遭受的损失尤为严重。80 年代初,重庆南山风景区 2.7 万亩马尾松突然死亡 1 万亩,这是我国首次发现酸雨造成的急性伤害事件。紧接着在 1982 年的 3 个月内,重庆市连续降了 4 次酸雨,雨水的 pH 值为 3.6~4.6,致使大面积的农作物受害。在 80 年代,我国的酸雨也都还主要发生在以重庆、贵阳和柳州为代表的川、黔和两广地区。到了 90 年代中期,酸雨已经攻陷了长江以南、青藏高原以东的广大地区,沦陷范围达 270 多万平方公里。据粗略统计,截止到 1996 年,我国酸雨污染较为严重的 11 个南方省区,因森林木材蓄积量减少造成的直接经济损失就达 40 亿元。其中,四川省的森林死亡面积占 5.7%,川贵两省按 15 年计算,损失木材约 630 万立方米,直接经济损失 30 亿元。植被所遭受的损害都是表面现象,森林毁灭而导致的水土流失,以及对生产生活产生的一系列影响才最令人担忧。我国当时的生态环境已经较差,水土流失严重,自然灾害频发,四川、安徽等地区的人们还出现了如四日市哮喘一样的地方公害性疾病。2002 年 5 月,四川省还发生了乐山大佛闭眼流泪事件,而佛像闭眼的罪魁祸首就是酸雨。

酸雨的危害非常严重,主要表现在以下几个方面:

(1)使土壤酸化,危害农业

我国南方土壤本来多呈酸性,再经酸雨冲刷,加速了酸化过程。我国北方土壤呈碱性，对酸雨有较强的缓冲能力。土壤中含有大量铝的氢氧化物，土壤酸化后，可加速土壤中含铝的原生和次生矿物风化，而释放大量铝离子，形成植物可吸收的形态铝化合物。植物长期过量吸收铝，造成中毒，甚至死亡。酸雨还能加速土壤矿质营养元素的流失，改变土壤结构，导致土壤贫瘠化，影响植物正常发育。酸雨还会诱发植物病虫害，使作物减产，土壤生物种群变化，细菌个体生长变小，生长繁殖速度降低。

（2）水体酸化，威胁生物

一旦酸雨降落至地面，它会给水生生物造成巨大损害。首先，当酸雨降至湖泊时，会引起湖泊的酸化。湖水 pH 值在 6.5~9.0 之间的中性范围时，对鱼类无害；当湖水 pH 值在 5.6~6.5 时，鱼卵难以孵化，鱼苗数量减少；当湖水 pH 值低于 5.0 时，大多数鱼类不能生存。因此湖泊酸化会引起鱼类死亡。对于忍耐湖水酸化能力而言，虾类比鱼类更差，在已酸化的湖泊中，虾类比鱼类提前灭绝。湖水酸化，水生生物种群将减少，而草本植物是一些鱼虾类生活的基础，鱼虾离开了水草和水生生物便不能生存。从生态食物链角度来看，湖泊酸化会严重威胁到整个水域生态系统的健康。

（3）造成森林衰退

比较不同的树木年轮，可知产生酸雨前后对林木生长的影响。全欧洲 1.1 亿公顷森林，有 5000 万公顷受酸雨危害而变得脆弱和枯萎。酸雨可造成叶面损伤和坏死，导致树木早落叶，林木生长不良，土壤肥力下降，产量降低，进而造成大面积的森林衰退。

（4）影响人体健康

酸雨对人直接影响的是皮肤，并引起哮喘和各种呼吸道疾病，酸雨对眼角膜和呼吸道黏膜有明显刺激作用，导致红眼病和支气管炎，咳嗽不止，且可诱发肺病。酸雨间接影响的是水源，人类通过饮用而受其害。酸雨流入湖泊中的有害金属沉淀，留在水中被鱼类摄入，人类食用而受危害。农田土壤酸化，使本来固定在土壤作物中的有害金属，如汞、镉、铅等，再溶出，继而为粮食、蔬菜吸收和富集，人类摄食后，中毒易得病。

（5）损害建筑物和桥梁艺术雕塑

酸雨的成分比较复杂，其酸性成分主要是多种无机酸和有机酸，绝大部分是硫酸和硝酸，这些酸性成分对建筑物和桥梁艺术雕塑有严重的危害。

2. 为控制酸雨而出台的法律法规

20世纪70年代末，我国开始意识到酸雨的严重危害，并着手对酸雨进行大规模监测。1982年，国家环保管理部门建立了全国酸雨监测网，用于调查研究我国酸雨的分布状况。随着对酸雨认识的加深，监测覆盖面逐年增加，1991年仅为51个，2000年发展到254个，最多时达到696个。1989年起，中国气象局也建立了相应的酸雨监测网，由于监测点位设置不同，对环保监测网络起到了积极有益的补充。两大酸雨监测网为中国降水化学研究积累了大量数据，对我国酸雨控制和研究发挥了积极作用，同时为我国出台酸雨相关法律法规提供了现实依据。

（1）控制酸雨的法律建设。1987年9月5日通过的《中华人民共和国大气污染防治法》（以下简称《大气法》）中第四条规定："向大气排放污染物的单位，必须遵守国家有关规定，并采取防治污染的措施。"1995年修订的《大气法》首次增加了有关控制酸雨的条文，要求对已经产生、可能产生酸雨的地区或其他SO_2污染严重的地区，划定酸雨控制区或SO_2控制区，在酸雨控制区和SO_2污染控制区（简称"两控区"）内火电厂和其他大中型企业，属于新建项目不能用低硫煤的，必须建设配套脱硫、除尘装置或采取控制SO_2排放、除尘的措施。根据近年我国酸雨和SO_2污染的状况及发展趋势，2000年4月29日，我国又通过了新修订的《大气法》，进一步对控制SO_2和酸雨污染的各种政策、措施作了明文规定。另外，在《中华人民共和国电力法》《中华人民共和国煤炭法》等一些法律中，也包括了与控制酸雨有关的条文。

（2）控制酸雨的法规建设。1990年国务院环委会通过了《关于控制酸雨发展的若干意见》，提出包括征收工业燃煤SO_2排污费在内的4项决定，标志着酸雨控制提上了全国层次的议事日程。1992年底，经国务院批准，国家环保局等4部委联合发布了《关于开展征收工业燃煤二氧化硫排污费试点工作的通知》，确定在广东、贵州两省和重庆、宜宾等9市开展SO_2排污费收费试点工作。在试点成功的基础上，1996年4月国务院以国函〔1996〕24号文批复将收费试点地区扩大到"两控区"，并要求国家环保局会同有关部门，根据各地实际情况，划定"两控区"的范围。1998年1月2日国务院批复了国家环保局呈报的《酸雨控制区和二氧化硫污染控制区划分方案》，明确了"两控区"范围。1998年2月，国家环保总局召开了"两控区"工作会议，会上发布了《"两控区"酸雨和SO_2污染综合防治行动方案》和《"两控区"酸雨和SO_2污染综合防治规划编制大纲》。1998年4月，国家环保总局等4部委联合下发《关于在酸雨控制区和二氧化硫污染控制区开展征收二氧化硫排污费扩大试点的通知》（环发〔1998〕6号），规定二氧化硫排污费的收费标准为排放每公斤二氧化硫排污费0.20元。1999年，国家环保总局印发了《关于1999年酸雨控制区和二氧化硫污染控制区工作目标》，要求各地市完成本地区的SO_2污染综合防治规划。2001年，国家环保总局组织编写了《"两控区"酸雨和SO_2污染防治"十五"计划》，提出了"十五"期间"两控区"SO_2总量控制目标、酸雨和空气质量目标，同时提出了降低煤炭含硫量、控制火电厂SO_2排放等一系列酸雨和SO_2综合防治措施以及相应的管理制度和经济政策，明确提出在"两控区"试行SO_2排污交易制度。采取的具体措施包括大力推广清洁能源，关停高硫煤矿，关停小火电机组，关停小水泥、小玻璃，关停小钢铁，关停其他污染严重的企业，重点污染源治理等7项内容。通过采取综合治理措施,"两控区"内 SO_2 污染控制初见成效。

（三）沙尘暴加剧与治理

1.沙尘暴的概念及危害

沙尘暴是沙暴和尘暴的总称,是荒漠化的标志,是指强风从地面卷起大量沙尘,使水平能见度小于1千米,具有突发性和持续时间较短特点的概率小危害大的灾害性天气现象。其中沙暴是指大风把大量沙粒吹入近地层所形成的挟沙风暴;尘暴则是大风把大量尘埃及其他细颗粒物卷入高空所形成的风暴。

20世纪60年代,特大沙尘暴在我国发生过8次,70年代发生过13次,80年代发生过14次,而90年代则发生过20多次,并且波及的范围愈来愈广,造成的损失愈来愈重。1993年4月19日至5月8日,甘肃、宁夏、内蒙古相继遭大风和沙尘暴袭击,其中5月5日至6日,一场特大沙尘暴袭击了新疆东部、甘肃河西、宁夏大部、内蒙古西部地区,造成严重损失。1994年4月6日开始,从蒙古国和我国内蒙古西部刮起大风,北部沙漠戈壁的沙尘随风而起,飘浮到河西走廊上空,漫天黄土持续数日。1995年11月7日,山东40多个县（市）遭受暴风袭击,35人死亡,121人失踪,320人受伤,直接经济损失10亿多元。1996年5月29日至30日,自1965年以来最严重的强沙尘暴袭掠河西走廊西部,黑风骤起,天地闭合,沙尘弥漫,树木轰然倒下,人们呼吸困难,遭受破坏最严重的酒泉地区直接经济损失达两亿多元。1998年4月19日,新疆北部和东部吐鄯托盆地遭瞬间风力达12级的大风袭击,部分地区同时伴有沙尘,这次特大风灾造成大量财产损失,有6人死亡、44人失踪、256人受伤。1999年4月3日至4日,呼和浩特地区接连两天发生持续大风及沙尘暴天气,这次沙尘暴的范围从内蒙古自治区的西部地区一直到东部的通辽市南部,瞬时风速为每秒16米,伊克昭盟（现鄂尔多斯市）达拉特旗风力最高达到10级。

2002年3月18日至21日，20世纪90年代以来范围最大、强度最强、影响最严重、持续时间最长的沙尘天气过程，袭击了我国北方140多万平方公里的大地，影响人口达1.3亿。

沙尘暴危害主要有以下几方面：

（1）环境污染

出现沙尘暴天气时狂风裹着沙石、浮尘到处弥漫，凡是经过地区空气浑浊，呛鼻迷眼，呼吸道等疾病人数增加。例如1993年5月5日，发生在金昌市的强沙尘暴天气，监测到的室外空气含尘量为1016mm/cm^3，室内为80mm/cm^3，超过国家规定的生活区内空气含尘量标准的40倍。

（2）生产生活受影响

沙尘暴天气携带的大量沙尘蔽日遮光、天气阴沉，造成太阳辐射减少，几小时到十几个小时恶劣的能见度，容易使人心情沉闷，工作学习效率降低。轻者可使大量牲畜患呼吸道及肠胃疾病，严重时可导致大量"春乏"牲畜死亡，刮走农田沃土、种子和幼苗。沙尘暴还会使地表层土壤风蚀、沙漠化加剧，覆盖在植物叶面上厚厚的沙尘，影响正常的光合作用，造成作物减产。沙尘暴还使气温急剧下降，天空如同撑起了一把遮阳伞，地面处于阴影之下变得昏暗、阴冷。

（3）生命财产损失

1993年5月5日，发生在甘肃省金昌市、武威市、民勤县、白银市等地市的强沙尘暴天气，受灾农田253.55万亩，损失树木4.28万株，造成直接经济损失达2.36亿元，死亡85人、重伤153人。2000年4月12日，永昌、金昌、武威、民勤等地市遭遇强沙尘暴天气，据不完全统计，仅金昌、武威两地市直接经济损失就达1534万元。

（4）影响交通安全（飞机、火车、汽车等交通事故）

沙尘暴天气经常影响交通安全，造成飞机不能正常起飞、降落，汽车、火车车厢玻璃破损、停运或火车脱轨等情况。

（5）危害人体健康

当人暴露于沙尘天气中时，含有各种有毒化学物质、病菌等的尘土可透过层层防护进入到人的口、鼻、眼、耳中。这些含有大量有害物质的尘土若得不到及时清理，将对这些器官造成损害，或病菌以这些器官为侵入点，引发各种疾病。大气中高的沙尘浓度容易引起呼吸系统的疾病，例如风沙尘肺病就是在干旱、半干旱环境中因严重的大气沙尘造成的地方病。

（6）土地退化

大风作用于干旱地区疏松的土壤时，会将表土刮去一层，这种现象叫作风蚀。如1993年5月5日，黑风平均风蚀深度10厘米（最多50厘米），也就是每亩地平均有60到70立方米的肥沃表土被风刮走。其实大风不仅刮走土壤中细小的黏土和有机质，而且还把带来的沙子积在土壤中，使土壤肥力大为降低。

2. 我国为防治沙尘暴而制定的政策、采取的措施

2001年8月31日，第九届全国人民代表大会常务委员会第二十三次会议通过了《中华人民共和国防沙治沙法》，自2002年1月1日起施行。《中华人民共和国防沙治沙法》是为预防土地沙化，治理沙化土地，维护生态安全，促进经济和社会的可持续发展而制定的，为防沙治沙提供了法律依据与政治保障。

2005年2月23日，由国家林业局等7个部门共同编制的《全国防沙治沙规划（2005—2010年）》经国务院第81次常务会议审议通过。《规划》明确了到2010年我国防沙治沙工作的指导原则、目标任务、建设布局和重点工程，明确了《防沙治沙法》执法范围，对指导当时全国防沙治沙工作具有重要指导意义。

2001年2月召开的全国林业厅（局）长会议，决定集中力量实施天然

林保护等六大林业重点工程以防治沙尘暴。改革开放以来，我国相继启动了17个林业重点工程，有力地推动了造林绿化事业的发展。国务院批准实施六大工程是对我国林业建设工程的系统整合，也是有效防治沙尘暴的一项有力措施。

国务院批准实施的六大林业重点工程是：

（1）天然林保护工程。包括三个层次：全面停止长江上游、黄河上中游地区天然林采伐；大幅度调减东北、内蒙古等重点国有林区的木材产量；由地方负责保护好其他地区的天然林。工程计划调减木材产量1991万立方米，管护森林14.15亿亩，分流安置富余职工74万人。

（2）"三北"和长江中下游地区等重点防护林建设工程。这是我国涵盖面最大的防护林工程。囊括了"三北"地区、沿海、珠江、淮河、太行山、平原地区和洞庭湖、鄱阳湖、长江中下游地区的防护林建设。工程计划造林3.4亿亩，并对10.78亿亩森林实行有效保护。

（3）退耕还林还草工程。这是党中央、国务院针对我国水土流失日趋加剧的现状作出的一项重大战略决策。到2010年，控制水土流失面积3.4亿亩，防风固沙控制面积4亿亩，年均减少输入长江、黄河的泥沙量2.6亿吨。

（4）环北京地区防沙治沙工程。这是从北京所处位置特殊性及改善这一地区生态的紧迫性出发实施的重点生态工程，主要解决首都周围地区风沙危害问题。到2010年，工程区林草覆盖率由目前的6.7%提高到21.4%。

（5）野生动植物保护及自然保护区建设工程。这项工程主要解决物种保护、自然保护、湿地保护等问题。2010年前重点实施10个野生动植物拯救工程和30个重点生态系统保护工程，新建一批自然保护区。

（6）重点地区以速生丰产用材林为主的林业产业基地建设工程。国务院同意采取相应政策措施扶持这项工程。工程完工后，每年提供木材

1.3337 亿立方米，约占国内需求量的 40%，木材供需基本平衡。

三、资源环境法律政策制度体系建立

（一）资源环境法律体系趋于完善

1992—2002 年，中国制定、颁布或修订了多项资源法律，使资源法律体系趋于完善，促进了资源管理体制走向市场化、科学化。具体来讲，1993 年制定了《农业法》；1996 年制定了《煤炭法》，修订了《矿产资源法》；1997 年制定了《防洪法》《节约能源法》；1998 年修订了《土地管理法》《森林法》；1999 年制定了《气象法》《水污染防治法》；2000 年制定了《种子法》，修订了《渔业法》；2001 年制定了《防沙治沙法》《海域使用管理法》；2002 年制定了《农村土地承包法》，修订了《草原法》《水法》《农业法》《文物保护法》。这些资源法律的颁布从法律上确定了中国资源的占有、使用和开发利用方式，推动了中国资源管理体制的市场化改革。如 1998 年修改过的《森林法》指出，"森林、林木、林地使用权可以依法转让""进行勘查、开采矿藏和各项建设工程应当不占或者少占林地""国务院林业主管部门和省、自治区、直辖市人民政府，应当划定自然保护区，加强保护管理""国家根据用材林的消耗量低于生长量的原则，严格控制森林年采伐量"等，这些修改从法律上规定了森林资源如何开发和利用。其他诸如《土地管理法》《渔业法》《矿产资源法》《煤炭法》《野生动物保护法》等，也都是为促进中国资源管理体制市场化改革而作出的规定和修改，主要包括资源产权和交易、开发方式、资源保护等方面的规定，资源"依法交易"和"有偿开发"等规定都是为推动资源市场化，提高资源利用效率，保护资源环境和达到中国资源环境的可持续发展服务的。

在这一阶段，我国进一步加快了有关环境保护的立法，环境保护法律法规体系日益完善。国家 1995 年制定了《固体废物污染环境防治法》；

1995年和2000年两次修订《大气污染防治法》；1996年制定了《水污染防治法》，修订了《环境噪声污染防治法》；1999年制定了《海洋环境保护法》；2001年制定了《防沙治沙法》等法律，以及环境影响评价、放射性污染防治和水、清洁生产、可再生能源、农业、草原和畜牧等与环境保护关系密切的法律；国务院制定或修订了《建设项目环境保护管理条例》《水污染防治法实施细则》《危险化学品安全管理条例》《排污费征收使用管理条例》《危险废物经营许可证管理办法》《野生植物保护条例》《农业转基因生物安全管理条例》等50余项行政法规。国务院有关部门、地方人民代表大会和地方人民政府依照职权，为实施国家环境保护法律和行政法规，制定和颁布了规章和地方法规600余件。

（二）资源环境具体制度体系完善

随着可持续发展战略的提出，资源环境制度从最初对个别环节的控制（如对污染物处理、处置的"末端控制"）发展到对包括决策在内的全过程控制（如"源头控制""从摇篮到坟墓"），从最初的对个别对象或某类对象的管理（如废物管理）发展到对各种相关对象的管理（如废物管理和产品管理、资源管理和环境管理），并开始推进一些新制度，如环境与发展综合决策制度、污染物排放总量控制制度、环境标志制度、清洁生产制度、排污权交易制度、环境信息披露制度、自然资源产权交易制度、第二代资源税费制度等。

1. 环境与发展综合决策制度

1994年《中国21世纪议程》第二章"中国可持续发展战略与对策"强调，"建立有利于可持续发展的综合决策机制""以保证可持续发展战略目标的实现"。1996年国务院出台了《关于环境保护若干问题的决定》，决定指出："在经济和社会综合决策时，必须考虑经济、社会和环境效益，进行环境影响论证。"1998年，国家环保总局将建立环境与发展综合决策制度列入《全国环境保护工作（1998—2002）纲要》。2000年，国务院发布的《全国生态环境保护纲要》提出："建立经济社会发展与生态环境保护综合决策机制。各地抓紧编制生态功能区划，指导自然资源开发和产业合理布局，推动经济社会与生态环境保护协调、健康发展。制定重大经济技术政策、社会发展规划、经济发展计划时，应该依据生态功能区划，充分考虑生态环境问题。"2001年《国家环境保护"十五"计划》更是明确强调："进一步建立环境与发展综合决策机制，处理好经济建设与人口、资源、环境之间的关系，完善和强化环境保护规划和实施体系，探索开展对重大经济和技术政策、发展规划以及重大经济和流域开发计划的环境影响评价，使综合决策做到规范化、制度化。"环境与发展综合决策已经在国民经济和社会发展计划、重大经济技术政策和发展战略、重大工程建设中得到了体现，环境保护和经济发展的融合程度不断提高。如国家在制定国民经济和社会发展"十五"计划时，把环境保护贯穿在经济和社会发展的各个领域，把减少污染作为优化能源结构的重要内容，把环保产业作为扩大内需的新兴产业。

2. 污染物排放总量控制制度

1996年8月，《国务院关于环境保护若干问题的决定》中首次提出"要实施污染物排放总量控制，建立总量控制指标体系和定期公布制度"，标志着我国污染物排放管理开始由浓度控制向浓度控制和总量控制相结合转变。同年，国务院批复同意国家环保局提出的《"九五"期间全国主要污染物排放总量控制计划》，我国正式把污染物排放总量控制政策列为"九五"期间环境保护的考核目标，要求废气或废水中排放的烟尘、二氧化硫、粉尘、化学耗氧量、石油类、氰化物、砷、汞、铅、镉、六价铬和工业固体废物排放量12项指标，实现排放总量下降10%~15%的目标，明确提出了"一控双达标"的考核目标。2000年全国实现污染物排放总量控制目标，47个重点城市实现环境功能区达标和全国工业企业排放达到污染物排放标准。在国内生产总值年均增长8.3%的情况下，排放目标基本完成。2000年4月29日，第九届全国人大通过的《大气污染防治法》，则为国家污染控制战略真正实现由浓度控制向总量控制转变提供了法律保障。

3. 环境标志制度

在1992年里约热内卢世界环境与发展大会以后，中国开始积极建立有中国特色的环境标志制度。1993年8月25日，国家环境保护局发布了中国"环境标志"图形。该标志已经在国家工商行政管理总局商标局注册，成为我国环境保护领域的证明商标，国家环境保护局依法为该证明商标的注册人。1994年，中国成立环境标志产品认证委员会，全面负责管理中国企业申请环境标志认证工作。该委员会是由国家环保总局、国家质检总局等11个部委的代表和知名专家组成的国家最高规格的认证委员会，其常设机构是认证委员会秘书处。秘书处是经国家产品认证机构认可、委员会认可的，代表国家对绿色产品进行权威认证，并授予产品环境标志的唯一机构。

4. 清洁生产制度

清洁生产是指不断采取改进设计、使用清洁的能源和原料、采用先进的工艺技术与设备、改善管理、综合利用等措施，从源头削减污染，提高资源利用效率，减少或者避免生产、服务和产品使用过程中污染物的产生和排放，以减轻或者消除对人类健康和环境的危害。1992年在里约召开的联合国环境与发展大会将清洁生产列为实现可持续发展的关键因素之一，自此清洁生产在全球范围内得到认识和推广。1994年《中国21世纪议程》将清洁生产列为"重点项目"之一，推行清洁生产工作在企业试点示范、宣传培训、机构建设、国际合作、政策研究制定等方面取得了较大进展。2002年，我国颁布了《清洁生产促进法》。

5. 排污权交易制度

排污权，也叫排放权，是各相关单位排放环境污染物的合法权利。排污权交易是在污染物排放总量不超过允许排放范围内，污染源之间通过货币交换的方法互相调整排污量。我国早在 20 世纪 80 年代末期就进行了排污权交易实践。1987 年，上海市闵行区开展了企业之间水污染物排放指标有偿转让的实践；1988 年 3 月 20 日，原国家环保局颁布并实施的《水污染物排放许可证管理暂行办法》第四章第二十一条规定："水污染排放总量控制指标，以在本地区的排污单位间互相调剂"；1991 年，在原国家环保局的领导下，6 个城市进行了排放大气污染物许可证制度的试点工作。在此基础上，1994 年起又在包头、开远、柳州、太原、平顶山、贵阳这 6 个城市开展了大气排污权交易的试点工作，取得了初步经验。之后，污染物排放总量控制政策和排污许可证在全国范围内的推行，为中国开展排污权交易奠定了制度基础。2001 年前后，我国开展了不少试点项目，中美环境合作项目《中国利用市场机制削减二氧化硫排放的可行性研究》和《推动中国二氧化硫排放总量控制及排放权交易政策实施的研究》，以及亚洲开发银行在太原市开展市域范围的二氧化硫排污交易试点项目，协助太原市制定了《太原市二氧化硫排放交易管理办法》，国环保协会（EDF）在南通实现排污交易的项目等。2002 年 7 月，国家环境保护总局又选择在上海、江苏、山东、天津、山西、河南、柳州这 7 个区域展开关于二氧化硫排放总量控制及排污交易试点项目。在这些项目的推动下完成了多项排污权交易案例，积累了丰富的实践经验。这些试点项目基本上是以政府部门"拉郎配"方式运作，随着试点实践探索的不断展开，排污权交易政策机制在节能减排方面的潜力已经开始显现。

6. 环境信息披露制度

环境信息披露制度承认公众的环境知情权和批评权，通过公布相关信息,借助公众舆论和公众监督,对环境污染和生态破坏的制造者施加压力。"中华环保世纪行"是当时环境信息披露制度的重要平台。"中华环保世纪行"活动是从1993年开始,由全国人大环资委同中宣部、财政部、国土资源部、水利部、农业部、环保部等14个部门共同组织,由《人民日报》、新华社、中央电视台等28家中央和行业新闻媒体共同参加的一项大型环保宣传活动。其宗旨就是:大力宣传我国环境与资源保护方面的法律法规,结合中国的实际情况,以法律为武器,宣扬执法好典型,批评违法行为,推动地方政府加强有关法律法规的贯彻执行和促使解决重大环境问题,提高广大人民群众特别是各级领导干部的法律意识和环境资源意识。

7. 自然资源产权交易制度

在可持续发展战略指导下,中国资源产权改革也迈出了一大步,从"转让使用权"阶段发展到产权"可交易"阶段,尤其是20世纪90年代中期,国家允许对矿山、土地等自然资源在一定条件下通过拍卖、出售等方式交易使用权。至此,资源产权市场初步形成并完善起来。20世纪90年代初,中国政府在财税体制改革中加强了对矿产等资源的征税力度,在一定程度上规范了自然资源的开发,提高了资源利用效率。1996年8月29日,第八届全国人民代表大会常务委员会第二十一次会议对1986年的《中华人民共和国矿产资源法》进行了修正,确认了矿产资源的采矿权和探矿权在法律规定的范围内有偿取得和依法转让的制度,并且规定了国家鼓励扶植集体矿山企业和个体开采国家指定范围内的矿产资源。1996年,《中华人民共和国矿产资源法》的修正标志着中国自然资源产权进入了可交易阶段,是资源管理体制改革的一大进步。1998年2月,国务院出台了《矿产资源勘查区块登记管理办法》《矿产资源开采登记管理办法》和《探矿权采矿权转让管理办法》3个行政法规,这对贯彻实施矿产资源法,实行探矿权、采矿权有偿取得和依法转让法律制度进行了进一步的规范，也在法律上确认和规范了产权交易市场，对建立适应社会主义市场经济体制下的矿业权管理制度具有重要意义。除矿产资源外，中国相继修改《森林法》《土地管理法》等相关法律法规，对这些资源的产权的可交易也作了相关规定，并且相继出台相关法规以规范这些资源产权交易办法。1999年3月，为加强对探矿权、采矿权评估行为的管理，国土资源部颁布《探矿权采矿权评估管理暂行办法》。至此，中国自然资源产权交易市场逐步形成，对自然资源的管理逐步走向市场化。

8. 第二代资源税费制度

第二代资源税费制度从部分有偿开发到完全有偿开发转变。在资源可持续利用思想指导下，中国更加注重资源的保护和有效利用，认识到原有的资源有偿开采的具体形式不够完备，"调节级差收益"的思路使征税不够彻底，还存在着大量无偿开采的现象，税费征收力度不够，不能有效起到控制资源盲目开采、提高开发利用率的目的，而且资源税的征收范围太窄，财税管理制度不够健全，征税执行力度不够，所有这些情况都有悖于资源可持续利用的原则，不利于经济可持续发展。为此，在1993年的全国财税体制改革中，对1984年的第一代资源税费制度进行了重大修改，形成了第二代资源税费制度。1993年12月，国务院发布了《中华人民共和国资源税暂行条例》及《中华人民共和国资源税暂行条例实施细则》，把盐税扩展到资源税中，并且扩大了资源税征收范围，包括原油、天然气、煤炭、其他非金属及盐等7种，其核心是不再按超额利润征税，而是按矿产品销售量征税，并且为每一课税矿区规定了适用税率，几乎是一矿一税率。自1994年4月1日起实施的《矿产资源补偿费征收管理规定》，具体落实了《矿产资源法》中有偿开采的原则，并在《附录》中列出了我国当时已发现的全部173种矿产及其补偿费率。尽管由于要考虑矿山企业的承受能力，我国的资源补偿费率比许多国家的权利金征收率要低得多，但这毕竟是划时代的进步，无偿开采到此结束，覆盖全部矿种的有偿开采制度从此奠定了基础。第二代资源税费制度对所有资源企业征收"级差收益"的资源税，包括没有获得超额利润、低于平均利润甚至亏损的企业，这样就与资源税"调节级差收益"的初衷存在着一定的矛盾，也有一定的不合理性和不公平性，但不管怎样，第二代资源税费制度彻底改变了"无偿开发"现象，对资源的保护和持续利用起到了关键性的作用。1996年8月29日，第八届全国人大常委会第二十一次会议对《矿产资源法》进行了修改，确立了探矿权和采矿权的"有偿取得"和"有限范围内转让"的制度，使中国矿产资源财产权制度向前迈进了一大步。除矿产资源外，中国还根据《土地管理法》《水法》《电力法》《森林法》《野生动物保护法》《渔业法》等相关法律制定了一系列相关的税费制度，使中国资源真正达到了完全"有偿开发"，更符合资源开发利用的可持续原则。

四、资源环境管理机构重组升级

（一）组建国土资源部相对集中管理自然资源

1998年，第九届全国人民代表大会第一次会议第三次全体会议表决通过由原地质矿产部、国家土地管理局、国家海洋局和国家测绘局共同组建国土资源部，主要负责土地资源、矿产资源、海洋资源等自然资源的规划、管理、保护和合理利用。从职能上实现了部分国土资源由部门分散管理向相对集中管理的过渡，基本形成了我国国土资源从地上到地下、从陆地到海洋的立体管理框架。国土资源部的组建及地方国土资源管理机构改革，标志着我国国土资源管理体制正从部门分割分散管理向相对集中管理过渡。这次机构改革已经开始在资源利用之余，形成资源保护的理念。

在生产经营管理上，1998年后，国家改变了能源的多头管理局面，分别成立了由国家经贸委管理的国家煤炭工业局、国家石油和化学工业局,并将原电力工业部的政府职能并入国家经贸委,使我国能源资源的生产经营管理也进入了一个相对集中的阶段。2000年,国家又撤销国家经贸委管理的煤炭、石油化工、冶金、有色等国家局,变成经贸委管理的内设局,使矿产资源生产经营管理职能更加集中。1998年我国政府机构改革后,我国的自然资源管理体制发生了较大的变化,土地资源、矿产资源和海洋资源由国土资源部负责管理,煤炭资源和石油资源主要由国家经贸委履行生产经营管理职能,而海洋渔业资源和草地资源由农业部负责管理,淡水资源由水利部负责管理,森林资源和野生动物资源由国家林业局负责管理,其他自然资源的管理体制也发生了一些变化。这一资源管理体制的改革,使得我国的国土资源朝着相对集中管理迈进了一大步,为全面、统一规划、管理、保护和开发利用资源提供了有力的制度保障。

继1998年中央一级的国土资源管理机构改革之后,2000年,我国政府对省级国土资源管理机构也进行了较大幅度的改革。大部分省(区、市)在原土地、地矿、海洋和测绘部门的基础上组建新的国土资源管理部门,组建的形式大致可分为以下几种:

(1)由地矿厅、土地局组建。这种类型的占大多数,主要有内蒙古、辽宁、吉林、黑龙江、江苏、浙江、江西、河南、湖北、广东、西藏、贵州、陕西、甘肃、青海等15个省级单位,各国土资源厅的主要职责主要是管理土地、地矿和测绘工作。

(2)由地矿厅、土地局、测绘局组建。这种类型的主要有新疆、宁夏、云南、山东、湖南、安徽等6个省级单位,主要职责是管理土地、地矿和测绘工作。

(3)由土地局、地矿局、海洋局和测绘局四家组建。这种类型的主要有天津、河北、海南和广西等4个省级单位,主要职责是管理土地、地矿、海洋及测绘工作。

（4）由地矿厅和房屋土地管理局组建。这种类型的主要有北京、上海、重庆等3个直辖市，主要职责是管理土地、地矿、规划、房屋和住房制度改革工作。

（5）由土地局、地矿厅和能源、移民办公室等管理部门组建。这主要有山西（由地矿厅、土地局和煤炭资源管理委员会组建）、福建（由土地局、地矿厅和矿产资源管理委员会组建）、四川（由国土局、地矿厅和大型水利工程移民办公室组建），它们的主要职责是负责矿产资源、土地资源及本地区内能源资源的开发利用与规划、管理和保护工作。

总体来看，我国省级国土资源管理部门组建的基本形式采取了"二合一""三合一"或"四合一"模式。通过改革，大部分省（区、市）进一步理顺了原来与计委、建设、规划、水利等部门的交叉职能，体现了"一事一部门管理"的原则，为统一规划和集中管理国土资源提供了组织保证。

（二）环境管理部门升格，但协调能力下降

1998年，中国政府将原国家环境保护局升格为国家环境保护总局（正部级），作为国务院主管环境保护工作的直属机构，负责对中国环境保护工作实施统一监管。国家建立了全国环境保护部际联席会议制度，并建立了区域环境督查派出机构，以加强部门和地区间的协调与合作。各省（区、市）、市、县级政府设置了环境保护议事协调机构。全国有各级环保行政主管部门3226个，从事环境行政管理、监测、科学研究、宣传教育等工作的总人数达16.7万人。有各级环境监察执法机构3854个，总人数达5万多人。各级政府综合部门和资源管理部门以及多数大中型企业也设有环保机构，负责本部门和企业的环境保护工作，从业人员达30多万。

设立正部级的国家环境保护总局固然对于环境管理是个重大利好，但是同时也撤销国务院环境保护委员会。国务院环境保护委员会是1984年

5月设立的，专门负责协调各部门间的环保问题，委员会主任由副总理兼任。这个机构的撤销造成了环境问题的解决过程中协调各部门的能力下降，导致了在应对重大环境污染问题时，环保总局难以协调其他部门，也为下一个阶段环境保护与经济增长矛盾难以协调埋下了祸因。

五、江泽民的资源环境思想

面对我国社会主义现代化进程中的环境恶化、资源短缺的严峻形势，江泽民同志提出了以实现经济社会和资源、环境协调发展为核心的可持续发展思想。江泽民同志的资源环境思想既具有前瞻性，又具有全局性，是人与自然关系深刻思考的结晶。

（一）把可持续发展作为国家战略

江泽民明确提出"在现代化建设中，必须把实现可持续发展作为一个重大战略"[1]的思想。在他看来，发展不仅是单纯经济的增长，而应当是社会的全面进步，而"环境保护工作，是实现经济和社会可持续发展的基础"。[2] 因此，必须努力使经济建设与资源、环境相协调，实现良性循环。江泽民主张："要从宏观管理入手，建立环境和发展综合决策的机制。制定重大经济社会发展政策，规划重要资源开发和确定重要项目，必须从促进发展与保护环境相统一的角度审议利弊，并提出相应对策。这样才能从源头上防止环境污染和生态破坏。"[3] 经济建设既要统筹兼顾眼前利益和长远利益，兼顾局部利益和全局利益，又要兼顾经济效益和生态效益，不仅要安排好当前的发展，还要为子孙后代着想，为未来的发展创造更好的条件。江泽民指出："在现代化建设中，必须把实现可持续发展作为一个重

---

[1] 江泽民：《论有中国特色社会主义（专题摘编）》，中央文献出版社，2002年版，第279页。
[2] 中共中央文献研究室：《新时期环境保护重要文献选编》，中央文献出版社，2001年版，第207页。
[3]《江泽民文选》（第一卷），人民出版社，2006年版，第534页。

大战略,要把控制人口、节约资源、保护环境放到重要位置,使人口增长与社会生产力发展相适应,使经济建设与资源、环境相协调,实现良性循环。"①

(二)保护环境的实质就是保护生产力

江泽民于1996年第四次全国环境保护会议上第一次明确提出"保护环境的实质就是保护生产力"的科学论断。2001年2月28日,江泽民在海南省考察工作时对这一论断进行了阐发,"破坏资源环境就是破坏生产力,保护资源环境就是保护生产力,改善资源环境就是发展生产力",并进一步强调"如果在发展中不注意环境保护,等到生态环境破坏了以后再来治理和恢复,就要付出沉重的代价,以至造成不可弥补的损失"。②生态环境一旦遭到破坏,对其进行修复,不是一件容易的事情,不能走先污染后治理的路子,要将保护资源环境工作的重要性提高到保护生产力层面。

(三)树立节约资源与保护环境的理念

自然资源在人类的生存和发展中占据重要地位,是人类赖以生产、生活的物质基础。目前,社会主义现代化建设离不开资源的支撑,资源的不合理开发和利用又会带来严重的生态环境问题。江泽民同志深刻认识到这一点,他指出:"要根据我国国情,选择有利于节约资源和保护环境的产业结构和消费方式。坚持资源开发和节约并举,克服各种浪费现象。综合利用资源,加强污染治理。"③在经济建设过程中不仅要做到合理开发各类自然资源,而且资源的利用也应该建立在保护生态环境的基础之上。江泽民同志说:"消费结构要合理,消费方式要有利于环境和资源保护,不能搞脱离生产力发展水平、浪费资源的高消费。"④随着我国经济的发展,对各种

---

① 《江泽民文选》(第一卷),人民出版社,2006年版,第463页。
② 同上书,第532页。
③ 同上书,第464页。
④ 同上书,第533页。

资源的利用强度越来越大,在资源的开发、利用中要始终关注环境问题,做到资源利用与环境保护相协调。

(四)把资源环境工作纳入依法治理轨道

在党的十四届五中全会上,江泽民同志提出将人口、资源、环境工作纳入依法治理的轨道之中,卓有成效地把资源环境法律制度建设提高到一个新的水平上。20世纪90年代以后,随着社会主义市场经济的飞速发展,国内经济形势发展良好,环境法制工作也取得了长足的进步,初步形成了符合市场经济发展体制的环境法律和标准体系,环境保护逐步走上了制度化的道路。1997年,在中央计划生育和环境保护会议的讲话中,江泽民同志指出:"我国已经初步建立了符合国情的环境保护法律体系。"1998年3月15日,江泽民同志在中央计划生育和环境保护会议上的讲话中突出强调了环境保护制度化的要求,他指出:"要把环境保护工作纳入制度化、法制化的轨道。"[①]这也是我国依法治国的发展战略的重要表现。在可持续发展战略指导下,中国于1999年将原来每年3月举行的中央计划生育和环境保护工作座谈会,改为中央人口资源环境工作座谈会,解决人口、资源、环境与经济增长的矛盾。2000年,在中央人口资源环境工作座谈会上,江泽民就人口资源环境问题发表重要讲话,他指出:"我们要不断完善社会主义市场经济体制下的环境保护法律体系,为加强环境工作提供有力的法律武器,促进资源环境工作走上法制化、制度化、规范化、科学化的轨道。"

(五)正确处理对外开放和维护我国资源环境安全的关系

江泽民十分重视在对外开放特别是利用国外资源中,维护我国资源和环境的安全。他强调,一方面必须"积极实施'引进来'和'走出去'相结合的对外开放战略",积极利用国外资源为我所用,以弥补我国资源的

[①]《江泽民文选》(第三卷),人民出版社,2006年版,第468页。

不足;另一方面,又必须"正确处理利用国外资源和维护我国资源安全的关系"。① 他说:"我们扩大开放、引进外资,需要抓好环境保护工作,改善投资环境,同时也要注意防止国外有些人把污染严重的项目,甚至'洋垃圾'往我国转移,切不可贪图眼前的局部利益而危害国家和民族的全局利益,危害子孙后代。"② 针对加入世界贸易组织后,我国资源和环境工作面临的新形势,江泽民同志进行了深入的剖析。他说:"加入世界贸易组织,既为我们充分利用国内国外两个市场、两种资源,实现经济社会和人口、资源、环境协调发展提供了新的机遇,也对我们提高促进经济社会可持续发展的能力提出了新的挑战。要对可能给我们人口、资源、环境工作带来影响的国际方面的因素,进行全面科学的分析,既要看到对我有利的一面,也要看到对我不利的一面,以充分利用有利因素,努力避免不利影响。"③ 江泽民同志代表中国政府郑重地向全世界作出承诺:"中国作为一个发展中国家,愿意在公平、公正、合理的基础上,承担与我国发展水平相适应的国际责任和义务,为促进全球环境和发展事业作出应有的贡献。"④ 在他的倡导下,中国严格遵守国际环境公约,积极参与环保领域的国际合作。

---

① 《江泽民文选》(第三卷),人民出版社,2006 年版,第 465 页。
② 《江泽民文选》(第一卷),人民出版社,2006 年版,第 535 页。
③ 《江泽民文选》(第三卷),人民出版社,2006 年版,第 463 页。
④ 江泽民:《论有中国特色社会主义(专题摘编)》,中央文献出版社,2002 年版,第 275 页。

第三章
生态文明建设进入顶层设计

（2003—2011）

在胡锦涛的科学发展观指导下，我国生态文明建设进入顶层设计，写入了党的十七大报告中。这一阶段低碳发展成为生态文明建设热点与推动力。我国也初步探索了生态文明法律政策制度体系，并初步建立起生态文明管理机构体系。

一、生态文明建设的提出与挑战

（一）生态文明建设理念的提出

生态文明的提出有着特殊的时代背景。生态文明概念是在中国语境下产生的，有着鲜明的中国特色和特定的国内外社会经济背景。从国内来讲，我国已进入中等收入国家行列，总体上处于工业化中后期，传统生产要素的比较优势正在消失，社会经济面临重大结构转型。同时，中国也面临一系列严重的人口、资源、能源和环境问题，人与自然关系紧张。因此，无论是转变发展方式，还是化解迫切需要解决的发展问题，都需要创新发展理念，而生态文明建设正是从更高层面推动上述转变的观念创新。从全球角度看，人类在享受工业文明带来的巨大财富的同时，也彻底打破了自然界的生态平衡。人类需要重新凝聚共识，恢复人与自然和谐关系，谋求走向可持续发展的全球治理。所以，生态文明的提出同样具有世界意义，它还可以成为重建中国与世界和谐关系的共同话语。

进入21世纪，人类面临的资源环境问题不但没有缓解，反而因气候变化、新兴经济体崛起等因素不断加剧，加上国际金融危机的影响，发展绿色经济正在成为各国应对挑战的选择共识。改革开放以来，中国经济飞速发展，但如何克服发展中的问题，跨越"中等收入陷阱"，实现结构转型和可持续增长，成为党和政府面临的重大课题。在反思以往发展经验和教训的基础上，为进一步适应国内外形势变化，利用好战略机遇期，党和政府选择从建设生态文明的高度来推动问题的综合解决，寻求均衡发展，充分体现了治国理念的变化，希望借此改变过去单纯追求经济增长的政策取向。

2002年11月，十六大报告把实施可持续发展战略，实现经济发展和人口、资源、环境相协调写入了党领导人民建设中国特色社会主义必须坚持的基本经验，强调实现全面建设小康社会的宏伟目标，必须使可持续发展能力不断增强，生态环境得到改善，资源利用效率显著提高，促进人与自然的和谐，推动整个社会走上生产发展、生活富裕、生态良好的文明发展道路。这说明我国已经开始形成建设生态文明的初步理念。

2007年10月，十七大报告首次把生态文明写入党的报告，把建设生态文明作为实现全面建设小康社会奋斗目标的新要求之一，并明确指出：基本形成节约能源资源和保护生态环境的产业结构、增长方式、消费模式。循环经济较大规模形成，可再生能源比重显著上升。主要污染物排放得到有效控制，生态环境质量明显改善。生态文明观念在全社会牢固树立。这是我们党在深入探索和全面把握我国发展规律基础上确定的重要战略任务，也是从我国实际出发提出的生态文明建设的正确路径。

但是，十七大虽然把生态文明纳入了顶层设计中，但是学术界与政府各部门对于生态文明的基本概念、理论以及制度体系的认识与实践都还存在着不统一、不协调的问题。这个问题留到了下一阶段才得以解决。

（二）生态文明建设面临的挑战

虽然生态文明的理念提出时间不长，但生态文明建设的实践并非刚刚开始。纵观我国环境保护的历史、节能减排和应对气候变化的实践，我们已作出了不懈的努力，取得了不少经验和教训，同样也面临着前所未有的挑战。

至2011年，我国已开展了30多年的资源环境保护工作，但客观上并没有摆脱"先污染后治理"的路径。究其原因，主要是因为作为一个发展中国家，中国还是将经济发展作为第一要务，尽管在环境保护工作的初始阶段就提出要避免重蹈发达国家的覆辙，但终因发展与环保难以两全，造成了今天资源环境问题依然严峻的局面。其次，我们对于后发国家发展与环保相互关系的演变规律认识不足，在高速工业化和城市化的进程中，我们的环境治理赶不上污染排放增长的速度，所取得的一点点成绩都被迅速的环境破坏所淹没，而且我们在一开始认为的只要转变观念就能取得发展与环保双赢的想法存在偏差。由于发展阶段的限制，我们面临着观念、技术、资金、管理的系统性障碍，要获得双赢是有条件的。最后，随着中国卷入全球化进程，受国际分工的限制，我国经济整体处于全球产业链的低端，以资源、能源和污染密集产业及产品为主，这无疑加大了我国的资源环境压力和治理难度。

我国的快速工业化、城镇化和消费升级都将给资源环境造成持续的压力。在粗放增长方式短期内难以改变的情况下，城镇化基础设施建设将带动重化工业发展，并加大能源、水、土地资源的利用规模和强度，增加转变复合型的区域大气污染和流域水污染格局的难度。我国刚刚进入中等收入国家行列并向高收入国家迈进，人均生活水平也将进入持续的转型升级阶段，根据发达国家的经验，这意味着人均资源消耗和污染物排放，特别是人均能源消费、二氧化碳和固体废弃物产生量的不断攀升，从而进一步加剧我国的资源环境压力。

国际上，当时多边环境进程面临困境，全球范围的绿色进程有所减缓。由于在绿色经济的政治意愿、发展目标、资金支持、技术转移和绿色贸易公平性等方面存在分歧，以及巨大的国别差异，在绿色经济方面难以达成统一的目标、时间表和路线图，各国普遍采取观望态度和现实主义做法，全球绿色经济的发展进程进一步放缓。实际上，在金融危机的影响下，欧美重启制造业发展的进程，许多国家开始放弃对清洁能源和技术的补贴，加之碳交易市场的前景不明，绿色产业发展受到很大影响。由于技术创新和页岩气开发，常规能源（特别是天然气）的价格大幅下降，也使得可再生能源的开发面临挑战。

二、低碳发展成为生态文明建设热点与推动力

2009年12月，联合国哥本哈根气候大会举行。这次大会掀起了全世界应对气候变化的高潮，而低碳发展作为应对气候变化的有力措施，成为了全球热点。同样地，在中国国内也掀起了一股低碳发展的热潮，低碳发展成了当时生态文明建设的热点与推动力。

（一）低碳发展的缘起

1979年2月，在世界气象组织的发起下，在日内瓦召开了第一届世界气候大会。会议指出，地球上人类活动的不断扩大可能影响到区域、甚至全球的气候变化，迫切需要全球协作，探索未来全球气候可能的变化过程，并根据这种新知识制定未来人类社会的发展计划。此次会议后，国际社会开始在一系列国际会议上讨论气候变化问题。

1982年5月，联合国环境规划署在肯尼亚首都内罗毕召开了特别会议，通过了《内罗毕宣言》，该宣言指出：大气变化（例如臭氧层的变化、CO_2含量的日益增加和酸雨）进一步严重威胁着人类的环境。

1988年6月，在加拿大多伦多召开了主题为"变化中的大气：对全球安全的影响"的世界大会。会议发表的声明指出，地球的气候正在发生前所未有的迅速变化，它主要是人类不断扩大能源消费造成的，威胁到全球安全、世界经济及自然环境。全球应当采取行动共同应对气候变化，到2005年全球应减少50%的CO_2排放量。各国政府应紧急行动起来，制定一项国际框架公约，制定具体的行动计划保护大气。建立世界气候基金，基金的资金主要通过对发达国家征收石油燃料使用税的方式筹集。多伦多会议后，对气候变化问题的关注逐渐转移到政府间组织的层面。

1988年11月，联合国环境规划署（UNEP）和世界气象组织（WMO）成立了政府间气候变化专门委员会（IPCC）。IPCC在1990年发布了第一份评估报告。经过数百名科学家和专家的评议，确定了气候变化的科学依据。这份评估报告对促使联合国大会制定《联合国气候变化框架公约》起着重要的作用。该组织发布的评估报告认为："20世纪50年代以来全球气候变暖一半以上是由人类活动造成的。"这个结论的可信度2001年第三次评估报告为66%以上，2007年第四次评估报告为90%以上，2013年第五次评估报告为95%以上。这一结论为各国推行低碳发展，减少人类活动导致的碳排放提供了坚实的科学依据。

1988年12月，联合国第43届大会召开。12月6日，大会通过了《为人类当代和后代保护全球气候》第43/53号决议，呼吁各国政府、政府间组织和非政府间组织将应对气候变化作为优先事项。

1989年3月，防止全球气候变化的《海牙宣言》提出：必须采取强制手段来推动地球温室效应的防止对策；组织具有决策力的国际性权威机构；呼吁各国制定实施对策。提出对生存权的关注应当与气候变化问题的应对结合起来，这对维护发展中国家的权益来说，尤为重要。

1989年11月，在荷兰诺德维克召开了气候变化的部长级会议，提出了设立CO_2的排放目标的建议，决定召开世界环境问题会议，讨论制定防止全球气候变化公约的问题。

1990年10月，第二届世界气候大会在日内瓦召开。呼吁立即开始关于气候变化公约的谈判，并通过了一项《部长宣言》。宣言指出，控制CO_2等气体排放量，保护全球气候是各国的共同责任，在共同但有区别的责任原则、可持续发展原则、风险预防原则等问题上达成了一致的认同。宣言的通过为起草《联合国气候变化框架公约》奠定了比较坚实的基础。宣言的很多内容，后来在《联合国气候变化框架公约》中得到了体现。

1990年12月，第45届联合国大会通过了关于保护气候的第45/212号决议，决定成立一个气候变化框架公约政府间谈判委员会，具体负责公约的谈判和制定工作，正式启动了《联合国气候变化框架公约》的谈判进程。

1992年6月4日，联合国环境与发展大会在巴西里约热内卢达成协议，并签署了第一项以世界各国之自愿共同行动来遏制气候变化的《联合国气候变化框架公约》。该公约在1994年3月21日正式生效。

1995年以来，《联合国气候变化框架公约》每年组织召开缔约方会议（Conferences of the Parties，COP）以评估应对气候变化的进展，在国际社会应对气候变化的历史过程中，各国、各利益集团之间不断博弈，过程曲折，跌宕起伏。谈判虽然艰难，但是每次会议或多或少都有所收获，低碳发展的进程在不断推进。具体各次大会主要进展见表3-1。

表3-1 《联合国气候变化框架公约》历次缔约方会议进展

地点	时间	主要进展
COP1 德国柏林	1995年	通过了《柏林授权书》,各方同意立即就2000年后应该采取何种适当的行动来保护气候进行谈判,以期最迟于1997年签订一项议定书,明确规定在一定期限内发达国家所应限制和减少的温室气体排放量
COP2 瑞士日内瓦	1996年	就"柏林授权"所涉及的"议定书"起草问题进行讨论,未获一致意见
COP3 日本京都	1997年	通过了《京都议定书》,它规定从2008到2012年期间,主要工业发达国家的温室气体排放量要在1990年的基础上平均减少5.2%,其中欧盟将6种温室气体的排放削减8%,美国削减7%,日本削减6%
COP4 阿根廷布宜诺斯艾利斯	1998年	一直以整体出现的发展中国家集团分化为3个集团,一是环境脆弱、易受气候变化影响、自身排放量很小的小岛国联盟,自愿承担减排目标;二是期待以清洁发展机制获取外汇收入的国家,如墨西哥、巴西和非洲国家;三是中国和印度,坚持本国发展权利,不承诺减排义务
COP5 德国波恩	1999年	通过了《联合国气候变化框架公约》附件一所列缔约方国家信息通报编制指南、温室气体清单技术审查指南、全球气候观测系统报告编写指南,并就技术开发与转让、发展中国家及经济转型国家的能力建设问题进行了协商
COP6 荷兰海牙	2000年	谈判形成欧盟-美国等-发展中大国(中、印)的三足之势,美国强制要求减少其减排额度,会议僵持不下被迫休会,改于2001年7月继续进行
COP6 续会 德国波恩	2001年	美国布什政府退出《京都议定书》,全球减排努力遇到重大挫折,日本与欧盟等联合通过了"没有美国参加的妥协方案"
COP7 摩洛哥马拉喀什	2001年	通过了《马拉喀什协议》文件,为《京都议定书》附件一缔约方批准京都议定书并使其生效铺平了道路

续表

地点	时间	主要进展
COP8 印度德里	2002年	通过了《德里宣言》，强调抑制气候变化必须在可持续发展的框架内进行，敦促工业化国家在2012年年底以前把温室气体的排放量在1990年的基础上减少5.2%
COP9 意大利米兰	2003年	为了抑制气候变化，会议通过了约20条具有法律约束力的环保决议
COP10 阿根廷布宜诺斯艾利斯	2004年	围绕《联合国气候变化框架公约》生效10周年来取得的成就和未来面临的挑战、气候变化带来的影响、温室气体减排政策以及在公约框架下的技术转让、资金机制、能力建设等重要问题进行讨论
COP11 加拿大蒙特利尔	2005年	最终达成40多项重要决定，其中包括启动《京都议定书》第二阶段温室气体减排谈判
COP12 肯尼亚内罗毕	2006年	达成《内罗毕工作计划》等决定，以帮助发展中国家提高应对气候变化的能力；在管理"适应基金"的问题上取得一致，基金将用于支持发展中国家具体的适应气候变化活动
COP13 印度尼西亚巴厘岛	2007年	着重讨论"后京都时代"（即《京都议定书》第一承诺期2012年到期后）如何进一步降低温室气体的排放。通过了"巴厘岛路线图"，致力于在2009年年底前完成后京都时代全球应对气候变化新安排的谈判并签署有关协议
COP14 波兰波兹南	2008年	八国集团领导人就温室气体长期减排目标达成一致，即与《联合国气候变化框架公约》其他缔约国共同实现到2050年将全球温室气体排放量减少至少一半的长期目标，并在公约相关谈判中与这些国家讨论并通过这一目标
COP15 丹麦哥本哈根	2009年	达成《哥本哈根协议》，维护了各国应对气候问题共同但有区别的责任原则，就发达国家实行强制减排和发展中国家采取自主减缓行动作出了安排，但这一协议并无强制约束力，低于此前各界对于此次会议的预期

续表

地点	时间	主要进展
COP16 墨西哥坎昆	2010年	通过了《坎昆协议》,推迟到2011年达成一项用以取代《京都议定书》的协议,确保《京都议定书》第一承诺期与第二承诺期之间不会出现空当;就适应、技术转让、资金机制和能力建设等发展中国家关心的问题取得了不同程度的进展。《坎昆协议》仍然是一个不具法律效力的折中、平衡与灵活的"一揽子方案"
COP17 南非德班	2011年	同意35个发达国家从2013年1月1日起,实施《京都议定书》第二承诺期减排;通过了土地利用、土地利用变化和林业、排放交易和清洁发展机制等技术规则;要求35个发达国家在2012年5月1日前,根据已作出的减排承诺幅度,提交各自的温室气体量化减排数量并对其进行评审。这标志着《京都议定书》第二承诺期得以延续,但关于实施年限待定;决定建立"德班增强行动平台特设工作组",启动一个新的谈判进程,于2012年上半年开展工作,在2015年前制定一份包括公约所有缔约方在内的具有法律效力的议定书或法律文书,提交第21次缔约方大会通过并经各国批准后,从2020年起全面实施;决定绿色气候基金作为公约资金机制的实施主体,同意其基金治理结构,要求尽快启动该基金下的相关管理工作;同意在缔约方大会下建立适应委员会,协调全球适应行动,帮助发展中国家尤其是最不发达国家提高适应能力。启动技术转让相关工作、运行模式和程序等。同意支持发展中国家实施减缓行动,建立一个寻求资金支持的注册系统等

(二)气候变化对中国的影响

1. 对农牧业的影响

农牧业是对气候变化反应最为敏感的行业之一。我国是农业大国,气候变化已经对我国的农牧业产生了一定的影响,主要表现为自20世纪80年代以来,我国的春季物候期提前了2~4天。另外,气象灾害造成的农牧业损失增大,据统计,我国农业产值因病虫害造成的损失大约为农业总产值的 20%~25%。

未来气候变化对农牧业的影响仍以负面影响为主,主要表现为以下五个突出问题:

(1)农业生产的不稳定性增加,产量波动大。据估算,我国种植业产量在总体上因全球变暖可能会减少 5%~10%,其中小麦、水稻和玉米三大作物均以减产为主。

(2)农业生产布局和结构将出现变动。气候变暖将使我国主要作物品种的布局发生变化,并影响种植制度发生较大变化。

(3)农业生产条件改变,农业成本和投资将大幅度增加。气候变暖后,土壤有机质的微生物分解将加快,造成地力下降;气候变暖,还将导致病虫害增加,化肥、农药施用量将增大,投入增加。

(4)潜在荒漠化趋势增大,草原面积减少。气候变暖后,草原区干旱的概率增大,持续时间加长,土壤肥力进一步降低,初级生产力下降。

(5)畜牧业方面,气候变化可能对畜禽生产和繁殖能力产生一定影响,某些家畜疾病的发病率可能提高。

2. 对森林和其他生态系统的影响

气候变化对中国森林和其他生态系统的影响主要表现在:东部亚热带、温带北界北移,物候期提前;部分地区林带下限上升;山地冻土海拔下限升高,冻土面积减少;全国动植物病虫害发生频率上升,且分布变化显著;西北冰川面积减少,呈全面退缩的趋势,冰川和积雪的加速融化使绿洲生态系统受到威胁。

未来气候变化对我国森林和生态系统的影响主要有:

(1)森林类型的分布北移。从南向北分布的各种类型森林向北推进,山地森林垂直带谱向上移动,主要造林树种北移和上移,一些珍稀树种分布区可能缩小。

（2）森林生产力和产量呈现不同程度的增加。森林生产力在热带、亚热带地区将增加1%~2%，暖温带增加2%左右，温带增加5%~6%，寒温带增加10%左右。

（3）森林火灾及病虫害发生的频率和强度可能增高。

（4）半干旱地区潜在荒漠化趋势增大，山地草原界限可能上升280~600米，高山草地面积将减少。

（5）区域气候暖干将导致三江平原湿地资源减少、生物多样性减少、濒危物种增加、大面积沼泽湿地演变为草甸湿地。海平面上升将使长江三角洲附近的湿地面积减少、质量下降，导致潮滩地被淹没和侵蚀。

（6）青藏高原多年冻土空间分布格局将发生较大变化：80%~90%的岛状冻土发生退化，季节融化深度增加，形成融化夹层和深埋藏冻土。表层冻土面积将减少10%~15%，山地阳坡冻土下界抬升150~250米。

（7）内陆湖泊加速萎缩。高地、高原湖泊中，依赖冰川融水补给的内陆湖泊（如西藏、帕米尔高原的一些湖泊），可能先因冰川融水增加而扩大，后因冰川缩小后融水减少而缩小。

（8）气候变化将使生态系统脆弱性进一步增加，生物多样性减少，尤其可能对大熊猫、滇金丝猴、藏羚羊和秃杉等产生较大影响。

3. 对水资源的影响

气候变化已经引起了中国水资源分布的变化。近20年来，北方黄河、淮河、海河、辽河水资源总量减少12%；南方河流水资源虽相对丰富，但由于降雨反常，加之高温，近年也出现了区域性缺水的现象；随着气候变暖变干，20世纪60年代以来，华北部分地区的土地荒漠化趋势加重，2004年，全国荒漠化土地总面积占国土总面积的27.46%；洪涝灾害更加频繁，干旱灾害更加严重，极端气候现象明显增多。

预计未来气候变化将对中国水资源时空分布产生较大的影响：

（1）北方江河径流量减少，南方径流量增加，各流域年平均蒸发将增大，其中黄河及内陆河地区的蒸发量将可能增大15%左右。因此，水资源年内和年际变化会加大，旱涝等灾害出现的频率会增加，并加剧水资源的不稳定性与供需矛盾。

（2）西部地区的冰川加速融化，冰川面积和冰储量将进一步减少。中国西部82%的冰川正在退缩，威胁长江、黄河等主要发源于青藏高原冰川的江河和我国水资源供给。根据目前的消融速度，80%面积的喜马拉雅冰川将在未来30年消失。估计到2050年，我国西部冰川面积将减少27.2%。这对于中国本来就日益严峻的水资源短缺问题，无疑是雪上加霜。

4. 对海岸带的影响

近30年来，中国海平面上升趋势加剧。海平面上升引发海水入侵、土壤盐渍化、海岸侵蚀，损害了滨海湿地、红树林和珊瑚礁等典型生态系统，降低了海岸带生态系统的服务功能和海岸带生物多样性；气候变化引起的海温升高、海水酸化使局部海域形成贫氧区，海洋渔业资源和珍稀濒危生物资源衰退。

据预测，未来中国沿海海平面将继续升高，到2030年中国沿岸海平面可能上升0.01~0.16米，导致许多沿岸地区遭受洪水泛滥的机会增大，风暴潮影响的程度加重。另外，海平面上升还将造成沿海城市市政排水工程的排水能力降低，港口功能减弱。

5. 对社会经济等其他领域的影响

气候变化对社会经济等其他领域也将产生深远影响，给国民经济带来巨大损失，应对气候变化需要付出相应的经济和社会成本。

（1）气候变化将增加疾病发生和传播的机会，危害人类健康。气候变化可能引起热浪频率和强度的增加，由极端高温事件引起的死亡人数和严重疾病将增加。预计气候变化将增加心血管病、疟疾、登革热和中暑等疾病发生的程度和范围。此外,随着洪涝灾害加剧,灾后的感染性腹泻,如霍乱、痢疾等病例也会增加。而气温升高也使流行病疫区扩大,受威胁人口数也会相应增加。例如,有研究预测在未来二氧化碳浓度加倍的条件下,中国鼠疫疫源地的面积将增大40%左右。

(2)影响自然保护区和国家公园的生态环境和物种多样性,对自然和人文旅游资源产生影响。气候变化可能使雪山融化和海平面上升,从而导致山区、海岸和海岛风景地的变迁,影响自然保护区和国家森林公园等以生态、环境和物种多样为特色的旅游景点,从而对自然和人文旅游资源以及旅游者的安全产生重大影响。

(3)增加地质灾害和气象灾害的形成概率,对重大工程的安全造成威胁。例如,气候变化导致的冻土融化,将会对青藏铁路等重大工程产生不利影响。

(4)增加对公众生命财产的威胁,影响社会正常生活秩序和安定。例如,全球变暖将加剧未来我国空调制冷电力消费的持续增长趋势,给电力供应带来更大的压力。

(三)中国推进低碳发展的工作

为了应对气候变化对中国的影响,我国积极开展了低碳发展各领域的工作,以此也推动了我国生态文明建设。

1. 制定相关法律、政策

中国政府认真履行了在《联合国气候变化框架公约》下承担的具体义务。中国政府早在1994年就制定和发布了可持续发展战略《中国21世纪议程——中国21世纪人口、环境与发展白皮书》,并于1996年首次将可持续发展作为经济社会发展的重要指导方针和战略目标。2003年,中国政府又制定了《中国21世纪初可持续发展行动纲要》。经国务院批准,《中华人民共和国气候变化初始国家信息通报》已于2004年11月正式提交公约缔约方会议。此外，中国根据公约的有关规定，着手制定了《应对气候变化国家方案》，用以指导未来几十年中国应对气候变化的政策措施。

中国政府把积极应对气候变化作为关系经济社会发展全局的重大议题，纳入经济社会发展中长期规划。2006年，中国提出了2010年单位国内生产总值能耗比2005年下降20%左右的约束性指标；2007年在发展中国家中第一个制定并实施了应对气候变化国家方案；2009年确定了到2020年单位国内生产总值温室气体排放比2005年下降40%~45%的行动目标。

制定或修订《可再生能源法》《循环经济促进法》《节约能源法》《清洁生产促进法》《水土保持法》《海岛保护法》等相关法律，颁布《民用建筑节能条例》《公共机构节能条例》《抗旱条例》，出台《固定资产投资节能评估和审查暂行办法》《高耗能特种设备节能监督管理办法》《中央企业节能减排监督管理暂行办法》等规章。发布《可再生能源中长期发展规划》《核电中长期发展规划》《可再生能源发展"十一五"规划》《关于加强节能工作的决定》《关于加快发展循环经济的若干意见》等重要文件。2007年发布的《"十一五"节能减排综合性工作方案》明确了节能减排的具体目标、重点领域及政策措施，对"十一五"时期开展节能减排工作发挥了重要作用。

2. 优化产业结构，推进技术进步，提高能源利用率

改造提升传统产业。制定和发布汽车、钢铁等十大重点产业调整和振兴规划，提高高耗能行业准入门槛，对固定资产投资项目进行节能评估和审查，加强传统产业的技术改造和升级，促进企业兼并重组，调整出口退税政策，对煤炭、部分有色金属、钢坯和化肥等产品征收出口关税，抑制高耗能、高排放和资源性产品出口。加快淘汰落后产能，培育和壮大战略性新兴产业。2010年，中国高技术制造业的产值达到7.6万亿元人民币，

位居世界第二，比 2005 年增长了一倍多。加快发展服务业，2005 年至 2010 年，中国服务业增加值年均增长 11.9%，比国内生产总值年均增速高 0.7 个百分点，服务业增加值占国内生产总值比重由 40.3% 提高到 43%。

推动重点领域节能，推广节能技术与节能产品，推行节能市场机制，发展循环经济。中国完成了"十一五"规划提出的节能目标，2010 年单位国内生产总值能耗比 2005 年累计下降 19.1%，相当于少排放 CO_2 14.6 亿吨以上。"十一五"期间中国以能源消费年均 6.6% 的增长支撑了国民经济年均 11.2% 的增速，能源消费弹性系数由"十五"时期的 1.04 下降到 0.59，缓解了能源供需矛盾。

3. 发展低碳能源和可持续再生能源

通过国家政策引导和资金投入，加强了水能、核能、石油、天然气和煤层气的开发和利用，支持在农村、边远地区和条件适宜的地区开发利用生物质能、太阳能、地热、风能等新型可再生能源，使优质清洁能源比重有所提高。截至 2010 年底，水电装机容量达到 2.13 亿千瓦，比 2005 年翻了一番；核电装机容量 1082 万千瓦，在建规模达到 3097 万千瓦。2010 年，风电装机容量从 2005 年的 126 万千瓦增长到 3107 万千瓦，光伏发电装机规模由 2005 年的不到 10 万千瓦增加到 60 万千瓦，太阳能热水器安装使用总量达到 1.68 亿平方米，生物质发电装机约 500 万千瓦，沼气年利用量约 140 亿立方米，全国沼气用户达到 4000 万户左右，生物燃料乙醇利用量 180 万吨，各类生物质能源总贡献量合计约 1500 万吨标准煤。

4. 开展植树造林，增加碳汇

开展碳汇造林试点，加强林业经营及可持续管理，提高森林蓄积量。中央财政提高了造林投入补助标准，每亩补助由 100 元人民币提高到 200 元人民币，建立了中国绿色碳汇基金会。2011 年，中国人工林保存面积 6200 万公顷，全国森林面积达到 1.95 亿公顷，森林覆盖率由 2005 年的

18.21%提高到2010年的20.36%,森林蓄积量达到137.21亿立方米,全国森林植被碳储量达78.11亿吨。

1999—2009年,全国累计实施退耕还林任务4.15亿亩,其中退耕地造林1.39亿亩,荒山荒地造林和封山育林2.76亿亩。根据现有退耕还林政策标准和已完成任务测算,退耕还林中央总投入将达4300多亿元,其中到2009年底中央已投入2332亿元,2010—2021年,中央还将继续投入2000多亿元。

5. 实施清洁发展机制

为充分利用议定书规定的为清洁发展机制提供的机会,中国政府成立了由相关部门组成的清洁发展机制国家审核理事会,并于2004年6月30日发布实施了《中国清洁发展机制项目运行管理暂行办法》,规定了项目申报和许可程序,启动了包括上海在内的7个省市的碳排放交易试点,截至2011年12月29日,我国已有663个清洁发展项目,占东道国CDM项目签发总量的58.77%。

6. 加强教育培训和公众参与

将气候变化内容逐步纳入国家教育体系。中、高等院校加强低碳和气候变化教育,陆续建立环境和气候变化相关专业。中央政府有关部门举办了气候变化、可持续发展和环境管理培训班,地方政府也开展了气候变化培训。政府积极开展各级各类教育,提高全民低碳生活的意识。充分发挥报纸、广播、电视、杂志等传统媒体和互联网、手机等新媒体的作用,加强应对气候变化和节能低碳的宣传教育。一些民间公益组织也积极开展宣传教育活动,提高了公众应对气候变化意识。中国公众也以实际行动积极应对气候变化,广泛参与自备购物袋、双面使用纸张、控制空调温度、不使用一次性筷子、购买节能产品、低碳出行、低碳饮食、低碳居住等节能低碳活动,从日常生活衣、食、住、行、用等细微之处,实践低碳生活消费方式。

7. 积极参与国际合作

中国政府积极拓展与国际组织的合作，加强与发达国家的合作，深化与发展中国家的务实合作。我国与世界银行和全球环境基金合作开展了全球规模最大的可再生能源国际合作项目；与美国、欧盟、意大利、德国、挪威、英国、法国、澳大利亚、加拿大、日本等国家和地区建立了气候变化领域对话和合作机制，签署相关联合声明、谅解备忘录和合作协议等；为发展中国家援建200个清洁能源和环保项目，加强科技合作，实施了100个中非联合科技研究示范项目。

三、初探生态文明法律政策制度体系

（一）生态文明立法体系尚待构建

这10年间，资源环境法律体系基本完善。在资源立法中，强调提高资源利用效率、保护与利用并重；在环境立法中，强调预防为主原则，从最初的少排放、轻污染向无害化、资源化、再利用等循环经济原则延伸，初步走上了源头减量、过程控制和末端治理的全过程管理的法制化轨道。这10年间，全国人大常委会通过的资源环境法律28件，国务院制定的行政法规39件。2002年6月29日，通过《清洁生产促进法》。2005年2月28日，通过《可再生能源法》。2005年7月，国务院发布《关于加快发展循环经济的若干意见》。2009年1月，正式施行《循环经济促进法》。

但是，这一阶段的资源环境法律体系是按照资源环境管理机构体制来塑造的，这些法律又强化了行政管理机构及其行为。有关立法的部门利益色彩较为浓厚，过多强调行政管理权力和行政手段，各种法律法规间存在重叠交叉，增加了行政成本与社会负担，降低了管理效率。具体而言，综合经济部门及建设部门负责资源环境保护的规划协调、政策指导和预算安

排,由此制定和颁布了《清洁生产促进法》《循环经济促进法》《节能法》《可再生能源法》等法律;国土、农业、林业、水利、海洋等部门负责资源环境保护的部分公共管理和自然资源资产管理职能,由此制定和颁布了《土地管理法》《矿产资源管理法》《水法》《森林法》《草原法》《渔业法》《海域使用管理法》《海岛保护法》;由环境保护行政管理机构负责环境保护领域的公共管理职能,兼有综合协调和行政监督职能。

生态文明要求按照生态系统的整体性来管理资源环境,因此这一阶段的资源环境法律体系还不符合生态文明法律体系的基本要求。而且我国还没有制定专门的生态文明法规。2008年,环境保护部制定发布《关于推进生态文明建设的指导意见》,明确生态文明建设的指导思想、基本原则,要求建设符合生态文明要求的产业体系、环境安全、文化道德和体制机制。一些地方和行业正在研究制定生态文明相关法规。2010年1月,贵阳市出台了《贵阳市生态文明建设条例》,一些行业的生态文明标准也在制定之中。

(二)生态文明基本制度体系开始探索

党的十七大报告提出建设生态文明后,我国在资源环境制度体系的基础上,开始探索生态文明的基本制度体系。

1.国土空间开发保护制度

我国陆地国土空间辽阔,但适宜开发的面积少。扣除必须保护的耕地和已有建设用地,今后可用于工业化城镇化开发及其他方面建设的面积只有28万平方公里左右,约占全国陆地国土总面积的3%,必须走空间节约集约的发展道路,而且我国区域经济发展差异很大,发展不均衡,因此,国家对区域经济发展的调控应该区别对待、分类指导。

主体功能区的构想最早出现在2002年《关于规划体制改革若干问题的意见》中,旨在增强规划的空间指导和约束功能。国家"十一五"规划纲要，在第五篇"促进区域协调发展"中，设立推进形成主体功能区专章，特别提出优化开发、重点开发、限制开发和禁止开发四类主体功能区的发展方向及分类管理的区域政策。2007年7月，国务院发布了《关于编制主体功能区规划的意见》，2007年10月，十七大报告提出"加强国土规划，按照形成主体功能区的要求，完善区域政策，调整经济布局"。2010年12月，国务院以国发〔2010〕46号文件形式，出台我国首个全国性国土空间开发规划《全国主体功能区规划》，明确提出要将国土空间开发从占用土地的外延扩张为主，转向调整优化空间结构为主。该规划推进形成主体功能区要着力构建我国国土空间的"三大战略格局"。2011年3月，"十二五"规划纲要的第五篇"优化格局促进区域协调发展和城镇化健康发展"中，设立"实施主体功能区战略"专章，提出要优化国土空间开发格局，实施分类管理的区域政策，实行各有侧重的绩效评价，建立健全衔接协调机制。"三大战略格局"为：

（1）构建"两横三纵"为主体的城市化战略格局。构建以陆桥通道、沿长江通道为两条横轴，以沿海、京哈京广、包昆通道为三条纵轴，以国家优化开发和重点开发的城市化地区为主要支撑，以轴线上其他城市化地区为重要组成的城市化战略格局。推进环渤海、长江三角洲、珠江三角洲地区的优化开发，形成3个特大城市群；推进哈长、江淮、海峡西岸、中原、长江中游、北部湾、成渝、关中—天水等地区的重点开发，形成若干新的大城市群和区域性的城市群。

（2）构建"七区二十三带"为主体的农业战略格局。构建以东北平原、黄淮海平原、长江流域、汾渭平原、河套灌区、华南和甘肃新疆等农产品主产区为主体，以基本农田为基础，以其他农业地区为重要组成的农业战略格局。东北平原农产品主产区，要建设优质水稻、专用玉米、大豆和畜产品产业带；黄淮海平原农产品主产区，要建设优质专用小麦、优质棉花、专用玉米、大豆和畜产品产业带；长江流域农产品主产区，要建设优质水稻、优质专用小麦、优质棉花、油菜、畜产品和水产品产业带；汾渭平原农产品主产区，要建设优质专用小麦和专用玉米产业带；河套灌区农产品主产区，要建设优质专用小麦产业带；华南农产品主产区，要建设优质水稻、甘蔗和水产品产业带；甘肃新疆农产品主产区，要建设优质专用小麦和优质棉花产业带。

（3）构建"两屏三带"为主体的生态安全战略格局。构建以青藏高原生态屏障、黄土高原—川滇生态屏障、东北森林带、北方防沙带和南方丘陵山地带以及大江大河重要水系为骨架，以其他国家重点生态功能区为重要支撑，以点状分布的国家禁止开发区域为重要组成的生态安全战略格局。青藏高原生态屏障，要重点保护好多样、独特的生态系统，发挥涵养大江大河水源和调节气候的作用；黄土高原—川滇生态屏障，要重点加强水土流失防治和天然植被保护，发挥保障长江、黄河中下游地区生态安全的作用；东北森林带，要重点保护好森林资源和生物多样性，发挥东北平原生态安全屏障的作用；北方防沙带，要重点加强防护林建设、草原保护和防风固沙，对暂不具备治理条件的沙化土地实行封禁保护，发挥"三北"地区生态安全屏障的作用；南方丘陵山地带，要重点加强植被修复和水土流失防治，发挥华南和西南地区生态安全屏障的作用。

2. 环境保护制度

在环境保护三大政策（预防为主、防治结合；谁污染谁治理；强化环境管理）和八项制度（环境影响评价、"三同时"、征收排污费、限期治理、排污许可证、污染物集中控制、环境保护目标责任制、城市环境综合整治定量考核制度）的基础上，进一步完善了环境与发展综合决策制度、污染物排放总量控制制度、环境标志制度、清洁生产制度、排污权交易制度等一系列制度。

3. 土地保护制度

（1）土地用途管制制度。《中华人民共和国土地管理法》第四条第一款规定："国家实行土地用途管制制度。"第二款规定："国家编制土地利用总体规划，规定土地用途，将土地分为农用地、建设用地和未利用地。严格限制农用地转为建设用地，控制建设用地总量，对耕地实行特殊保护。"

（2）耕地占补平衡和总量动态平衡制度。《土地法》第三十一条第二款规定："国家实行占用耕地补偿制度。非农业建设经批准占用耕地，按照占多少、垦多少的原则，由占用耕地的单位负责开垦与所占用耕地的数量和质量相当的耕地；没有条件开垦的或者开垦的耕地不符合要求的，应当按照省、自治区、直辖市的规定缴纳耕地开垦费，专款用于开垦新的耕地。"第三十三条规定："省、自治区、直辖市人民政府应当严格执行土地利用总体规划和年度土地利用计划，采取措施，确保本行政区域内耕地不减少。"

（3）基本农田保护制度。《土地法》第三十四条规定："国家实行基本农田保护制度。"基本农田保护制度包括基本农田保护责任制度、基本农田保护区用途管制制度、基本农田环境保护制度、基本农田保护监督检查制度等。《全国生态功能区规划》还提出占用基本农田严格审批与占补平衡制度、基本农田质量保护制度，严格控制各类建设占用耕地。

（4）农用地转用审批制度。《土地法》第四十四条规定："建设占用土地，涉及农用地转为建设用地的，应当办理农用地转用审批手续。"

（5）土地开发整理复垦制度。《土地法》第三十八条规定："国家鼓励单位和个人按照土地利用总体规划，在保护和改善生态环境、防止水土流失和土地荒漠化的前提下，开发未利用的土地。"第四十一条规定："国家鼓励土地整理。"第四十二条规定："因挖损、塌陷、压占等造成土地破坏的，用地单位和个人应当按照国家有关规定负责复垦；没有条件复垦或者复垦不符合要求的,应当缴纳土地复垦费,专项用于土地复垦。"

(6)土地税费制度。《土地法》第三十一条规定:"建设占用耕地,如没有条件开垦或者开垦的耕地不符合要求,应缴纳耕地开垦费,用于开垦新耕地。"第三十七条规定:"对于闲置、荒芜耕地要缴纳闲置费。"第四十七条规定:"征用城市郊区菜地,要缴纳新菜地开发建设基金。"第五十五条规定:"对以出让等有偿使用方式取得国有土地使用权的建设单位,要缴纳新增建设用地土地有偿使用费。"《耕地占用税暂行条例》规定取得国有土地使用权的"非农业建设占用耕地,要缴纳耕地占用税"。

(7)耕地保护法律责任制度。《刑法》第三百四十二条和第四百一十条都对耕地保护法律责任作出了具体规定。《土地法》《土地管理法实施条例》及《基本农田保护条例》等法律法规,对耕地保护违法行为规定了相应的行政法律责任。《基本农田保护条例》提出,各级政府应当建立以基本农田保护和耕地总量动态平衡为主要内容的耕地保护目标责任制,每年进行考核。

4. 水资源保护制度

2011年,中央1号文件和中央水利工作会议要求,实行最严格水资源管理制度;2012年1月,国务院发布《关于实行最严格水资源管理制度的意见》,提出三条红线和四项制度。

三条红线:一是水资源开发利用控制红线,到2030年全国用水总量控制在7000亿立方米以内;二是用水效率控制红线,到2030年用水效率达到或接近世界先进水平,万元工业增加值用水量降低到40立方米以下,农田灌溉水有效利用系数提高到0.6以上;三是水功能区限制纳污红线,到2030年主要污染物入河湖总量控制在水功能区纳污能力之内,水功能区水质达标率提高到95%以上。为实现上述红线目标,进一步明确了2015年和2020年水资源管理的阶段性目标。

四项制度：一是用水总量控制制度，加强水资源开发利用，控制红线管理，严格实行用水总量控制，包括严格规划管理和水资源论证、严格控制流域和区域取用水总量、严格实施取水许可、严格水资源有偿使用、严格地下水管理和保护，强化水资源统一调度；二是用水效率控制制度，加强用水效率控制红线管理，全面推进节水型社会建设，包括全面加强节约用水管理、把节约用水贯穿于经济社会发展和群众生活生产全过程、强化用水定额管理、加快推进节水技术改造；三是水功能区限制纳污制度，加强水功能区限制纳污红线管理，严格控制入河湖排污总量，包括严格水功能区监督管理、加强饮用水水源地保护、推进水生态系统保护与修复；四是水资源管理责任和考核制度，将水资源开发利用、节约和保护的主要指标纳入地方经济社会发展综合评价体系，县级以上人民政府主要负责人对本行政区域水资源管理和保护工作负总责。

5. 其他资源保护制度

（1）森林资源保护制度：森林限额采伐制度、育林费或育林基金制度、森林生态效益补偿基金制度、采伐许可证制度。

（2）矿产资源保护制度：探矿、采矿权及有偿转让制度、采矿许可证制度、采矿复垦制度、资源税和矿产资源补偿费制度。

（3）草原资源保护制度：限制和禁止开垦制度、以草定畜制度。

（4）海洋资源保护制度：海洋环境保护规划制度、海洋功能区划制度、海域使用权及有偿使用制度、排污总量控制制度、海洋自然保护区、船舶油污损害和保险、基金制度等。

（5）水土保持、防沙治沙制度：水土保持规划制度、建设项目水土保持方案制度、水土保持补偿费制度、防沙治沙规划制度等。

（6）生物多样性保护制度：野生动物国家所有制度、重点保护野生动植物名录制度、特许猎捕证和采集证制度、禁止和限制经营制度、自然保护区制度。

6. 更多采用经济政策取代行政手段

这一阶段，我国制定并实施了一系列促进生态文明建设的财税、金融、土地、地区价格等经济政策，取代了行政手段来保护资源环境。

（1）有利于资源节约和环境保护的产业政策。国家发展和改革委员会2000年修订《当前国家重点鼓励发展的产业、产品和技术目录》，提出国家重点鼓励发展有利于资源节约和环境保护的产业、产品和技术。

（2）给予资源综合利用企业所得税优惠。我国对综合利用产品、投资项目及销售等经济活动，规定了所得税减免政策，并经过多次调整。《节能产品政府采购实施意见》将节能产品纳入政府采购清单；《资源综合利用目录（2003年修订）》和《进一步做好禁止使用实心黏土砖工作的意见》，对实心黏土砖、瓦等产品通过税收和在部分地区禁止使用等手段加以限制。引导和鼓励发展节能环保型小排量汽车，鼓励汽车生产企业开发生产新型燃料汽车。

（3）利用价格政策调整企业行为。例如，2002年发布的《关于进一步推进城市供水价格改革工作的通知》提出，对城市居民生活用水实行阶梯式计量水价；取消部分地区实行的用户用水最低消费制度；对非居民用水实行计划用水和定额用水管理；逐步提高自备水源单位水资源费征收标准，防止过量开采地下水。我国从2002年开始电力体制改革，进行电价改革，在保证发电收支平衡的同时，促进国民节约用电。

（4）将环境污染纳入消费税范围。国家先后把鞭炮、焰火、汽油、柴油及摩托车、小汽车等消费品列入征税范围。2001年1月1日起，对翻新轮胎停止征收消费税；对生产销售达到污染排放低值的小轿车、越野车和小客车减征30%的消费税，通过税收手段激励人们资源节约和环境保护的行为。

（5）设立环境保护专项资金。根据《排污费征收使用管理条例》和《排污费资金收缴使用管理办法》，排污费资金纳入财政预算，作为环境保护专项资金。财政部、国家环保总局2004年制定了中央环境保护专项资金项目申报指南，以指导环境保护专项资金申报和使用。

（6）资源环境税费改革。我国在2007年就酝酿推行资源税改革，但当时迫于通胀压力未能实行。接着不期而至的金融危机，使得资源税改革再次搁浅。我国当时资源税征税范围限于原油、天然气、煤炭、其他非金属矿原矿等7个品目，而且存在从量计征、税额偏低的问题，仍有许多重要的自然资源未包括在内，如水资源、地热资源、森林资源等。2010年6月，我国启动了新疆矿产资源税改革试点，明确扩大范围，从价计征，提高税率。2010年7月，中央决定矿产资源税改革扩大至整个西部地区，这标志着我国资源税改革拉开了序幕。在环境税费方面，2003年出台了《排污费征收使用管理条例》，但是直到2011年排污费全国收费标准一直未变，总体偏低，虽然有一些省份微调了收费标准，但收费与治理成本之间依旧有不小的缺口。

这一阶段，资源环境经济政策不断丰富，包括绿色金融、绿色信贷和绿色保险政策等，逐步拓展资金渠道，加大中央和地方财政在教育、人才、科技等方面的投入，引导社会资金投向，资源环境经济政策逐步从"末端治理"延伸到整个生命周期，但是市场对资源配置的作用还没有充分发挥。

7. 创新技术以推动生态文明建设

这一阶段，我国制定了一系列政策推动有利于生态文明建设的技术创新。我国制定并实施《国家环境保护"十一五"科技发展规划》《国家环境保护"十二五"科技发展规划》和"国家重点环境保护实用技术推广项目和示范工程"等。国家自然科学基金、国家科技重大专项、"863"计划、国家科技支撑计划、"973"计划、国家重大科学研究计划等，安排了大量研发项目，研究工业化城市化过程中出现的重大资源环境问题，创新的主攻方向在于加快发展循环经济、绿色产业、低碳技术，走新型工业化道路，推动经济建设又好又快发展，并在基础研究和应用研究、技术开发及能力建设、人才培养等方面取得丰硕成果。

我国抓住经济结构调整的机遇和挑战，以深入实施国家科技重大专项为契机，大力发展信息技术、生物技术等战略性、基础性和先导性技术，加快培育和发展节能环保、生物医药等战略性新兴产业的技术，大力开发生态经济、循环经济、低碳经济和低碳经济的支撑技术，为用先进技术改造传统产业，调整产业结构，转变经济增长方式，构建符合低碳、绿色发展要求的现代化产业化体系，走一条低污染、少消耗、高效益的工业化道路提供技术保障。

我国深入研究和准确掌握区域性和全球性的自然环境重大问题和科学规律，扎实推进污染治理和废物再生利用科学技术，在治沙、污水处理、垃圾无害化处理等污染治理技术方面成效显著；大力发展清洁生产技术、循环经济链接技术、低碳技术、高效节能技术、小流域生态治理技术等，并推广应用于工农业生产过程，保障了生态安全，提供了更多的生态产品；引进、消化、吸收和再创新先进绿色技术，提升绿色科技创新水平。

我国大力开发稀有资源替代技术、多功能技术，推进洁净煤技术、复杂油气开发等技术转化应用，提高资源利用效率和二次资源利用水平，支撑资源可持续利用战略实施；着力开发利用风能、太阳能、生物质能等可再生能源，推进我国的能源结构朝着合理、安全、清洁的方向发展。我国节能减排一些领域的技术和设备制造达到了国际先进水平。工业和信息化部发布了三批节能技术目录。中国科学院和中国工程院的研究还提出了能源、环境、低碳等领域的技术路线图。

8. 探索建立能源环境权益交易市场

（1）排污权交易制度

我国发布了一系列文件支持排污权交易：2002年1月，国家环境保护总局发布了《国家环境保护"十五"计划》，提出："以控制污染物排放总量为主线"，开展二氧化硫排污权交易研究，利用市场机制降低二氧化硫污染治理成本和减少二氧化硫排放量；2005年12月，《关于落实科学发展观加强环境保护的决定》（国发〔2005〕39号）提出，要实施污染物总量控制制度，推行排污许可证制度，开展排污交易试点。有条件的地区和单位可实行二氧化硫等排污权交易。这是国家首次将实行二氧化硫排污权交易写入国务院的正式文件之中；2007年，《节能减排综合性工作方案》（国发〔2007〕15号）强调，"抓紧完成二氧化硫排污交易管理等方面行政规章的制定及修订工作"；2009年，《政府工作报告》中明确提出，"积极开展排污权交易试点"；2010年，《政府工作报告》进一步提出，"扩大排污权交易试点"。

实践上，2002年7月，国家环境保护总局决定与美国环保协会深化在"四省"——陕西、江苏、山东、河南，"三市"——上海、天津、柳州和"一企业"——中国华能集团公司的合作（简称"4+3+1"项目），建立二氧化硫排污权交易示范区。该项目设置二氧化硫排放许可上限，共覆盖131个城市的727家企业（主要是电力行业），占全国二氧化硫排放量的20%。2007年，国家环保部启动环境经济政策试点项目，将排污权交易试点扩大至江苏、浙江、天津、湖北、湖南、内蒙古、山西、陕西、重庆、河北和广东等11个省（市、区）。11个试点省区市出台了近20个指导意见、实施方案和管理办法，结合各地实际情况对政策实施的细节进行了具体规定。各地财政、环保和发改等管理部门围绕政策实施中的排污指标申购、排污权储备和出让、有偿使用费标准、排放权交易基准价格和交易细则等制定了大量的规范文件。同时，山东、广东、云南等地区也在部分地市或行业中开展了排污权交易试点。各试点地区先后出台了地方性的政策文件，构建了行政区域内的排污权交易体系，推动了排污权交易实践在中国的发展。之后，我国排污权交易平台建设速度不断加快，开始朝着市县范围扩大，如嘉兴市排污指标储备交易中心；还有包括全省直辖市范围，如湖南省环境资源交易所；以及全国范围内的，比如北京环境交易所。交易平台主要包括化学需氧量、二氧化硫等主要污染物指标。

浙江省在排污权交易工作上卓有成效。浙江省于2001年10月发布的《浙江省排污权有偿使用和交易试点工作暂行办法》（浙政办发〔2010〕132号），全面推广以市场机制促进企业节能减排。2007年6月，浙江省环境保护局下发《浙江省人民政府关于进一步加强污染减排工作的通知》（浙政发〔2007〕34号）和《浙江省人民政府关于印发节能减排综合性方案的通知》（浙政发〔2007〕63号），要求全省各市选择1个以上县（市、区）开展排污权交易试点，待条件成熟后再逐步推广。2009年2月，财政部和环保部批复同意浙江省开展排污权有偿使用和交易试点，成为全国第一批7个试点省份之一。2009年3月，浙江省正式启动排污权有偿使用和交易试点工作，挂牌成立了浙江省排污权交易中心。

（2）碳排放权交易制度

1997年通过的《京都议定书》把碳排放交易作为碳减排的重要工具，之后世界各国纷纷构建自己的碳交易市场。碳排放权是指，碳排放单位在生产经营活动中直接和间接排放二氧化碳等温室气体的权益，包括二氧化碳排放配额和经审定的碳减排量。用能权与碳排放权其本质都是一种发展权，是权利主体为了生存和发展的需要，由自然或者法律所赋予的一定数量的环境资源使用权。

中国最早参与国际碳交易主要是通过清洁发展机制（CDM）来实现

的。我国通过清洁发展机制，把碳减排的额度卖到西方发达国家，还一度成为世界上最大的卖家市场。国内CDM的起始点是2002年，荷兰政府与中国政府签订内蒙古自治区辉腾锡勒风电场项目，由此正式进入中国。通过清洁发展机制（CDM），中国积极参与国际碳排放权交易市场交易。自2002年以来，中国的CDM项目迅速发展，2006年中国逐渐取代印度、巴西成为CDM项目第一大国。国际交易期间，中国2007至2008年经历了国际碳排放权交易的一个繁荣期，中国的CDM项目总量占到全球的57%。但是由于我国没有定价权，而且该市场随着联合国气候谈判受阻濒临瓦解，再者，我国已经成为世界碳排放的第一大国，遭受了巨大的国内外碳减排的压力，因此我国选择开展了自主的碳排放交易试点工作。2011年11月，国家发改委确定北京、上海、天津、重庆、深圳、广东和湖北为首批碳排放交易试点省市。

（3）节能量交易制度

2011年8月，国务院出台《"十二五"节能减排综合性工作方案》（国发〔2011〕26号），首次提出建立节能量交易制度，研究建立合同能源管理项目节能量审核和交易制度，培育第三方审核评估机构的相关要求，扶持壮大节能服务产业。节能量是指，用能主体在满足同等需要或达到相同目的的条件下，能源消费减少的数量。主要包括：一是重点用能单位节能量。与政府签订节能目标责任书的用能单位在规定时限内完成的节能量，并经政府有关部门确认。二是项目节能量。节能服务公司或用能单位通过实施节能技术改造，提高能源利用效率而形成的节能量，不包括扩大生产能力、调整产品结构等途径产生的节能效果。

2011年12月，国家发展改革委、教育部、工信部、财政部、住建部等12个部门联合发布《关于印发万家企业节能低碳行动实施方案的通知》（发改环资〔2011〕2873号），制定了万家企业总体节能目标，将25000

万吨标准煤的量化目标分解至各地区各主要行业的入选企业，并明确提出"研究建立万家企业节能量交易制度，开展相关试点工作"。

9.推进资源环境领域试点示范

（1）生态城市创建试点

21世纪以来，我国组织开展生态省、市、县创建活动。到2011年，15个省（自治区、直辖市）开展生态省建设，13个省颁布了生态省建设规划纲要，1000多个县（市、区）开展生态县建设。坚持典型引路、试点示范，因地制宜、循序渐进，全面开展生态省（区、市）、环境保护模范城市、环境优美乡村、环境友好企业、绿色社区等创建活动，着力打造生态文明建设的细胞工程，形成全社会共同推进建设生态文明和美丽中国的良好局面。

（2）循环经济试点

经国务院批准，国家发展和改革委员会、国家环保总局等六部门分别于2005年和2008年启动了两批循环经济国家试点，以减少资源消耗、降低废物排放和提高资源生产率。建立健全再生资源回收利用体系，形成资源循环利用的长效机制。按循环经济的发展理念规划、建设、改造产业园区。2011年10月，国家发展和改革委员会公布了包括区域、园区、企业3个层面、14个种类的60个循环经济典型模式，并入编全国干部培训教材科学发展观主题案例。"十二五"规划纲要整体布局了循环经济发展，并启动城市矿山再制造、餐厨垃圾、废旧物资回收体系、园区循环化改造等试点示范工程。与此同时，国家发展和改革委员会还启动了低碳试点，工信部开展了新型工业化基地试点，国土资源部进行了绿色开采、矿产资源综合利用等试点，交通运输部开展了两批低碳交通运输体系建设试点，试图通过试点积累经验，为我国的绿色低碳转型探索实现路径。

（3）节能减排示范

从"十一五"开始，我国制定提高能效20%和主要污染物减排10%的约束性指标，制定实施节能减排综合性工作方案；提高新建建筑节能标准，加快既有建筑的节能改造，推动可再生能源在建筑中的规模化应用；开展"车、船、路、港"千家企业低碳交通运输专项行动，大力发展绿色低碳交通试点；大力发展新能源，化石能源在能源消费总量中的比重逐步下降，可再生能源开发利用得到长足进步。其中，水电发展跃上新台阶，特别是太阳能利用广泛；2010年年底全国并网风电容量约为3000万千瓦，"十一五"期间年均增长94.75%，风电装机规模居世界第一；稳步发展核电，加大天然气开发利用，推进传统能源的清洁化利用，加大煤炭洗选加工比例，减少煤炭运输和直接燃烧利用。

（4）大规模生态保护工程

从1998年起，中国大规模投入资金进行生态保护工程及环保设施建设。"十五"期间，中国投入约70亿元实施以"天然林保护""退耕还林"为主的六大林业工程，取得显著效果。2009年，首次对国际社会承诺自愿降低碳强度和增加森林碳汇等量化指标。"十一五"期间，森林覆盖率达到20.36%，森林蓄积量为137亿立方米。

四、初建生态文明管理机构体系

经过了多轮机构改革，我国在这一阶段逐步形成了一套多部门分管、多层次决策实施、行政管理主导的资源环境管理机构体系。其中，资源环境保护综合规划和经济政策基本归属综合经济部门；资源保护职能则分散在环保、国土、农业、水利、林业、海洋等部门；污染防治的行政监督管理相对集中于环境保护部和各级地方政府的环境保护行政机构。中央及省级主要负责政策、规划制定和审批、监督等事项，市县级主要负责具体的实施和监管。初步为生态文明体制改革构建了自然资源资产管理及其市场机制，但产权主体不明晰，资产管理和行政管理没有区分，各种使用权复杂多变，有待进一步改革完善。

(一)综合经济部门的资源环境保护职能确立

21世纪以来，规划、经贸和财政等综合经济部门初步确立和扩展了资源与生态环境保护方面的规划协调、政策指导和预算安排等方面的职能，如逐步建立了综合经济部门对资源与生态环境保护领域规划和综合经济政策的拟定和管理职能，把资源与生态环境保护纳入国民经济与社会发展规划编制过程，纳入相关区域、产业规划和区域、产业政策的编制和拟订过程，纳入财政预算编制过程，并加强了综合经济部门对资源与生态环境保护领域技术、产业发展的规划指导和政策协调，如在1998年的机构改革中将原国家环保总局的环境保护产业政策和发展规划的职能交给国家经济贸易委员会（后并入国家发展和改革委员会）。原国家计划委员会于1998年更名为国家发展计划委员会，又于2003年将国务院原体改办和国家经贸委部分职能并入，改组为国家发展和改革委员会，扩展了其在主体功能区规划管理、循环经济发展、节能减排和应对气候变化等方面的综合规划、政策指导及其实施方面的职能。地方省、市各级综合经济部门也具有类似的规划、政策拟定和管理方面的职能。科学技术部、工业和信息化部、住房和城乡建设部、交通运输部等部门也有涉及该行业、领域的资源环境保护职能。

(二)资源管理机构职能加强

国土部门建立和强化了土地用途管制和耕地保护（特别是基本农田保护）、地质勘探采矿选矿等开发活动的监督管理、地质环境保护和矿山生态环境修复等方面的职能；农业部门建立和强化了农业生态环境监测和管理、生态农业建设和农业废弃物循环利用、草原生态和水生生态系统保护等方面的职能；林业部门建立和强化了森林和湿地生态系统及野生动植物保护和管理、沙漠化防治等方面的职能；水利部门建立和强化了水资源统一规划和管理、水资源保护和水土保持等工作的职能；海洋管理部门建立和强化了海域使用、海岛保护和海洋环境调查、监测、监督管理及海洋资源保护、海洋工程污染防治等方面的职能。

2008年的机构改革中，国土资源部强化了对资源的宏观调控、市场监管与集中统一管理的职能，具体变化为：

（1）进一步推进政事分开、政府与市场中介组织分开，明确"取消相关职业技能鉴定、颁证职责""将科技成果转化具体实施的职责交给事业单位和社会中介组织""将土地评估、矿业权评估、矿产资源储量评审机构和人员资质认定职责交给行业协会"。

（2）加强国土规划，进一步强化了宏观调控的职能。"加强国土规划、土地利用总体规划的整体控制作用"，进一步明确了负责编制国土规划的职责，强化了国土规划、土地利用总体规划这两个基础性规划的功能，同时也强化了国土规划的空间控制作用。另外，还进一步赋予了宏观调控的职能，明确了"开展国土资源经济形势分析，研究提出国土资源供需总量平衡的政策建议，参与国家宏观经济运行、区域协调、城乡统筹的研究，并拟订涉及国土资源的调控政策和措施"这一职责。

（3）更加强调国土资源优化配置，突出了资源性资产管理。根据中央关于建设科学合理的资源利用体系，提高资源利用效率的要求，更加强调了国土资源的优化配置。增加了"承担优化配置国土资源的责任""制定并组织实施国土资源领域资源节约集约利用和循环经济的政策措施""强化资源回采率和资源综合利用率的监管""矿产地储备"，以及"组织协调境外矿产资源勘查"等职责。同时，明确了"参与管理土地、矿产等资源性资产，参与管理国家出资形成的矿业权权益"，突出了资源性资产的管理职能。

（4）强化了土地、矿产资源管理的耦合度。在主要职责中，用"承担规范国土资源管理秩序的责任""承担优化配置国土资源的责任""负责规范国土资源权属管理""承担规范国土资源市场秩序的责任"等代替了过去土地、矿产资源管理分割式的表述方式，进一步明确了责任，也强化了市场监管职能。

（5）国务院设立国家土地总督察，授权国家土地总督察对各省、自治区、直辖市，以及计划单列市人民政府的土地利用和管理情况进行监督检查，落实耕地保护目标责任制，监督国家土地调控政策的实施。国家土地总督察对国务院负责。

（6）明确"管理国家海洋局、国家测绘局"及"管理中国地质调查局"，并明确了中国地质调查局"承担统一部署和组织实施国家基础性、公益性、战略性地质和矿产勘查的职责"。

国土资源部通过在地方派驻9个土地督察局，水利部通过在各重点流域水利委员会设立水资源保护局，海洋局通过在沿海设置的北海、东海和南海分局及海警队伍，包括海监、渔政等方面资源管理职能，建立和形成了海洋资源与生态环境监察和行政执法能力。地方政府在省、市、县三级普遍设立了国土（一般包括土地和矿产）、农业、水利、林业、海洋渔业等管理机构和监察、监测机构，部分省市在乡镇一级也设立了资源管理和保护资源的派出机构和专职管理人员。

国土、农业、水利、林业、海洋等自然资源管理部门依照法律规定，对各种自然资源财产权的确立、出让和转让进行管理，代表国家收取资源有偿使用费，并逐步区分自然资源行政管理和自然资源资产管理职能，建立和形成了土地、林地、草原、海域、矿产等不动产资源的登记体系，对纳入市场的资源资产建立了市场交易平台和相应的管理体系。例如，到 2012 年，国土资源部门在全国建立了 31 个省级矿业权交易机构，国土资源部还于当年 3 月发布试行了《矿业权交易规则》，明确规定矿业权出让交易必须在矿业权交易机构提供的固定交易场所或互联网交易平台进行。

（三）环境保护部门再次升格

2008 年 7 月（国办发〔2008〕73 号），国家环境保护总局升格为环境保护部，成为国务院组成部门。升格后的环境保护部强化环境保护行政和监督职能的同时，逐步扩展了综合管理和规划、政策协调的职能。其基本职能为：

（1）负责建立健全环境保护基本制度。拟订并组织实施国家环境保护政策、规划，起草法律法规草案，制定部门规章。组织编制环境功能区划，组织制定各类环境保护标准、基准和技术规范，组织拟订并监督实施重点区域、流域污染防治规划和饮用水水源地环境保护规划，按国家要求会同有关部门拟订重点海域污染防治规划，参与制定国家主体功能区划。

（2）负责重大环境问题的统筹协调和监督管理。牵头协调重特大环境污染事故和生态破坏事件的调查处理，指导协调地方政府重特大突发环境事件的应急、预警工作，协调解决有关跨区域环境污染纠纷，统筹协调国家重点流域、区域、海域污染防治工作，指导、协调和监督海洋环境保护工作。

（3）承担落实国家减排目标的责任。组织制定主要污染物排放总量控制和排污许可证制度并监督实施，提出实施总量控制的污染物名称和控制指标，督查、督办、核查各地污染物减排任务完成情况，实施环境保护目标责任制、总量减排考核并公布考核结果。

（4）负责提出环境保护领域固定资产投资规模和方向、国家财政性资金安排的意见，按国务院规定权限，审批、核准国家规划内和年度计划规模内固定资产投资项目，并配合有关部门做好组织实施和监督工作。参与指导和推动循环经济和环保产业发展,参与应对气候变化工作。

(5)承担从源头上预防、控制环境污染和环境破坏的责任。受国务院委托对重大经济和技术政策、发展规划以及重大经济开发计划进行环境影响评价,对涉及环境保护的法律法规草案提出有关环境影响方面的意见,按国家规定审批重大开发建设区域、项目环境影响评价文件。

(6)负责环境污染防治的监督管理。制定水体、大气、土壤、噪声、光、恶臭、固体废物、化学品、机动车等的污染防治管理制度,并组织实施,会同有关部门监督管理饮用水水源地环境保护工作,组织指导城镇和农村的环境综合整治工作。

(7)指导、协调、监督生态保护工作。拟订生态保护规划,组织评估生态环境质量状况,监督对生态环境有影响的自然资源开发利用活动、重要生态环境建设和生态破坏恢复工作。指导、协调、监督各种类型的自然保护区、风景名胜区、森林公园的环境保护工作,协调和监督野生动植物保护、湿地环境保护、荒漠化防治工作。协调指导农村生态环境保护,监督生物技术环境安全,牵头生物物种(含遗传资源)工作,组织协调生物多样性保护。

(8)负责核安全和辐射安全的监督管理。拟订有关政策、规划、标准,参与核事故应急处理,负责辐射环境事故应急处理工作。监督管理核设施安全、放射源安全,监督管理核设施、核技术应用、电磁辐射、伴有放射性矿产资源开发利用中的污染防治。

(9)负责环境监测和信息发布。制定环境监测制度和规范,组织实施环境质量监测和污染源监督性监测。组织对环境质量状况进行调查评估、预测预警,组织建设和管理国家环境监测网和全国环境信息网,建立和实行环境质量公告制度,统一发布国家环境综合性报告和重大环境信息。

(10)开展环境保护科技工作,组织环境保护重大科学研究和技术工程示范，推动环境技术管理体系建设。

（11）开展环境保护国际合作交流，研究提出国际环境合作中有关问题的建议，组织协调有关环境保护国际条约的履约工作，参与处理涉外环境保护事务。

（12）组织、指导和协调环境保护宣传教育工作，制定并组织实施环境保护宣传教育纲要，开展生态文明建设和环境友好型社会建设的有关宣传教育工作，推动社会公众和社会组织参与环境保护。

（13）承办国务院交办的其他事项。2006年开始组建环境保护的区域管理机构，在华东、华南、西北、西南、东北、华北6个区域组建了环保督查中心，其监管范围覆盖了内地31个省、直辖市、自治区。同年，分别组建东北和西北核与辐射安全监督站，扩建了北方、上海、广东、四川4个核与辐射安全监督站，承担所辖区域内的核与辐射安全监督管理工作。环境保护部对省环境保护行政主管机构实行以地方政府为主的双重领导，在一些省已经实行了市环境保护行政主管机构对县环境保护行政主管机构的直接管理。地方政府在省、市、县三级普遍设立了环境保护机构和监察、监测机构，部分省市在乡镇一级也设立了环境保护的派出机构和专职管理人员。一些地方还在污染物排放总量控制指标确定的基础上，设立了排污权交易的管理机构和机制。

五、胡锦涛的资源环境思想

胡锦涛同志把科学发展观作为党和国家的指导思想，主张转变经济发展方式，大力发展循环经济，并把生态文明理念纳入党的报告中，在全社会积极倡导资源节约型和环境友好型社会的构建。他的资源环境思想为社会主义生态文明思想奠定了坚实的基础，也指导了当时生态文明体制的初步改革。

（一）把科学发展观作为党和国家的指导思想

发展是人类永恒的主题，也是胡锦涛同志在资源环境建设中时刻关注的一个问题。中国共产党历来重视发展，视发展为党执政兴国的第一要务，但发展不能片面化，必须考虑到资源的消耗量和环境的可承受能力。长期以来，我们一直将发展简单地等同于经济增长，忽视了发展本身的综合性，比如在发展指标的衡量上，我国一直将 GDP 作为社会经济发展的核心和衡量标准，这种发展模式虽然有助于促进国民经济的快速起飞，但极易导致发展视野的狭隘化，给资源与环境问题的产生埋下不利诱因，导致我国环境压力逐年增大，工业"三废"无法得到有效控制，人均耕地占有量急剧下降。基于这一现实，胡锦涛同志从我国国情和当今时代特征出发，明确提出科学发展观的先进理念，通过强调以人为本，全面、协调与可持续的发展思想，为促进我国社会经济与资源环境建设的和谐共进奠定了基础。胡锦涛同志指出："必须切实提高经济增长的质量和效益，努力实现速度和结构、质量、效益相统一，经济发展和人口、资源、环境相协调，不断保护和增强发展的可持续性。"[①] 作为一个全新的理论体系，科学发展观推进了新世纪我国资源环境建设水平的不断提升。

（二）主张大力发展环保产业和循环经济

众所周知，当今资源环境恶化的一个重要根源，就在于不合理的经济发展方式，长期的高投入、高消耗直接导致了一系列资源环境问题的产生。因此，搞好资源环境建设，必须促进经济发展模式的转变。胡锦涛同志一直在寻求新的发展道路。进入新世纪，随着我国科技水平的不断提升，循环经济的发展模式逐渐成为胡锦涛转变经济发展方式的重要内容。2004 年，胡锦涛同志在江苏省考察时强调，各地区"在推进发展的过程中，要抓好资源的节约和综合利用，大力发展循环经济"。循环经济

---

① 胡锦涛：《胡锦涛论人口资源环境工作》，《当代贵州》，2005 年第 15 期。

一方面有助于促进资源节约,缓解我国能源紧缺的不利局面;另一方面也为解决我国的生态环境问题,维护生态平衡提供了重要途径。在循环经济的模式中,由于将生态设计、清洁生产、资源综合利用、绿色包装、绿色营销等途径融为一体,达到了废弃物的减量化、资源化和无害化,有助于减轻环境压力,提升生态环境水平。胡锦涛同志多次在各类会议上号召全社会以推进节能减排为重点和契机,大力发展循环经济,通过综合运用法律、经济、技术和必要的行政手段严格控制能源消耗和污染物排放量,实现"资源—产品—废弃物"的单向式过程向"资源—产品—废弃物—再生资源—再生产品"的反馈式过程转变,为我国资源环境建设的进一步发展提供保证。

(三)建设资源节约型与环境友好型社会

除了经济领域的努力之外,资源环境的建设还需要树立更加宏观的视野,需要整个社会系统的共同努力。为此,在坚持科学发展观的指导下,胡锦涛同志在社会类型的构建上又进一步提出了资源节约型与环境友好型社会的先进思想,并将其列为我国"十一五"规划的一项重要内容。在党的十七大报告中,胡锦涛同志指出:"必须把建设资源节约型、环境友好型社会放在工业化、现代化发展战略的突出位置。"[①] 积极促进资源节约型与环境友好型社会的构建,能够带动我国国民经济实现科学和可持续的发展,为解决我国的资源与环境问题奠定根基。胡锦涛同志认为:"坚持节约资源和保护环境的基本国策,关系人民群众切身利益和中华民族生存发展,必须把建设资源节约型、环境友好型社会放在工业化、现代化发展战略的突出位置,落实到每个单位、每个家庭。"[②] 资源节约型与环境友好型

[①] 胡锦涛:《高举中国特色社会主义伟大旗帜 为夺取全面建设小康社会新胜利而奋斗》,人民出版社,2007年版。
[②] 胡锦涛:《在中纪委第七次全体会议上的讲话》,《人民日报》,2007年1月13日。

社会为我国资源环境建设水平的提升构筑了社会基础。

(四)把生态文明理念纳入党的报告

人与自然的关系问题是胡锦涛同志的资源环境思想中最具理论内涵的组成部分。胡锦涛在推进科学发展,构建社会主义和谐社会的过程中极为关注人与自然关系的协调化与和谐化。党的十七大以来,胡锦涛同志在坚持以马克思主义理论为指导的前提下,在对人与自然关系的处理上实现了对前人观点的深化和总结,即从文明形态的高度,把生态文明理念纳入党的报告。在党的十七大报告中,胡锦涛指出:"建设生态文明,基本形成节约能源资源和保护生态环境的产业结构、增长方式、消费方式。"[①]这创造性地将我国的资源环境建设提升到了全党理论的高度,既丰富了人类文明的理论,也彰显了中国共产党搞好资源环境保护和建设的坚定信心和决心。

[①] 胡锦涛:《高举中国特色社会主义伟大旗帜 为夺取全面建设小康社会新胜利而奋斗》,人民出版社,2007年版。

第四章
迈向社会主义生态文明新时代

（2012—2017）

中国特色社会主义新时代是从党的十八大，也就是2012年开启的。同样，我国资源环境领域的体制改革也迈向社会主义生态文明新时代。进入新时代以来这五年，以习近平同志为核心的党中央把生态文明建设作为统筹推进"五位一体"总体布局和协调推进"四个全面"战略布局的重要内容，谋划开展了一系列富有根本性、长远性、开创性的工作，推动我国生态环境保护从认识到实践发生历史性、转折性、全局性变化，美丽中国建设迈出重要步伐，搭建了新时代生态文明体制改革的"四梁八柱"。但是，这一阶段我国资源环境保护仍滞后于经济社会发展，资源环境承载能力已经达到或接近上限，优质生态产品供给能力难以满足广大人民日益增长的需要，资源环境保护形势依然十分严峻，成为全面建成小康社会的明显短板。

一、新时代生态文明建设面临的形势

党的十八大以来，以习近平同志为核心的党中央把生态文明建设作为统筹推进"五位一体"总体布局和协调推进"四个全面"战略布局的重要内容，谋划开展了一系列富有根本性、长远性、开创性的工作，推动我国生态环境保护从认识到实践发生历史性、转折性、全局性变化，美丽中国建设迈出重要步伐。

（一）生态文明建设取得历史性成就

1. 思想认识程度之深前所未有

绿色发展理念日益深入人心。越来越多的地方把加强环境保护作为机遇和重要抓手，拓展新的发展空间、提升经济质量和城市竞争力。企业依法排污治污、保护环境的法治意识、主体意识正在形成。全社会关心环境、参与环保、贡献环保的行动更加自觉。

2. 主体功能区制度逐步健全

按照人口资源环境相均衡、经济社会生态效益相统一的原则，我国构建科学合理的城市化格局、农业发展格局、生态安全格局和自然岸线格局。强化土地用途管制，划定并严守生态红线。国土资源部发布《土地利用总体规划管理办法》，加强和规范土地利用总体规划管理，严格保护耕地，促进耕地的节约集约利用；严格执行城乡建设用地管制边界和管制区域，严禁在限制和禁止建设区内安排建设项目。产业布局向园区集中，以便接近原料、市场或配套生产，企业集群、生产集聚，促进了发展集约。推进国家公园体制改革，减少了"九龙治水"现象。符合生态文明理念的产业结构、生产方式和消费模式初步形成，体现了"生产空间集约高效、生活空间宜居适度、生态空间山清水秀"的要求。

3. 全面节约资源有效推进

加强生产全过程节约化管理，推动资源利用方式的根本转变，大幅降低了能源、水、土地消耗强度。大力发展循环经济，变废为宝，效仿食物链、延伸产业链，提升价值链，城市矿产、再制造、园区循环化改造取得预期效果。国家发展和改革委等13部委印发《循环发展引领行动》，将实施十大重大专项行动，包括园区循环化改造、工农复合型循环经济示范区建设、资源循环利用产业示范基地建设、工业资源综合利用产业基地建设、"互联网+"资源循环、京津冀区域循环经济协同发展、再生产品再制造产品推广、资源循环利用技术创新、循环经济创新试验区建设等；积极实施工业绿色发展战略，加强产业上下游间衔接耦合，推进工业集约发展。"互联网+"、人工智能、大数据等信息技术应用成果快速涌现，共享经济、电商等新产业、新业态层出不穷，成为经济发展新动力和增长点。据国家统计局研究，与2012年相比，2015年全国资源产出率提高20.9%，单位GDP能耗下降13.4%，资源消耗强度指数提高24.0个百分点。行动方案提出，力争到2020年，主要资源产出率比2015年提高15%，主要废弃物循环利用率达54.6%左右。一般工业固体废物综合利用率达73%，农作物秸秆综合利用率达85%，75%的国家级、50%的省级园区开展循环化改造，资源节约型、环境友好型社会雏形显现。

4. 生态环境治理明显加强

国务院发布实施大气、水、土壤污染防治三大行动计划，坚决向污染宣战。2016年，京津冀、长三角、珠三角三个区域细颗粒物（PM2.5）平均浓度与2013年相比都下降30%以上。全国酸雨面积占国土面积比例由历史高点的30%左右下降到了7.2%。地表水国控断面I~III类水体比例增加到67.8%，劣V类水体比例下降到8.6%。加大化解钢铁、煤炭等过剩产能和淘汰落后产能工作力度。能源消费结构发生积极变化，成为世界利用新能源、可再生能源第一大国。环境基础设施建设加速推进，成为全世界污水处理、垃圾处理能力最强的国家。5.7亿千瓦燃煤机组完成节能和超低排放改造，2014—2016年累计淘汰黄标车和老旧车1620多万辆。10.8万个村庄开展农村环境综合整治，1.9亿农村人口受益。国家林业局组织实施十大生态修复工程，构筑十大生态安全屏障，发展十大绿色富民产业，对生态文明建设不可或缺。推进实施生物多样性保护重大工程，启动首批山水林田湖生态保护工程试点，各类自然生态系统服务功能得到提升。森林覆盖率由21世纪初的16.6%提高到22%左右。共建成2750处自然保护区，总面积约占陆地国土面积的14.9%，高于世界平均水平。

5. 生态文明制度体系加快建设

党中央对生态文明建设作出顶层设计和总体部署，纳入中国特色社会主义建设"五位一体"总体布局。源头严防、过程严管、后果严惩的生态文明制度逐渐完善。中共中央、国务院先后印发了《关于加快推进生态文明建设的意见》《生态文明体制改革总体方案》，确立了我国生态文明建设的总体目标和生态文明体制改革总体方案，提出要构建起由自然资源资产产权制度、国土空间开发保护制度、空间规划体系、资源总量管理和全面节约制度、资源有偿使用和生态补偿制度、环境治理体系、环境治理和生态保护市场体系、生态文明绩效评价考核和责任追究制度等八项制度构成的生态文明制度体系。中央全面深化改革领导小组审议通过40多项生态文明和环境保护具体改革方案。继18亿亩耕地红线划定之后，水、环境、生态等的基线、上限、红线陆续划出，以便给自然留下更多修复空间，给农业留下更多良田，给子孙后代留下天蓝、地绿、水净的美好家园。没有制度安排，生态文明建设难以保障。

6. 环保法制建设不断健全

《环境保护法》《大气污染防治法》《水污染防治法》《环境影响评价法》《核安全法》《环境保护税法》等法律完成修订，《土壤污染防治法》已进入全国人大常委会立法审议程序。特别是被称为"史上最严"的新《环境保护法》（全文请见文后附件9）从2015年开始实施，在打击环境违法行为方面力度空前。各级环保部门下达行政处罚决定份数和罚款数额大幅增长，查封扣押、停产限产、按日连续处罚成为遏制环境违法行为的重要手段和有力武器。针对一些地方履职不到位、环境质量持续恶化等问题，环境保护部公开约谈40多个市（州、县）。最高人民法院、最高人民检察院出台办理环境污染刑事案件的司法解释，北京、陕西、河北等9个省（市）组建环境警察队伍，环境司法保障得到切实加强。环境诉讼的司法解释和指导案例相继发布，促进生态文明司法的专门化。

7. 形成生态文明政绩观

转变长期以来追求"GDP至上"的政绩观，领导干部"关键少数"十分重要。2016年12月，《生态文明建设目标评价考核办法》印发，确定对各省（区、市）实行年度评价、五年考核制度，并作为党政领导综合考核评价、干部奖惩任免的依据。对那些不顾生态环境盲目决策、造成严重后果的干部，实行终身追究制度。开展四批中央环境保护督察，实现31个省（区、市）全覆盖，问责1.8万余人，有力落实环保"党政同责""一岗双责"，推动解决了一大批突出环境问题。中央环境保护督察工作影响很大，效果很好，做到了问题解决中央满意、地方服气、百姓点赞。2017年7月，中办、国办就甘肃祁连山国家级自然保护区生态环境问题发出通报，深刻剖析了"不作为、不担当、不碰硬"，"没有站在政治和全局的高度"，"监管层层失守"，"弄虚作假、包庇纵容"等生态破坏的根源，包括3名副省级干部在内的几十名领导干部被问责，不仅以儆效尤，使地方领导干部真正意识到生态环境保护的分量，不能吃祖宗饭、断子孙路，还有利于形成正确的政绩观和价值取向。

8. 生态文明理念走向世界

追求天人合一，是中华文明的精髓，也是生态文明建设的基本遵循。生态文明从不被外国人理解、国外文献主要是中国作者发表，到被国际社会采纳，世界可持续发展中的中国智慧逐步彰显。2013年2月，联合国环境规划署第27次理事会通过了推广中国生态文明理念的决定草案；2015年12月，《联合国气候变化框架公约》196个缔约方通过《巴黎协定》，中国不仅是《巴黎协定》达成的重要推动力量,也是坚定的履约国。中国向国际社会宣布,2030年左右使二氧化碳排放达到峰值并争取尽早实现,2030年单位国内生产总值二氧化碳排放比2005年下降60%~65%,非化石能源占一次能源消费的比重达到20%左右,森林蓄积量比2005年增加45亿立方米左右。推动建立公平合理的全球气候变化治理格局,树立了负责任的大国形象;2016年,联合国环境规划署发布《绿水青山就是金山银山:中国生态文明战略与行动》报告,表明生态文明中国智慧得到国际组织的认同和支持。完善"一带一路"环境合作机制,强化"走出去"企业的环境意识,积极推进沿线国家在环保基础设施、绿色低碳技术、装备与产业等方面的合作。

总的来看,新时代前五年,我国生态文明建设取得了历史性成就,位势高了、抓手多了、合力大了,很多过去不敢想、不敢做的事情,现在想到了、干成了。这为我们在新的起点上进一步推动工作奠定了基础、增强了信心。

(二)资源环境约束日趋严峻

但是,这一阶段我国资源环境保护仍滞后于经济社会发展,资源环境承载能力已经达到或接近上限,优质生态产品供给能力难以满足广大人民日益增长的需要,资源环境保护形势依然十分严峻,成为全面建成小康社会的明显短板。

1.我国能源资源先天不足,人均占有量低,且分布不均衡,浪费较为严重

石油、天然气人均资源量仅为世界平均水平的1/15左右;水资源人均占有量仅为世界平均水平的1/4左右;森林人均占有量仅为世界平均水平的1/5左右。2017年,我国能源消费总量为44.9亿吨标准煤,位列世界第一,占世界总量20%以上。能源对外依存度不断攀升,2017年中国国内

石油净进口量约为3.96亿吨,同比增长10.8%,对外依存度达到67.4%;2017年中国进口天然气955.47亿立方米,同比增长27%,对外依存度达到38.4%,而且我国能源利用效率低下,我国单位国内生产总值能耗约为世界平均水平的2.5倍。可再生能源存在浪费较为严重的情况,2017年弃水电量515亿千瓦时,弃水率约4%;弃风电量419亿千瓦时,弃风率12%;弃光电量73亿千瓦时,弃光率6%。我国水资源年均缺水量超过500多亿立方米,缺口超过8%。全国657个城市中有400多个缺水,170个城市严重缺水。我国水资源短缺已成为常态。我国人均耕地面积已由1996年的1.59亩减少到2017年的1.46亩,逼近保障我国农产品供给安全的红线。全国每年建设用地缺口达50%以上。

2. 我国环境状况局部有所改善,但整体恶化的趋势尚未得到根本扭转

发达国家一二百年工业化过程中分阶段出现并逐步解决的环境问题在我国快速发展的40年时间里,特别是近10年集中显现,呈结构型、压缩型、复合型特点,增加了环境问题治理的难度。2016年,我国化学需氧量、二氧化硫、氮氧化物排放量均在2000万吨左右,已经接近或者超过环境容量。大气方面,2016年,全国338个城市中,仅有84个达标,占比不足1/4。PM2.5、PM10浓度平均超标34.3%、17.1%,京津冀及周边地区部分城市PM2.5平均浓度超标1倍以上。臭氧(O_3)已经成为多个城市夏季的主要大气污染物。冬季重污染天气多发,影响范围大、污染程度重、持续时间长,给人民群众生产生活带来严重影响。水方面,部分区域流域污染仍然较重,重点湖库富营养化问题突出。全国排查出城市黑臭水体2100个。地下水监测点位水质较差或极差的占60%。全国污水处理设施管网配套、污泥处理等问题严重,仍有大量污水直排。土壤方面,全国土壤环境状况总体不容乐观,全国土壤点位总超标率为16.1%。耕地土壤环境质量堪忧,工矿业废弃地土壤环境问题突出。部分从事有色金属冶炼、化工、

电镀、制革等行业企业用地成为遗留污染地块，再开发利用环境风险较大。

3. 我国山水林田湖草缺乏统筹保护，生态受损严重

中度以上生态脆弱区域占全国陆地国土面积的55%，荒漠化和石漠化土地占国土面积的近20%。森林系统低质化、森林结构纯林化、生态功能低效化、自然景观人工化趋势加剧，每年违法违规侵占林地约200万亩，全国森林单位面积蓄积量只有全球平均水平的69%。全国草原生态总体恶化局面尚未根本扭转，中度和重度退化草原面积仍占1/3以上，已恢复的草原生态系统较为脆弱。全国湿地面积近年来每年减少约510万亩，全国水土流失面积达295万平方公里，占国土面积的30.7%。生物多样性受到严重威胁，濒危物种增多，900多种脊椎动物、3700多种高等植物生存受到威胁。资源过度开发利用导致生态破坏问题突出，生态空间不断被蚕食侵占，一些地区生态资源破坏严重，系统保护难度加大。2005—2015年年均发生森林火灾7600多起，森林病虫害发生面积1.75亿亩以上。近年来，年均截获有害生物达100万批次，动植物传染及检疫性有害生物从国境口岸传入风险高。

（三）经济增长与资源环境的矛盾激化

改革开放40年来，我国经济增长虽然取得巨大成就，但是产业结构偏重、能源结构偏黑、产业布局偏乱，环境治理体系与治理能力尚待现代化，城乡差异、区域差异较大，与发达国家"历史同期"相比差距较大。

1. 我国工业化、城镇化、农业现代化的任务尚未完成，发展与保护的矛盾依然十分突出

经济总量增长与污染物排放总量增加尚未脱钩，污染物新增量依然处于高位，使生态环境压力持续增加。研究表明，城镇人均生活能耗是农村人均水平的1.54倍，未来城镇化率每提高1个百分点，将增加生活垃圾1200万吨、生活污水11.5亿吨，消耗8000万吨标准煤。

2. 进一步推进环境治理和质量改善的各项工作艰巨复杂

环境质量改善是一个伴随着经济结构调整和治理水平提高而逐步实现的过程。相比一些发达国家，我国是在较低的收入水平上解决更为复杂的环境问题，能源和经济发展阶段差距较大，治理的复杂性和难度更大。随着环境治理措施深入推进，留下的很多环境问题是难啃的硬骨头，复杂性在增加，解决的难度也在加大。

3. 区域城乡统筹不均衡，产业转移带来环境压力加大

我国区域经济社会发展进程不一、梯度差异鲜明、产业区域性转移特征突出。东南沿海地区总体进入工业化后期，环境质量相对领先；中西部地区处于工业化中后期阶段，承接大量东部地区相对落后产业，加剧了环境压力。此外，城市污染企业出现向农村转移的趋势，低层次业态大量进入农村地区集聚，由此带来的农村环境问题已非常突出。

4. 与发达国家经济发展水平类似的"历史同期"相比，我国经济发展的质量差距很大

2020年我国人均GDP预计将达到1.1万~1.2万美元左右（以2010年为基期），以此指标衡量，我国2020年经济发展情境大致相当于美国1975—1980年、日本1978—1985年、欧盟1979—1986年左右的"历史同期"水平，滞后欧美发达国家35~40年。在大气环境质量方面，2017年我国PM10浓度平均为82微克/立方米，PM2.5平均为47微克/立方米，"历史同期"发达国家PM10平均约为44微克/立方米，PM2.5年均浓度为18~25微克/立方米。我们要在2020年达到发达国家"历史同期"平均水平，需降低50%左右，难度极大。在水环境质量方面，"历史同期"OECD主要国家水质相当于I~III类河流比例与我国基本相当甚至略低，但劣V类河流比例明显低于我国，甚至没有劣V类水体。而我国除了劣V类河流外，还有城市黑臭水体，面临的治理任务十分艰巨。

二、"五位一体"中的生态文明与绿色发展新理念

十八大把生态文明建设放在突出地位,把生态文明建设纳入中国特色社会主义事业总体布局。这标志我国正式迈向社会主义生态文明新时代。十八届三中全会更进一步提出要全面深化生态文明体制改革,十八届四中全会又明确了生态文明体制改革的立法要求,《关于加快推进生态文明建设的意见》《生态文明体制改革总体方案》则为深化生态文明体制改革规划了任务、目标、具体措施及改革方案。党对生态文明认识的不断深化为体制改革提供了理论依据。十八届五中全会将绿色发展列为五大发展理念之一。

(一)"五位一体"中的生态文明

1. 十八大把生态文明建设放在突出地位

2012年11月,十八大报告提出:"建设生态文明,是关系人民福祉、关乎民族未来的长远大计。面对资源约束趋紧、环境污染严重、生态系统退化的严峻形势,必须树立尊重自然、顺应自然、保护自然的生态文明理念,把生态文明建设放在突出地位,融入经济建设、政治建设、文化建设、社会建设各方面和全过程,努力建设美丽中国,实现中华民族永续发展。"生态文明建设不像经济建设、政治建设、文化建设和社会建设等,具有明确的、独立的边界,它或渗透于经济建设、政治建设、文化建设和社会建设之中,或贯穿于经济建设、政治建设、文化建设和社会建设之间。生态文明在"五位一体"中具有基础性作用,生态文明就如同一条"红线"贯穿于中国特色社会主义道路中,将经济建设、政治建设、文化建设、社会建设紧密联系起来,形成一个有机整体。十八大对生态文明建设高度重视,将其作为我党的执政新理念。这具体体现在四个"第一次"上:第一次在党的报告中确立了生态文明建设与经济、政治、文化、社会四大建设并列的高度;第一次把生态文明作为建设中国特色社会主义的

"五位一体"的总布局之一;第一次在党的报告中用一个单设的篇章部分来论述生态文明建设;第一次将生态文明建设作为中国特色社会主义事业总体布局的重要组成部分写入党章。2013年2月,联合国环境规划署第27次理事会通过了推广中国生态文明理念的决定草案,标志着中国提出生态文明的理论在国际社会得到认同与支持。(党的十八大报告中生态文明相关内容请见文后附件7)

2. 十八届三中全会指明了生态文明体制改革的方向

2013年11月,十八届三中全会贯彻落实十八大关于全面深化改革的战略部署。全会通过的《中共中央关于全面深化改革若干重大问题的决定》具体部署了生态文明体制改革工作,指出:"紧紧围绕建设美丽中国深化生态文明体制改革,加快建立生态文明制度,健全国土空间开发、资源节约利用、生态环境保护的体制机制,推动形成人与自然和谐发展现代化建设新格局。"全面设计了系统完整的生态文明制度体系,用制度保护生态环境的改革思路,从健全自然资源资产产权制度和用途管制制度、实行严格的自然资源开发保护制度、实行资源有偿使用制度和生态补偿制度、改革生态环境保护管理体制等四个方面作了具体规定。(《中共中央关于全面深化改革若干重大问题的决定》中生态文明相关内容请见文后附件8)

3. 十八届四中全会构建了生态文明法律制度

2014年10月,十八届四中全会贯彻落实十八大关于加快建设社会主义法治国家的战略部署。全会通过的《中共中央关于全面推进依法治国若干重大问题的决定》具体勾画了生态文明法律制度工作,指出:"用严格的法律制度保护生态环境,加快建立有效约束开发行为和促进绿色发展、循环发展、低碳发展的生态文明法律制度,强化生产者环境保护的法律责任,大幅度提高违法成本。建立健全自然资源产权法律制度,完善国土空间开发保护方面的法律制度,制定完善生态补偿和土壤、水、大气污染防治及海洋生态环境保护等法律法规,促进生态文明建设。"(《中共中央关于全面推进依法治国若干重大问题的决定》中生态文明相关内容请见文后附件10)

4.《生态文明体制改革总体方案》推出体制改革"组合拳"

2015年9月,中共中央政治局召开会议,审议通过了《生态文明体制改革总体方案》。《总体方案》主要内容可以用"6+6+8"概括,"6"是6大理念,即树立尊重自然、顺应自然、保护自然的理念,发展和保护相统一的理念,绿水青山就是金山银山的理念,自然价值和自然资本的理念,空间均衡的理念,山水林田湖是一个生命共同体的理念;再加一个"6"是6个原则,即坚持正确改革方向,坚持自然资源资产的公有性质,坚持城乡环境治理体系统一,坚持激励和约束并举,坚持主动作为和国际合作相结合,坚持鼓励试点先行和整体协调推进相结合;"8"就是8个支柱、8个制度,即自然资源资产产权制度,国土空间开发保护制度,空间规划体系,资源总量管理和全面节约制度,资源有偿使用和生态补偿制度,环境治理体系,环境治理和生态保护的市场体系,生态文明绩效评价考核和责任追究制度。《总体方案》之外还有6个方面的配套政策,这一系列的政策构成了一整套生态文明体制改革的"组合拳"。这标志着我国生态文明体制改革进入了具体操作实施阶段。(《中共中央国务院生态文明体制改革总体方案》请见文后附件12)

(二)绿色发展新理念

"绿色发展"是联合国计划开发署在2002年发表的一个文件中第一次提出来的。绿色发展是在生态环境容量和资源承载力约束条件下,将生态环境保护作为可持续发展支柱的新型发展模式。绿色发展包含四层意思,即生态健康、环境绿化、社会公平、人民幸福。绿色发展是一种全新的发展理念,其基本目标不仅在于发展,而且还要在发展的基础上更加注重环境保护、资源节约、可持续等长远发展所需。绿色发展理念下人们更加注重效率,这里的效率也包含了资源利用率,尽可能少地从自然环境中攫取资源,同时对于已经获得的资源又要最大限度地将其利用。绿色发展将环境的承载能力放在更加重要的位置,维持环境健康和生态和谐是发展中始终遵循的目标原则。绿色发展理念在维护生态自然环境和谐,践行生态文明理念的过程中协调人类生存发展与自然规律的和谐统一。在这种发展方式的整合下人们才能最终实现健康的发展。

2015年3月24日,中共中央政治局召开会议审议通过《关于加快推进生态文明建设的意见》。这份《意见》是在党的十八大和十八届三中、四中全会对生态文明建设作出顶层设计和总体部署的基础上,对今后一个时期提出了"建设美丽中国"的任务、目标和具体措施。《意见》提出:"生态文明建设事关实现'两个一百年'奋斗目标,事关中华民族永续发展,是建设美丽中国的必然要求,对于满足人民群众对良好生态环境新期待、形成人与自然和谐发展现代化建设新格局,具有十分重要的意义。"《意见》还明确提出了"建设美丽中国"的驱动力,在原有的"四化协同"的基础上升级为"五化协同"——协同推进新型工业化、城镇化、信息化、农业现代化和绿色化。(《中共中央 国务院关于加快推进生态文明建设的意见》请见文后附件11)

2015年11月,党的十八届五中全会通过的《中共中央关于制定国民经济和社会发展第十三个五年规划的建议》,对我国"十三五"经济社会发展全局进行顶层设计和战略谋划,要求必须牢固树立创新、协调、绿色、开放、共享的五大发展理念,这是关系我国发展全局的发展理论重大创新。《建议》进一步确立了生态文明建设在"十三五"经济社会发展中的战略地位,要求坚持节约资源和保护环境的基本国策,坚定走生产发展、生活富裕、生态良好的文明发展道路,并提出了与全面建成小康社会相适应、实现"生态环境质量总体改善"的目标,使绿色发展成为实现建成全面小康社会奋斗目标和推进现代化建设的重要引领之一。(《中共中央关于制定国民经济和社会发展第十三个五年规划的建议》中生态文明相关内容请见文后附件13)

(三)生态文明建设与绿色发展的关系

党的十八大报告中明确提出要把生态文明理念融入经济建设、政治建设、文化建设、社会建设当中,生态文明理念应当成为当前我们发展中的根本指导理念和精神内涵。生态文明是一种发展理念,而绿色发展则是践行这种理念的具体发展方式。生态文明要求人与自然和谐相处,人类在实现自我发展的同时应当处理好与自然界的和谐相处关系。而绿色发展要求我们在发展过程中应当秉承绿色环保的思想,发展不但不能破坏环境,而且还要促使环境更加健康。这种处理人类社会与环境保护之间关系的方式,本身就是对生态文明理念的践行。从这个角度看,绿色发展是以生态文明理念为精神内涵的。

生态文明作为一种文明形态若要实现对人类社会的推动作用必须需要一个支撑,将理念转化为具体的制度、现实的技术、鲜活的文化。而绿色发展就是践行这种理念的支撑。生态文明是一种文明形态,它带有明显的广义性,因此这种文明形态内部还包含诸多构成因素。例如指导理念、实现方式、协调机制等等,而绿色发展就是将这种理念转变为现实的具体方式。

迄今为止我们的发展仍然是不可持续的,仍然是非绿色的。我国30多年来的发展是粗放式、高能耗、低效益、重污染的发展,由这样的发展转向真正可持续的发展需要经历一个痛苦的、长期的转型过程。如果真正实现了绿色发展,那就意味着真正建成了生态文明,所以追求绿色发展与建设生态文明具有内在一致性。

建设生态文明是一场全方位、系统性、根本性的绿色变革，必然带来生产方式、生活方式、思维方式和价值观念的深刻调整。推进绿色变革，必须理念先行。绿色发展是对生态文明体制改革理念的集中概括和升华。要用与绿色化相适应的思维方式加深理解，提高认识。

通过科技创新推动绿色发展。绿色发展需要绿色技术支撑，科技创新是重要的驱动源泉。应当结合深化科技体制改革，建立符合生态文明建设领域科研活动特点的管理制度和运行机制，建立面向人才、研发、产品、市场的全方位绿色创新支撑体系。应当强化企业在技术创新中的主体作用，同时在新能源开发利用技术、资源循环利用技术、绿色装备制造、绿色建筑、海绵城市、大数据应用等方面加大投入和政策扶持力度，全面促进资源节约、循环高效使用。应当加强相关重大科学技术和生态文明基础研究，开展资源环境领域关键技术和前沿技术攻关，让创新驱动在绿色转型中成为持久的推动力。

通过调整优化产业结构推进生产方式绿色化。调整优化产业结构是绿色发展的重要环节。加快传统产业升级换代步伐，形成循环、低碳的新型产业结构，推动战略性新兴产业和先进制造业健康发展，发展壮大服务业。实现生产方式"绿色化"需要着重三个方面的工作：第一，进一步调整政府职能，加强市场机制在生产方式"绿色化"中的作用；第二，建立人才培养和研发的科技支撑体系，为生产方式"绿色化"提供持久的创新动力；第三，加快绿色金融体系建设步伐，从税收优惠、商业贷款优惠以及引导风险投资等方面拓宽融资渠道，切实缓解中小型绿色企业的资金约束问题。

通过发展绿色产业加快培育新的经济增长点。按照"十三五"规划建议推动绿色产业集聚，延长产业链，提升价值链。大力发展节能环保产业，以推广节能环保产品拉动消费需求，以增强节能环保工程技术能力拉动投资增长,形成新的绿色支柱产业。充分发挥市场的激励作用,多渠道引导社会资金投入,推动新能源和可再生能源产业发展。应当因地制宜、实事求是地结合扶贫工作,在"老、少、边、穷"地区积极发展有机农业、生态农业、林业经济等,推进绿色现代服务业和生态旅游等生态产业加快发展。

三、新时代生态文明体制改革的"四梁八柱"

虽然资源环境领域的改革早于其他领域的改革,但是改革开放以来,资源环境领域的改革,相对于其他方面的改革总体上是滞后的。重要原因是缺乏顶层设计。生态文明体制改革一直坚持摸着石头过河和顶层设计相结合,而这个阶段生态的系统性、资源的稀缺性加上环境污染的严重性,已经迫使中国不能够仅仅靠摸着石头过河,需要把生态文明体制这个大厦的四梁八柱立起来。因此,2015年9月,中共中央、国务院印发的《生态文明体制改革总体方案》提出了生态文明的八大制度,实际上就是生态文明体制方面的四梁八柱,有了四梁八柱,各个部门、各个方面可以在此基础上添砖加瓦,真正建立起生态文明体制大厦。这份《总体方案》明确了要在2020年前构建起由自然资源资产产权制度、国土空间开发保护制度、空间规划体系、资源总量管理和全面节约制度、资源有偿使用和生态补偿制度、环境治理体系、环境治理和生态保护市场体系、生态文明绩效评价考核和责任追究制度等八项制度构成的生态文明制度体系。

(一)健全自然资源资产产权制度

绿色发展领域首要解决的问题是要健全自然资源资产产权制度。自然资源资产产权制度是绿色发展中根本性、关键性的制度,是管根本、管长远、管全局的制度。十八届三中全会明确提出,对水流、森林、山岭、草原、荒地、滩涂等自然生态空间进行统一确权登记,形成归属清晰、权责明确、监管有效的自然资源资产产权制度。建立自然资源资产产权制度是一项涉及面极大的系统性工程，我国出台了一系列政策来逐步建立与完善这项制度。

2015年9月，中共中央、国务院印发的《生态文明体制改革总体方案》中指出，构建归属清晰、权责明确、监管有效的自然资源资产产权制度，着力解决自然资源所有者不到位、所有权边界模糊等问题。

2016年11月1日，中央全面深化改革领导小组第29次会议审议通过了《自然资源统一确权登记办法（试行）》。2016年12月20日，国土资源部、中央编办、财政部、环境保护部、水利部、农业部、国家林业局印发《自然资源统一确权登记办法（试行）》。坚持资源公有、物权法定和统一确权的原则，对水流、森林、山岭、草原、荒地、滩涂以及探明储量的矿产资源等自然资源的所有权统一进行确权登记，形成归属清晰、权责明确、监管有效的自然资源资产产权制度。要坚持试点先行，以不动产登记为基础，依照规范内容和程序进行统一登记。

2016年12月5日，习近平主持召开中央全面深化改革领导小组第30次会议审议通过《关于健全国家自然资源资产管理体制试点方案》。会议指出，健全国家自然资源资产管理体制，要按照所有者和管理者分开和一件事由一个部门管理的原则，将所有者职责从自然资源管理部门分离出来，集中统一行使，负责各类全民所有自然资源资产的管理和保护。要坚持资源公有和精简统一效能的原则，重点在整合全民所有自然资源资产所有者职责，探索中央、地方分级代理行使资产所有权，整合设置国有自然资源资产管理机构等方面积极探索尝试，形成可复制可推广的管理模式。

2016年12月29日，国务院印发《关于全民所有自然资源资产有偿使用制度改革的指导意见》。通过这项改革，到2020年，基本建立产权明晰、权能丰富、规则完善、监管有效、权益落实的全民所有自然资源资产有偿使用制度，使全民所有自然资源资产使用权权利体系更加完善，市场配置资源决定性作用和政府的服务监管作用充分发挥，所有者和使用者权益得到切实维护，自然资源保护和合理利用水平显著提升，自然资源开发利用和保护的生态、经济和社会效益实现有机统一。

2017年1月11日，中共中央办公厅、国务院办公厅印发了《关于创新政府配置资源方式的指导意见》。《意见》指出，要健全国家自然资源资产管理体制。区分自然资源资产所有者和监管者职能，健全国家自然资源资产管理体制，依照法律规定，由国务院代表国家行使所有权，探索建立分级代理行使所有权的体制。

十九大再次强调要"设立国有自然资源资产管理和自然生态监管机构，完善生态环境管理制度，统一行使全民所有自然资源资产所有者职责"。这项制度在2018年的国家机构改革中落实。

（二）建立国土空间开发保护制度

2013年，《中共中央关于全面深化改革若干重大问题的决定》提出，要"建立空间规划体系，划定生产、生活、生态开发管制边界，落实用途管制"，以及"完善自然资源监管体制，统一行使国土空间用途管制职责"。2015年9月，中共中央、国务院印发的《生态文明体制改革总体方案》中指出，构建以空间规划为基础、以用途管制为主要手段的国土空间开发保护制度，着力解决因无序开发、过度开发、分散开发导致的优质耕地和生态空间占用过多、生态破坏、环境污染等问题。十九大报告中指出：构建国土空间开发保护制度，完善主体功能区配套政策，建立以国家公园为主体的自然保护地体系。

2012—2017年的具体政策与工作进展如下：

1. 综合规划国土空间开发保护制度

2017年2月，国务院印发《全国国土规划纲要（2016—2030年）》。这是我国首个国土空间开发与保护的战略性、综合性、基础性规划,对涉及国土空间开发、保护、整治的各类活动具有指导和管控作用。《纲要》指出,要贯彻区域发展总体战略和主体功能区战略,对国土空间开发、资源环境保护、国土综合整治和保障体系建设等作出总体部署与统筹安排。要进一步优化国土开发格局、提升国土开发质量、规范国土开发秩序;优化生产、生活、生态空间,推进生态文明建设,完善国土空间规划体系和提升国土空间治理能力。提出了加快构建"安全、和谐、开放、协调、富有竞争力和可持续发展的美丽国土"的总体目标。到2030年,国土空间开发格局不断优化,整体竞争力和综合国力显著增强,国土开发强度不超过4.62%,城镇空间控制在11.67万平方千米以内。城乡区域协调发展取得实质进展,国土开发的协调性大幅提升。资源节约型、环境友好型社会基本建成,可持续发展能力显著增强,单位国内生产总值能耗和用水量大幅下降,坚守耕地"红线",建成高标准农田12亿亩,新增治理水土流失面积94万平方千米以上。基础设施体系趋于完善,资源保障能力和国土安全水平不断提升,用水总量控制在7000亿立方米以内。海洋开发保护水平显著提高,建设海洋强国目标基本实现。国土空间开发保护制度更加完善,由空间规划、用途管制、差异化绩效考核构成的空间治理体系更加健全。部署了全面协调和统筹推进国土集聚开发、分类保护、综合整治和区域联动发展的主要任务。一是构建"多中心网络型"开发格局,推进建设国土开发集聚区和培育国土开发轴带。二是构建分类分级全域保护格局,依据环境质量、人居生态、自然生态、水资源和耕地资源5大类资源环境主题实施分类保护。三是构建综合整治格局,修复与提升主要城市化地区、农村地区、重点生态功能区、矿产资源开发集中区及海岸带和海岛地区的国土功能。《纲要》提出,要强化国土空间用途管制,提升能源资源保障能力,设置"生存线",严格保护耕地和水资源;设置"生态线",将用途管制扩大到所有自然生态空间；设置"保障线"，保障经济社会发展必要的建设用地、能源和重要矿产资源安全。

2. 完善主体功能区制度

2012年11月，十八大报告明确提出优化国土空间开发格局，就是要加快实施主体功能区战略，推动各地区严格按照主体功能定位发展，构建科学合理的城市化格局、农业发展格局、生态安全格局。至此，主体功能区规划正式升格为主体功能区战略。2013年，《中共中央关于全面深化改革若干重大问题的决定》明确提出，"坚定不移实施主体功能区制度，建立国土空间开发保护制度。"2015年9月，中共中央、国务院印发的《生态文明体制改革总体方案》中指出，统筹国家和省级主体功能区规划，健全基于主体功能区的区域政策，根据城市化地区、农产品主产区、重点生态功能区的不同定位，加快调整完善财政、产业、投资、人口流动、建设用地、资源开发、环境保护等政策。2016年3月，国家"十三五"规划纲要，第十篇"加快改善生态环境"中，设立"加快建设主体功能区"专章，提出推动主体功能区布局基本形成、健全主体功能区配套政策体系、建立空间治理体系。2017年8月，中央全面深化改革领导小组第38次会议审议通过的《关于完善主体功能区战略和制度的若干意见》指出："建设主体功能区是我国经济发展和生态环境保护的大战略。完善主体功能区战略和制度，发挥主体功能区作为国土空间开发保护基础制度作用，推动主体功能区战略格局在市县层面精准落地，健全不同主体功能区差异化协同发展长效机制，加快体制改革和法治建设，优化国土空间开发保护格局、创新国家空间发展模式。"十九大报告提出，"主体功能区制度逐步健全""构建国土空间开发保护制度，完善主体功能区配套政策"。

在国家主体功能区规划颁布后，各省市陆续出台省级层面的主体功能区规划。在按照开发方式细述各类区域的同时，按照开发内容确立了区域发展的整体布局。

3. 健全国土空间用途管制制度

2013年,《中共中央关于全面深化改革若干重大问题的决定》首次明确提出"建立空间规划体系,划定生产、生活、生态空间开发管制界限,落实用途管制""完善自然资源监管体制,统一行使所有国土空间用途管制职责"的总体要求。2015年4月,中共中央、国务院出台《关于加快推进生态文明建设的意见》,强调要"健全自然资源资产产权制度和用途管制制度";9月,中共中央、国务院印发的《生态文明体制改革总体方案》中指出,简化自上而下的用地指标控制体系,调整按行政区和用地基数分配指标的做法。将开发强度指标分解到各县级行政区,作为约束性指标,控制建设用地总量。将用途管制扩大到所有自然生态空间,划定并严守生态红线,严禁任意改变用途,防止不合理开发建设活动对生态红线的破坏。完善覆盖全部国土空间的监测系统,动态监测国土空间变化。

4. 完善自然资源监管体制

2013年,《中共中央关于全面深化改革若干重大问题的决定》提出,改善自然资源监管体制,统一行使所有国土空间用途管制职责。2015年9月,中共中央、国务院印发的《生态文明体制改革总体方案》指出,将分散在各部门的有关用途管制职责,逐步统一到一个部门,统一行使所有国土空间的用途管制职责。

自然资源监管是依托行政权对各类自然资源所有权、使用权的运行情况进行监管。自然资源监管是行政机关基于行政权,依据法律法规和部门规章等,借助行政、经济等手段,对自然资源的开发、利用、修复和保护等事务直接实施组织、领导、统筹、协调和监督,从而维护社会公共利益。考虑以自然资源的利用和保护行为作为监管对象的针对性和直接性,自然资源监管者主体主要包括行政管理机构和行业督察,前者通过行政决策（规划、计划配置等）、行政执行（行政许可、行政审批、市场监管等）、行政执法（事后监督等），对自然资源的所有者和使用者的开发行为进行监管，确保自然资源的保值增值；后者从国家或行业层面对地方政府和下级部门的行为进行监督。

5. 建立国家公园体制

2013年11月，党的十八届三中全会首次提出建立国家公园体制。2015年9月，中共中央、国务院印发的《生态文明体制改革总体方案》对建立国家公园体制提出了具体要求，强调加强对重要生态系统的保护和永续利用，改革各部门分头设置自然保护区、风景名胜区、文化自然遗产、地质公园、森林公园等的体制，对上述保护地进行功能重组，合理界定国家公园范围。国家公园实行更严格保护，除不损害生态系统的原住民生活生产设施和自然观光、科研教育、旅游外，禁止其他开发建设，保护自然生态和自然文化遗产原真性、完整性。加强对国家公园试点的指导，在试点基础上研究制定建立国家公园体制总体方案。构建保护珍稀野生动植物的长效机制。十九大报告提出，"国家公园体制试点积极推进""建立以国家公园为主体的自然保护地体系"。之后，中国设立的国家公园体制试点达到10个，分别是三江源、东北虎豹、大熊猫、祁连山、湖北神农架、福建武夷山、浙江钱江源、湖南南山、北京长城和云南普达措国家公园体制试点。

2017年9月26日，中共中央办公厅、国务院办公厅印发了《建立国家公园体制总体方案》。根据方案，到2020年，中国建立国家公园体制试点基本完成，整合设立一批国家公园，分级统一的管理体制基本建立。这标志着我国国家公园体制的顶层设计初步完成，国家公园建设进入实质性阶段。《总体方案》明确，国家公园是指由国家批准设立并主导管理，边界清晰，以保护具有国家代表性的大面积自然生态系统为主要目的，实现自然资源科学保护和合理利用的特定陆地或海洋区域。国家公园是我国自然保护地的最重要类型之一，属于全国主体功能区规划中的禁止开发区域，纳入全国生态保护红线区域管控范围，实行最严格的保护。除不损害生态系统的原住民生活生产设施改造和自然观光、科研、教育、旅游外，禁止其他开发建设活动。我国的国家公园体制以加强自然生态系统原真性、完整性保护为基础，以实现国家所有、全民共享、世代传承为目标。国家公园内全民所有自然资源资产所有权由中央政府和省级政府分级行使，条件成熟时，逐步过渡到由中央政府直接行使。2017年6月，中央全面深化改革领导小组第36次会议审议通过《祁连山国家公园体制试点方案》。

（三）建立空间规划体系

2015年9月，中共中央、国务院印发的《生态文明体制改革总体方案》中指出，构建以空间治理和空间结构优化为主要内容，全国统一、相互衔接、分级管理的空间规划体系，着力解决空间性规划重叠冲突、部门职责交叉重复、地方规划朝令夕改等问题。空间规划是国家空间发展的指南、可持续发展的空间蓝图，是各类开发建设活动的基本依据。空间规划分为国家、省、市县（设区的市空间规划范围为市辖区）三级。

1. 编制空间规划

整合目前各部门分头编制的各类空间性规划，编制统一的空间规划，实现规划全覆盖。我国的空间规划体系经多年整合，在这一阶段形成以国民经济和社会发展规划及主体功能区规划、土地利用总体规划、城乡规划和生态功能区划五规并重，分别由国家发改委、国土部、住建部和环保部负责组织编制，其他规划互为补充的格局。2017年1月，中共中央办公厅、国务院办公厅印发了《省级空间规划试点方案》。《方案》提出，要以主体功能区规划为基础，全面摸清并分析国土空间本底条件，划定城镇、农业、生态空间以及生态保护红线、永久基本农田、城镇开发边界（简称

"三区三线"），注重开发强度管控和主要控制线落地，统筹各类空间性规划，编制统一的省级空间规划，为实现"多规合一"、建立健全国土空间开发保护制度积累经验、提供示范。空间规划期限设定为2030年，试点范围在原有海南、宁夏试点的基础上，纳入吉林、浙江、福建、江西、河南、广西、贵州，一共9个省份。

2. 推进市县"多规合一"

支持市县推进"多规合一"，统一编制市县空间规划，逐步形成一个市县一个规划、一张蓝图。市县空间规划要统一土地分类标准，根据主体功能定位和省级空间规划要求，划定生产空间、生活空间、生态空间，明确城镇建设区、工业区、农村居民点等的开发边界，以及耕地、林地、草原、河流、湖泊、湿地等的保护边界，加强对城市地下空间的统筹规划。加强对市县"多规合一"试点的指导，研究制定市县空间规划编制指引和技术规范，形成可复制、能推广的经验。

国家发改委、国土部、环保部和住建部等四部委在2014年8月联合下发《关于开展市县"多规合一"试点工作的通知》，选择了28个市县，由四部委分别指导进行试点。

（四）完善资源总量管理和全面节约制度

2015年9月，中共中央、国务院印发的《生态文明体制改革总体方案》中指出，构建覆盖全面、科学规范、管理严格的资源总量管理和全面节约制度，着力解决资源使用浪费严重、利用效率不高等问题。《中共中央关于制定国民经济和社会发展第十三个五年规划的建议》作出全面节约和高效利用资源的战略部署。

1. 完善最严格的耕地保护制度和土地节约集约利用制度

完善基本农田保护制度，划定永久基本农田红线，按照面积不减少、质量不下降、用途不改变的要求，将基本农田落地到户、上图入库，实行严格保护，除法律规定的国家重点建设项目选址确实无法避让外，其他任何建设不得占用。加强耕地质量等级评定与监测，强化耕地质量保护与提升建设。完善耕地占补平衡制度，对新增建设用地占用耕地规模实行总量控制，严格实行耕地占一补一、先补后占、占优补优。实施建设用地总量控制和减量化管理，建立节约集约用地激励和约束机制，调整结构，盘活存量，合理安排土地利用年度计划。

2. 完善最严格的水资源管理制度

按照节水优先、空间均衡、系统治理、两手发力的方针，健全用水总量控制制度，保障水安全。加快制定主要江河流域水量分配方案，加强省级统筹，完善省市县三级取用水总量控制指标体系。建立健全节约集约用水机制，促进水资源使用结构调整和优化配置。完善规划和建设项目水资源论证制度。主要运用价格和税收手段，逐步建立农业灌溉用水量控制和定额管理、高耗水工业企业计划用水和定额管理制度。在严重缺水地区建立用水定额准入门槛，严格控制高耗水项目建设。加强水产品产地保护和环境修复，控制水产养殖，构建水生动植物保护机制。完善水功能区监督管理，建立促进非常规水源利用制度。

3. 建立能源消费总量管理和节约制度

坚持节约优先，强化能耗强度控制，健全节能目标责任制和奖励制。进一步完善能源统计制度。健全重点用能单位节能管理制度，探索实行节能自愿承诺机制。完善节能标准体系，及时更新用能产品能效、高耗能行业能耗限额、建筑物能效等标准。合理确定全国能源消费总量目标，并分解落实到省级行政区和重点用能单位。健全节能低碳产品和技术装备推广机制，定期发布技术目录。强化节能评估审查和节能监察。加强对可再生能源发展的扶持，逐步取消对化石能源的普遍性补贴。逐步建立全国碳排放总量控制制度和分解落实机制，建立增加森林、草原、湿地、海洋碳汇的有效机制,加强应对气候变化国际合作。

4. 建立天然林保护制度

将所有天然林纳入保护范围。建立国家用材林储备制度。逐步推进国有林区政企分开,完善以购买服务为主的国有林场公益林管护机制。完善集体林权制度,稳定承包权,拓展经营权,健全林权抵押贷款和流转制度。

5. 建立草原保护制度

稳定和完善草原承包经营制度,实现草原承包地块、面积、合同、证书"四到户",规范草原经营权流转。实行基本草原保护制度,确保基本草原面积不减少、质量不下降、用途不改变。健全草原生态保护补奖机制,实施禁牧休牧、划区轮牧和草畜平衡等制度。加强对草原征用使用审核审批的监管,严格控制草原非牧使用。

6. 建立湿地保护制度

将所有湿地纳入保护范围,禁止擅自征用占用国际重要湿地、国家重要湿地和湿地自然保护区。确定各类湿地功能,规范保护利用行为,建立湿地生态修复机制。

7. 建立沙化土地封禁保护制度

将暂不具备治理条件的连片沙化土地划为沙化土地封禁保护区。建立严格保护制度,加强封禁和管护基础设施建设,加强沙化土地治理,增加植被,合理发展沙产业,完善以购买服务为主的管护机制,探索开发与治理结合新机制。

8. 健全海洋资源开发保护制度

实施海洋主体功能区制度,确定近海海域海岛主体功能,引导、控制和规范各类用海用岛行为。实行围填海总量控制制度,对围填海面积实行约束性指标管理。建立自然岸线保有率控制制度。完善海洋渔业资源总量管理制度，严格执行休渔禁渔制度，推行近海捕捞限额管理，控制近海和滩涂养殖规模。健全海洋督察制度。

9. 健全矿产资源开发利用管理制度

建立矿产资源开发利用水平调查评估制度，加强矿产资源查明登记和有偿计时占用登记管理。建立矿产资源集约开发机制，提高矿区企业集中度，鼓励规模化开发。完善重要矿产资源开采回采率、选矿回收率、综合利用率等国家标准。健全鼓励提高矿产资源利用水平的经济政策。建立矿山企业高效和综合利用信息公示制度，建立矿业权人"黑名单"制度。完善重要矿产资源回收利用的产业化扶持机制。完善矿山地质环境保护和土地复垦制度。

2016年12月13日，国土资源部发布《关于推进矿产资源和高效利用的意见》，首次全面地勾勒出矿产资源节约管理的基本原则、管理内涵以及管理思路等。《意见》提出矿产资源节约的基本原则是：坚持保护优先、坚持高效利用、坚持改革创新、坚持落实责任。《意见》指出，在矿产资源开发和生态环境保护中，坚定保护就是节约的理念；在矿产勘查开发中，坚定高效利用就是节约的理念。矿产资源节约的主体是矿业企业，所以《意见》要求"全面落实企业主体责任"。《意见》从管理、技术、标准规范、长效机制四方面提出推进矿产资源节约的主要内容。一是加强勘查开发管理。要继续推进沉积盆地油铀、煤铀、油钾、"三气"（天然气、页岩气、煤层气）、煤与煤层气资源综合勘查、评价和开发。强化源头管控，加强规划编制和实施，合理设置矿业权，推进综合利用；推进监管改革，全面推进矿业权人勘查开采信息公开公示，将未履行法定义务的矿业权人依法列入异常名录和严重违法名单；强化矿山储量管理，及时掌握资源储量消耗、动用、保有情况；完善压矿管理，避免压覆或少压覆重要矿产资源。推进综合利用，积极配合有关部门制定政策，推进废石、矸石等废弃物资源化利用。二是大力研发推广应用先进适用技术。开展技术需求调查；构建协同创新机制；推广应用先进技术，建立矿产资源节约和高效利用先进适用技术推广平台，发布目录，推进信息共享等。三是发挥标准规范强制和引领作用。健全标准规范体系；完善矿产工业指标，健全完善纳入矿产资源储量估算的一般指标和共伴生矿产综合利用指标；完善矿产"三率"指标，制定46种重要矿产"三率"较低指标和领跑者指标等。四是建立长效机制。

10. 完善资源循环利用制度

建立健全资源产出率统计体系。实行生产者责任延伸制度，推动生产者落实废弃产品回收处理等责任。建立种养业废弃物资源化利用制度，实现种养业有机结合、循环发展。加快建立垃圾强制分类制度。制定再生资源回收目录，对复合包装物、电池、农膜等低值废弃物实行强制回收。加快制定资源分类回收利用标准。建立资源再生产品和原料推广使用制度，相关原材料消耗企业要使用一定比例的资源再生产品。完善限制一次性用品使用制度。落实并完善资源综合利用和促进循环经济发展的税收政策。制定循环经济技术目录，实行政府优先采购、贷款贴息等政策。

（五）健全资源有偿使用和生态补偿制度

十八大提出："深化资源性产品价格和税费改革，建立反映市场供求和资源稀缺程度、体现生态价值和代际补偿的资源有偿使用制度和生态补偿制度。"十八届三中全会进一步指出："加快自然资源及其产品价格改革，全面反映市场供求、资源稀缺程度、生态环境损害成本和修复效益。坚持使用资源付费和谁污染环境、谁破坏生态谁付费原则，逐步将资源税扩展到占用各种自然生态空间。"2015年9月，中共中央、国务院印发的《生态文明体制改革总体方案》指出，构建反映市场供求和资源稀缺程度、体现自然价值和代际补偿的资源有偿使用和生态补偿制度，着力解决自然资源及其产品价格偏低、生产开发成本低于社会成本、保护生态得不到合理回报等问题。

1. 资源有偿使用制度

在生态文明的框架下，资源性产品的价格应该包括两个方面：一是市场供求和资源稀缺程度所反映的产品市场价格；二是资源性产品对生态系统影响所体现的生态价值。因此，深化资源性产品价格改革，既要放开国家干预，让市场合理定价，还要在市场价格的基础上，加上其生态价值。比如，国内的成品油定价机制还需要进一步改革。2008年12月，国家出台了成品油价格和税费改革方案。2013年3月，又作出了调整。根据现行管理办法规定，国内成品油价格以国际市场原油价格为基础，加国内平均加工成本、税金、合理流通费用和适当利润确定。当国际市场原油连续10个工作日平均价格发生变化，可相应调整国内成品油价格。但是关键问题在于一方面我国成品油价格都是基于国际石油市场定价，自身丧失了根据本国经济与资源情况的定价权；另一方面还没有加上能体现其生态价值（包括了对环境污染的补偿）的燃油税。

在资源税费方面，从2010年开始，全国性的资源税改革拉开了序幕。自2017年12月1日起，在总结河北省水资源税改革试点经验的基础上，财政部、国家税务总局和水利部联合发文，在北京等9个省市实施扩大水资源税改革试点。在环境税费方面，我国排污收费制度已执行30余年，征收对象涉及506万家企事业单位和个体工商户。2018年1月1日起，《中华人民共和国环境保护税法》施行，标志着中国有了首个以环境保护为目标的税种。

2. 生态补偿制度

一是总体政策框架初步形成。《关于加快推进生态文明建设的意见》《生态文明体制改革总方案》的出台，构建了我国生态补偿机制建设的初步政策框架。归并、规范现有生态保护补偿渠道,增加对重点生态功能区转移支付,完善保护成效与资金分配挂钩的激励约束机制。建立地区间横向生态保护补偿机制,引导生态受益地区与保护地区之间、流域上游与下游之间,通过资金补助、产业转移、人才培训、共建园区等方式实施补偿。逐步制定横向补偿机制实施办法,研究制定以地方为主中央财政给予支持的生态补偿机制实施办法。鼓励各地区开展生态补偿试点。在实践中,我国政策已涵盖海洋保护、水土整治、岩溶地区石漠化处理、资源枯竭型城市生态修复、饮用水水源地保护等领域。

二是重点生态功能区转移支付制度基本建立。补偿实施范围已覆盖512个重点生态功能区县和国家森林公园、自然保护区等1367个禁止开发区。2008—2015年,中央财政累计安排重点生态功能区转移支付资金2502亿元,有力地提高了相关区基本公共服务保障能力,促进了经济发展方式的转变。

三是自然资源领域生态补偿制度不断完善。实施了退耕还林还草、天然林保护退牧等一系列重点工程,在森林、草原、湿地、水流、海洋、耕地等领域积极进行生态补偿探索。2001—2015年,国家累计安排森林生态效益补偿资金986亿元,补偿范围覆盖18.67亿亩公益林;草原生态保护补助奖励政策全面实施,2011—2015年安排草原补奖资金773.6亿元;湿地生态保护补偿机制正在积极探索,2014—2015年中央财政累计安排湿地生态效益补偿试点资金10.45亿元;海洋保护区和生态脆弱区的整治修复启动实施。此外,"十二五"期间,中央还安排水土保持建设资金239亿元、渔业资源保护与渔民转产补助资金19亿元等。

四是跨省流域横向补偿机制建设持续推进。财政部、原环保部牵头组织开展的全国首个跨省流域生态补偿机制试点——新安江流域水环境补偿试点成功实践,财政每年安排补偿资金5亿元(其中,中央财政出资3亿元,浙江、安徽分别出资1亿元),并约定,只要安徽出境水质达标,下游的浙江每年再补偿安徽1亿元。这一机制使新安江江水变清了,江面变干净了,老百姓也富裕起来了。此外,广东、广西签订了《九洲江流域水环境补偿实施方案》,广东、福建签订了《汀江(韩江)流域水环境补偿实施方案》。东江源、西江源等流域上下游横向生态保护补偿机制也在进一步推进。

(六)建立健全环境治理体系

2015年9月,中共中央、国务院印发的《生态文明体制改革总体方案》中指出,构建反映市场供求和资源稀缺程度、体现自然价值和代际补偿的资源有偿使用和生态补偿制度,着力解决自然资源及其产品价格偏低、生产开发成本低于社会成本、保护生态得不到合理回报等问题。

1. 完善污染物排放许可制

《生态文明体制改革总体方案》中指出,尽快在全国范围建立统一公平、覆盖所有固定污染源的企业排污许可制,依法核发排污许可证,排污者必须持证排污,禁止无证排污或不按许可证规定排污。

2016年11月,国务院办公厅印发了《控制污染物排放许可制实施方案》,提出规范有序发放排污许可证,严格落实企事业单位环境保护责任。将排污许可制建设成为固定污染源环境管理的核心基础制度,对加强污染物排放控制与监管具有重要意义。其重点在于建立精简高效、衔接顺畅的管理制度体系,规范环境监管执法,提升环境管理精细化水平,提高社会公众监督效力,进一步落实企业治污主体责任。

《控制污染物排放许可制实施方案》发布以后,环境保护部及时出台《固定污染源分类管理名录(2017年版)》《排污许可证管理暂行规定》(2017)、《排污许可管理办法(试行)》(2018),发布26项排污许可技术规范,启动钢铁、水泥等15个重点行业排污许可证核发,建成并运行全国排污许可证管理信息平台。截至 2017 年 12 月 31 日，全国钢铁、水泥等 15 个行业排污许可证共计核发 21292 张，完成了"水十条""大气十条"以及党中央国务院部署的 2017 年改革任务。

2. 建立污染防治区域联动机制

2013 年，《中共中央关于全面深化改革若干重大问题的决定》提出建立陆海统筹的生态系统保护修复和污染防治区域联动机制。《生态文明体制改革总体方案》中指出，完善京津冀、长三角、珠三角等重点区域大气污染防治联防联控协作机制，其他地方要结合地理特征、污染程度、城市空间分布以及污染物输送规律，建立区域协作机制。在部分地区开展环境保护管理体制创新试点，统一规划、统一标准、统一环评、统一监测、统一执法。开展按流域设置环境监管和行政执法机构试点，构建各流域内相关省级涉水部门参加、多形式的流域水环境保护协作机制和风险预警防控体系。建立陆海统筹的污染防治机制和重点海域污染物排海总量控制制度。完善突发环境事件应急机制，提高与环境风险程度、污染物种类等相匹配的突发环境事件应急处置能力。2014 年颁行的《环境保护法》也规定"国家建立跨行政区域的重点区域环境污染联合防治协调机制"。2015 年修订颁行的《大气污染防治法》，专门设立"重点区域大气污染联合防治"一章，明确提出"建立重点区域大气污染联防联控机制，统筹协调重点区域内大气污染防治工作"。

我国污染防治区域联动机制变革最早可追溯至泛珠三角地区的环境保护合作机制。2004 年，根据《泛珠三角区域环境保护合作协议》成立的"9+2"联席会议和秘书处（设在广东环保局）可以被视为跨行政区域管理体制变革的开端。2006 年，国务院批准成立"北京奥运会空气质量保障工作协调小组"；2008 年，上海等三省市成立环境保护合作联席会议及办公室。这些临时性或常设性机构虽然在基本职能、运行机制方面存在一定差异，但均可以视作我国建立污染防治区域联动机制的初步尝试。

在 2010 年，国务院批准成立了环境保护部际联席会议，行使包括污染防治区域联动机制在内的政策协调职能。2014 年，国务院又批准成立"全国大气污染防治部际协调小组"。一定意义上讲，协调小组实际上已经取代部际联席会议，开始主导全国大气污染防治的方针政策制定、协调执行和执行监督。与此同时，针对大气污染严重区域，相继成立了"京津冀及周边地区大气污染防治协作小组"和"长三角区域大气污染防治协作小组"两个区域性协作机制，主导京津冀区域和长三角区域大气污染治理政策制定和执行监督。协调（协作）小组的成立，标志着污染防治区域联动机制从"块块结合、条条结合"向"条块结合"转型，以契合污染防治区域性和复合性的客观需要。

2015 年 4 月，国务院印发《水污染防治行动计划》，要求"建立全国水污染防治工作协作机制""京津冀、长三角、珠三角等区域要于 2015 年底前建立水污染防治联防联动协作机制"。同年 11 月，环境保护部向国务院上报《关于成立水污染防治相关协作机制的请示》获批通过。

3. 建立农村环境治理体制机制

《生态文明体制改革总体方案》中指出，建立以绿色生态为导向的农业补贴制度，加快制定和完善相关技术标准和规范，加快推进化肥、农药、农膜减量化以及畜禽养殖废弃物资源化和无害化，鼓励生产使用可降解农膜。完善农作物秸秆综合利用制度。健全化肥农药包装物、农膜回收贮运加工网络。采取财政和村集体补贴、住户付费、社会资本参与的投入运营机制，加强农村污水和垃圾处理等环保设施建设。采取政府购买服务等多种扶持措施，培育发展各种形式的农业面源污染治理、农村污水垃圾处理市场主体。强化县乡两级政府的环境保护职责，加强环境监管能力建设。财政支农资金的使用要统筹考虑增强农业综合生产能力和防治农村污染。

环境保护部实施了农村环境综合整治，从2008年开始到2017年，中央财政投入了375亿元，一共整治了11万个村庄，大约有2亿农村人口从中受益。

4. 健全环境信息公开制度

《生态文明体制改革总体方案》中指出，全面推进大气和水等环境信息公开、排污单位环境信息公开、监管部门环境信息公开，健全建设项目环境影响评价信息公开机制。健全环境新闻发言人制度。引导人民群众树立环保意识，完善公众参与制度，保障人民群众依法有序行使环境监督权。建立环境保护网络举报平台和举报制度，健全举报、听证、舆论监督等制度。《环境保护法》第五十三条明确规定："公民、法人和其他组织依法享有获取环境信息、参与和监督环境保护的权利。各级人民政府环境保护主管部门和其他负有环境保护监督管理职责的部门，当依法公开环境信息、完善公众参与程序，为公民、法人和其他组织参与和监督环境保护提供便利。"

5. 严格实行生态环境损害赔偿制度

《生态文明体制改革总体方案》中指出，强化生产者环境保护法律责任，大幅度提高违法成本。健全环境损害赔偿方面的法律制度、评估方法和实施机制，对违反环保法律法规的，依法严惩重罚；对造成生态环境损害的，以损害程度等因素依法确定赔偿额度；对造成严重后果的，依法追究刑事责任。

2015年，中共中央办公厅、国务院办公厅印发了《生态环境损害赔偿制度改革试点方案》。在吉林、山东、江苏、湖南、重庆、贵州、云南7个省市开展生态环境损害赔偿制度改革试点工作。

2017年12月，中共中央办公厅、国务院办公厅印发《生态环境损害赔偿制度改革方案》。方案提出，从2018年1月1日起，在全国试行生态环境损害赔偿制度。这一方案的出台，标志着生态环境损害赔偿制度改革已从先行试点进入全国试行的阶段。通过全国试行，不断提高生态环境损害赔偿和修复的效率，将有效破解"企业污染、群众受害、政府买单"的困局，积极促进生态环境损害鉴定评估、生态环境修复等相关产业发展，有力保护生态环境和人民群众环境权益。方案提出，通过在全国范围内试行生态环境损害赔偿制度，进一步明确生态环境损害赔偿范围、责任主体、索赔主体、损害赔偿解决途径等，形成相应的鉴定评估管理和技术体系、资金保障和运行机制，逐步建立生态环境损害的修复和赔偿制度，加快推进生态文明建设。方案要求，到2020年，力争在全国范围内初步构建责任明确、途径畅通、技术规范、保障有力、赔偿到位、修复有效的生态环境损害赔偿制度。

6. 完善环境保护管理制度

《生态文明体制改革总体方案》中指出，建立和完善严格监管所有污染物排放的环境保护管理制度，将分散在各部门的环境保护职责调整到一个部门，逐步实行城乡环境保护工作由一个部门进行统一监管和行政执法的体制。有序整合不同领域、不同部门、不同层次的监管力量，建立权威统一的环境执法体制，充实执法队伍，赋予环境执法强制执行的必要条件和手段。完善行政执法和环境司法的衔接机制。这项制度在2018年的国家机构改革中已落实。相关重要制度还包括"省以下环保机构监测监察执法垂直管理制度改革"。

2016年9月14日，中共中央办公厅、国务院办公厅印发《关于省以下环保机构监测监察执法垂直管理制度改革试点工作的指导意见》，部署启动环保垂改工作。改革将以地方为主的市（地）环保局的领导班子成员任免体制调整为以省级环保厅（局）为主的双重管理；同步将县（区）环保局调整为市（地）环保局直接管理，领导班子成员由市（地）环保局任免。试点省份探索形成了环境监察体系改革基本方式，即省厅成立若干内设处室，同时跨市县或逐市派驻环境监察机构，成为常驻不走的"省委省政府环保督察组"。此外，试点省份还将现有市（地）环境监测机构和人员上收，由省环保厅直接管理，独立客观地开展驻地生态环境质量监测、调查评价工作。改革后各试点省份环境执法职责更加聚焦于"查企"，市级统一管理、统一指挥县级环境执法力量，实行交叉执法、联合执法。2017年，河北、重庆、江苏、山东、湖北、青海、上海、福建等试点省（市）均已完成方案制定，环保垂直管理制度已落地见效。

（七）健全环境治理和生态保护市场体系

环境治理和生态保护也可以产生经济效益，因此需要使用市场经济机制。十八大提出"积极开展节能量、碳排放权、排污权、水权交易试点。加强环境监管，健全生态环境保护责任追究制度和环境损害赔偿制度"；十八届三中全会进一步指出"推行节能量、碳排放权、排污权、水权交易制度"。2015年9月，中共中央、国务院印发的《生态文明体制改革总体方案》中指出，构建更多运用经济杠杆进行环境治理和生态保护的市场体系，着力解决市场主体和市场体系发育滞后、社会参与度不高等问题。十九大报告明确提出："建立健全绿色低碳循环发展的经济体系。构建市场导向的绿色技术创新体系，发展绿色金融，壮大节能环保产业、清洁生产产业、清洁能源产业。"这需要建立一整套既发挥市场在资源配置中的决定性作用，又能更好发挥政府作用的，符合生态文明要求的社会主义市场经济机制。

建立健全用能权、用水权、排污权、碳排放权初始分配制度。长期以来，由于用能权、用水权、排污权、碳排放权等产权模糊，以市场为导向的初始分配制度不健全，造成资源使用价格严重扭曲。建立健全用能权、用水权、排污权、碳排放权初始分配制度，目的就是要发挥市场在资源配置中的决定性作用，建立资源节约和环境保护的长效机制。明晰产权主体，对自然生态空间统一确权登记，探索建立分级行使所有权体制，从许可制度向权利制度转变。从体制机制上理顺政府与市场、政府与企业的关系，发挥好政府的管理和调控作用。

如前文所述，我国排污权交易已经有了一定进展，2014年9月，国务院办公厅印发《关于进一步推进排污权有偿使用和交易试点工作的指导意见》（国办发〔2014〕38号），提出到2015年底前试点地区全面完成现有排污单位排污权核定，到2017年底基本建立排污权有偿使用和交易制度的规划。

2011年11月，国家发改委确定北京、上海、天津、重庆、深圳、广东和湖北为首批碳排放交易试点省市。7个试点已经全部启动上线交易。截止到2017年11月，全国7个试点碳排放权交易市场的配额现货累计成交量超过2亿吨二氧化碳，累计成交金额超过了46亿元。覆盖全国的电力行业的碳排放权交易市场已经于2017年底正式启动。据国家发改委估计，我国如果建成全国市场加入期货交易，交易额将达600亿到4000亿元人民币。

2014年5月，国务院印发《2014—2015年节能减排低碳发展行动方案》（国办发〔2014〕23号），提出要加快制定节能量交易工作实施方案，依托现有交易平台开展项目节能量交易等要求。在地方层面，北京、山东、江苏、福建等地均先后开展了节能量交易方面的探索。2013年，北京环境交易所联合中国资源综合利用协会共同启动了国内首批节能量交易，交易总额216.6吨标准煤，涉及的节能量全部为节电项目，交易价格达到500~800元/吨标准煤。2013年11月，全国首个节能量交易规章《山东省节能量交易管理暂行办法》（鲁经信资字〔2013〕569号）出台，明确了节能量和节能量交易内容、交易原则、主体、方式和地点等内容。2015年3月，江苏省政府办公厅发布了《江苏省项目节能量交易管理办法（试行）》（苏政办发〔2015〕27号），推进节能量交易新机制。2015年7月，福建省出台了《福建省人民政府关于推进节能量交易工作的意见（试行）》（闽政〔2015〕34号）。

2015年9月，中共中央、国务院在印发的《生态文明体制改革总体方案》中首次提出推行用能权交易制度，建立用能权交易系统、测量与核准体系。用能权是指，在能源消费总量目标约束下，用能单位经核定或交易取得的、允许其使用和投入生产的年度能源消费总量指标，包括直接或间接使用电力、煤炭、焦炭、蒸汽、天然气等各类能源的总量限额。用能权交易是指，政府向各用能单位分配初始用能权配额后，允许各用能单位间或政府和用能单位间开展指标交易以满足其用能需求的行为。2016年3月，《关于国民经济和社会发展第十三个五年规划纲要的决议》提出，到2020年能源消费总量控制在50亿吨标准煤以内，要建立健全用能权、碳排放权等能源环境权益初始分配制度，创新有偿使用、预算管理、投融资机制，培育和发展交易市场。2016年10月，《中国共产党第十八届中央委员会第六次全体会议公报》进一步明确要建立健全用能权在内的能源环境权益交易初始分配制度。2016年11月，国家发展改革委发布了《关于开展用能权有偿使用和交易试点工作的函》（发改环资〔2016〕1659号），选择在浙江省、福建省、河南省、四川省开展用能权有偿使用和交易试点。试点内容包括科学合理确定用能权指标、推进用能权有偿使用、建立能源消费报告、审核和核查制度等。2016年12月，《国务院关于印发"十三五"节能减排综合工作方案的通知》（国发〔2016〕74号）明确提出，到2020年全国万元国内生产总值能耗比2015年下降15%，能源消费总量控制在50亿吨标准煤以内，建立用能权有偿使用和交易制度，选择若干地区开展用能权交易试点。2016年12月，国家发展改革委和国家能源局联合发布《关于印发能源发展"十三五"规划的通知》（发改能源〔2016〕2744号），提出了2020年能源消费总量控制的约束性目标，将开展用能权交易试点作为"推动能源体制革命坚持市场化改革方向"重点工作之一。

绿色金融发展已经取得了初步的成效，2017年1—9月，我国共发行贴标绿色债券1340亿元，占全球发行量的24%，在国际上处于领先地位。截至2017年2月，21家主要金融机构绿色信贷余额7.51万亿元，当然相对于我们国家庞大的贷款规模来讲还是比较少的，但是比重和增长速度在快速提高，占全部信贷比重8.8%左右，而且涌现出的绿色指数产品等创新型产品，为投资者提供了更多的市场选择。一些改革也在推进过程中，财政部门在研究制定国家绿色发展基金方案，有关部门主要是证监会在研究上市公司环境信息的披露怎样进一步提升，人民银行在一些地区组织开展绿色金融改革创新实验区。

（八）完善生态文明绩效评价考核和责任追究制度

十八大提出"要把资源消耗、环境损害、生态效益纳入经济社会发展评价体系，建立体现生态文明要求的目标体系、考核办法、奖惩机制"。十八届三中全会指出："完善发展成果考核评价体系，纠正单纯以经济增长速度评定政绩的偏向，加大资源消耗、环境损害、生态效益等指标的权重。""十三五"规划进一步提高生态文明相关指标在全部指标中的权重，把保障人民健康和改善环境质量作为更具约束性的硬指标。2015年9月，中共中央、国务院印发的《生态文明体制改革总体方案》指出，构建充分反映资源消耗、环境损害和生态效益的生态文明绩效评价考核和责任追究制度，着力解决发展绩效评价不全面、责任落实不到位、损害责任追究缺失等问题。中共中央办公厅、国务院办公厅印发的《生态文明建设目标评价考核办法》是我国首次建立国家层面的生态文明建设目标评价考核制度。在此基础上，我国统一的生态文明建设目标评价考核体系正在逐步构建中。

1. 构建统一的生态文明建设目标评价考核背景

生态文明建设涉及多个部门、多个方面、多个领域。为了更好推进生态文明建设，国家相关部门从各自工作领域陆续推出了衡量生态文明建设情况的指标体系。2012年1月，国家海洋局发布《关于开展"海洋生态文明示范区"建设工作的意见》，提出了优化沿海地区产业结构、加强污染物入海排放管控等指标。2013年3月，水利部印发《关于加快开展全国水生态文明建设试点市工作的通知》，提出要研究制定水生态文明建设评价指标体系。2013年5月，环境保护部印发了《国家生态文明建设试点示范区指标（试行）》的通知，提出了建设生态文明试点示范县（含县级市、区）和生态文明试点示范市（含地级行政区）的指标体系，由生态经济、生态环境、生态人居、生态制度和生态文化五大系统组成。2013年5月，农业部下发《农业部"美丽乡村"创建目标体系》，设置了产业发展、生活舒适、民生和谐、文化传承、支撑保障五个方面的20项指标。2013年9月，国家林业局印发《推进生态文明建设规划纲要（2013—2020年）》，制定了包括到2020年森林覆盖率、森林蓄积量、湿地保有量、自然湿地保护率、新增沙化土地治理面积、义务植树尽责率等指标在内的指标体系。2013年12月，由发展改革委、财政部、国土资源部、水利部、农业部和国家林业局联合制定的《国家生态文明先行示范区建设方案（试行）》，推出国家生态文明先行示范区建设指标体系，由经济发展质量、资源能源节约利用、生态建设与环境保护、生态文化培育和体制机制建设五大类别构成。

虽然建立了生态文明建设相关的指标体系，但这些指标体系之间缺乏统筹协调，仍然存在很多问题，比如各个指标体系之间存在矛盾或重复，多头管理、政出多门、各行其道的做法较多，指标体系的设计过于行政化，生态文明建设在干部绩效考核指标中所占比重小等。

2. 构建统一规范生态文明绩效评价考核体系

2016年12月，中共中央办公厅、国务院办公厅印发了《生态文明建设目标评价考核办法》，针对绿色发展绩效评价考核存在的问题，建立了绿色发展目标指标，纳入了党政领导干部评价考核体系，这意味着生态责任落实的好坏将成为政绩考核的必考题，为建设绿色发展体系提供坚实体制保障。

这份办法实行党政同责，地方党委和政府领导成员一岗双责，按照客观公正、科学规范、突出重点、注重实效、奖惩并举的原则进行，在资源环境生态领域有关专项考核的基础上综合开展，采取评价和考核相结合的方式，实行年度评价、五年考核。评价重点是评估各地区上一年度绿色发展进展总体情况，引导各地区落实绿色发展相关工作，每年开展1次。考核主要考查各地区绿色发展重点目标任务完成情况，强化省级党委和政府的主体责任，督促各地区自觉推进绿色发展，每个五年规划期结束后开展1次。

（1）评价的具体办法

年度评价工作由国家统计局、国家发展改革委、环境保护部会同有关部门组织实施。年度评价按照绿色发展指标体系实施，主要评估各地区资源利用、环境治理、环境质量、生态保护、增长质量、绿色生活、公众满意程度等方面的变化趋势和动态进展，生成各地区绿色发展指数。绿色发展指标体系由国家统计局、国家发展改革委、环境保护部会同有关部门制定，可以根据国民经济和社会发展规划纲要以及生态文明建设进展情况作相应调整。年度评价应当在每年8月底前完成。年度评价结果应当向社会公布，并纳入目标考核。

（2）考核的具体办法

考核工作由国家发展改革委、环境保护部、中央组织部牵头，会同财政部、国土资源部、水利部、农业部、国家统计局、国家林业局、国家海洋局等部门组织实施。目标考核内容主要包括国民经济和社会发展规划纲要中确定的资源环境约束性指标，以及党中央、国务院部署的生态文明建设重大目标任务完成情况，突出公众的获得感。考核目标体系由国家发展改革委、环境保护部会同有关部门制定，可以根据国民经济和社会发展规划纲要以及生态文明建设进展情况作相应调整。有关部门应当根据国家生态文明建设的总体要求，结合各地区经济社会发展水平、资源环境禀赋等因素，将考核目标科学合理分解落实到各省、自治区、直辖市。

目标考核在五年规划期结束后的次年开展，并于9月底前完成。各省、自治区、直辖市党委和政府应当对照考核目标体系开展自查，在五年规划期结束次年的6月底前，向党中央、国务院报送生态文明建设目标任务完成情况自查报告，并抄送考核牵头部门。资源环境生态领域有关专项考核的实施部门应当在五年规划期结束次年的6月底前，将五年专项考核结果报送考核牵头部门。

目标考核采用百分制评分和约束性指标完成情况相结合的方法，考核结果划分为优秀、良好、合格、不合格四个等级。考核牵头部门汇总各地区考核实际得分以及有关情况，提出考核等级划分、考核结果处理等建议，并结合领导干部自然资源资产离任审计、领导干部环境保护责任离任审计、环境保护督察等结果，形成考核报告。考核报告经党中央、国务院审定后向社会公布，考核结果作为各省、自治区、直辖市党政领导班子和领导干部综合考核评价、干部奖惩任免的重要依据。对考核等级为优秀、工作成效突出的地区，给予通报表扬；对考核等级为不合格的地区，进行通报批评，并约谈其党政主要负责人，提出限期整改要求；对生态环境损害明显、责任事件多发地区的党政主要负责人和相关负责人（含已经调离、提拔、退休的），按照《党政领导干部生态环境损害责任追究办法（试行）》等规定，进行责任追究。

3. 进一步构建覆盖全国的统一评价考核体系的意义

《生态文明建设目标评价考核办法》只是运用于各省、自治区、直辖市党委和政府，还需要各地结合本地区实际，制定针对下一级党委和政府的生态文明建设目标评价考核办法，把生态文明建设目标评价考核这项工作真正落地，这样才能真正形成一个统一的覆盖全中国各区域的有效评价考核制度体系。这样的体系将产生更深远的意义：

树立绿色发展为导向的"政绩观"。建设生态文明，必须转变发展方式。绿色发展正是适应生态文明建设要求的发展理念和发展模式。生态文明建设不是抑制发展，而是一种有促有控、调优调强的发展，反映了科学发展的内在要求。把资源利用、生态环境保护、增长质量等纳入综合考核评价，有利于引导各级党委和政府把经济社会发展和资源环境紧密结合起来，协调发挥资源环境对转型发展的优化保障和约束倒逼作用，推动转变发展方式取得切实成效。

提升老百姓的生态环境"获得感"。当前，以雾霾为代表的生态环境问题，已经成为影响人民群众生命健康的重要问题，也是人民群众关心的现实问题。要进一步把以人为本作为评价考核的出发点和落脚点，突出公众的参与感和获得感，既让人民群众在地方各级党委和政府生态文明建设评价考核中有更大的发言权，也保证了评价考核结果与群众切实感受相一致，增强了评价考核结果的可靠性和说服力，对引导全社会共同建设生态文明具有重要意义。

改变原有"GDP"至上的"指挥棒"。评价考核结果作为各级党政领导班子和领导干部综合考核评价、干部奖惩任免的重要依据。对考核等级为优秀、生态文明建设工作成效突出的地区，给予通报表扬；对考核等级为不合格的地区，进行通报批评，并约谈其党政主要负责人，提出限期整改要求；对生态环境损害明显、责任事件多发地区的党政主要负责人和相关负责人（含已经调离、提拔、退休的），按照规定进行责任追究。评价考核结果的应用，是整个评价考核工作的关键所在，是推动全国生态文明建设的"指挥棒"，把中央关于"不简单以GDP论英雄"的要求落到基层实处，突出"以绿色发展论英雄"，这将改变过去"GDP"至上的"指挥棒"，让生态文明建设目标评价考核真正发挥作用。

第五章
改革开放40年后的
生态文明体制改革展望

（2018年至今）

党的十九大对改革开放40年后的生态文明体制改革进行了具体部署，构建了新时代生态文明建设目标与蓝图及战略任务，并提出在近期重点要打好污染防治攻坚战。为了完成这些目标与任务，我国在新一轮机构改革中新设立了自然资源部与生态环境部，推动生态文明体制进一步全面深化改革。

一、党的十九大对生态文明体制改革的部署

坚持人与自然和谐共生、建设美丽中国，是新时代中国特色社会主义建设的基本方略之一。以生态文明为指引，实现人与自然和谐共存，彰显了中国共产党人对人类文明发展规律的深刻认识，赢得了国际社会的高度赞扬。

在中共十九大报告中，多处涉及生态文明建设，包括对生态文明建设成效的总结、工作中的不足、新时代中国特色社会主义思想和基本方略、决胜全面小康社会等。第九部分重点部署了加快生态文明体制改革，建设美丽中国，提出了建设生态文明和美丽中国的战略目标和重点任务，是新

时代建设生态文明和美丽中国的指导方针和基本遵循。

（一）新时代生态文明建设目标与蓝图

十九大报告在综合分析国际国内形势和我国的发展条件基础上，提出了发展目标，勾画了新时期中国发展蓝图和战略愿景。

第一阶段到2020年，统筹推进经济建设、政治建设、文化建设、社会建设、生态文明建设，坚定实施可持续发展战略，特别是要坚决打好污染防治攻坚战，使全面建成小康社会得到人民认可，经得起历史检验。

第二阶段从2020年到2035年，生态环境质量实现根本好转，美丽中国目标基本实现。总体形成节约资源和保护环境的空间格局、产业结构、生产方式、生活方式，社会经济发展与生态环境基本协调，绿色低碳循环水平显著提升，绿色经济蓬勃发展。生态安全屏障体系持续优化，生态服务功能稳步恢复。大气、水环境质量全面达标，土壤环境安全有效保障，蓝天常在、绿水长流，自然和谐、风貌独特、设施健全、建筑绿色、乡村美丽的城乡人居环境全面建成。生态文化繁荣昌盛、绿色生活蔚然成风。生态环境治理体系与治理能力现代化基本实现。

第三阶段从2035年到21世纪中叶，物质文明、政治文明、精神文明、社会文明、生态文明全面提升，绿色发展方式和生活方式全面形成，人与自然和谐共生，生态环境领域国家治理体系和治理能力现代化全面实现，建成美丽中国。

（二）新时代生态文明建设战略任务

十九大报告指出，人与自然是生命共同体，人类必须尊重自然、顺应自然、保护自然。人类只有遵循自然规律才能有效防止在开发利用自然上走弯路，人类对大自然的伤害最终会伤及人类自身，这是无法抗拒的规律。

我们要建设的现代化是人与自然和谐共生的现代化，既要创造更多物质财富和精神财富以满足人民日益增长的美好生活需要，也要提供更多优质生态产品以满足人民日益增长的优美生态环境需要。建设生态文明，必须坚持节约优先、保护优先、自然恢复为主的方针，形成节约资源和保护环境的空间格局、产业结构、生产方式、生活方式，还自然以宁静、和谐、美丽。十九大报告提出了我国新时代"推进绿色发展、着力解决突出环境问题、加大生态系统保护力度、改革生态环境监管体制"四大战略任务。（党的十九大报告中生态文明相关内容请见文后附件14）

1. 推进绿色发展

绿色成为发展的基色调。从理念升华到制度建设、再到实践检验，全国各地都在积极探索一条有别于西方工业文明、超越中国传统增长模式的绿色发展道路，生态文明建设正在广泛而深刻地改变着中国经济社会发展面貌。建设生态文明、建设美丽中国，必须坚持绿色发展，坚持绿水青山就是金山银山的发展理念，关键在创新发展思路；处理和平衡好改革、发展、稳定和保护的关系，在寻找新动能和处理老问题上把握好方向、节奏和力度，摒弃粗放、低品质的发展方式，以环境保护优化经济发展、引导产业布局、倒逼结构转型，推进绿色循环低碳发展，实现经济增长不再依靠资源环境等要素投入，架起绿色发展、绿色富国、绿色惠民之间的桥梁，推进从"绿色的贫困"到"美丽的富饶"新跨越，实现经济效益、社会效益和生态环境效益的多赢。

十九大报告提出，从五个方面来大力推进绿色发展。一是加快建立绿色生产和消费的法律制度和政策导向，建立健全绿色低碳循环发展的经济体系。二是构建市场导向的绿色技术创新体系，发展绿色金融，壮大节能环保产业、清洁生产产业、清洁能源产业。三是推进能源生产和消费革命，构建清洁低碳、安全高效的能源体系。四是推进资源全面节约和循环利用，实施国家节水行动，降低能耗、物耗，实现生产系统和生活系统循环链接。五是倡导简约适度、绿色低碳的生活方式，反对奢侈浪费和不合理消费，开展创建节约型机关、绿色家庭、绿色学校、绿色社区和绿色出行等行动，建立节约低碳健康的绿色生产生活体系。

2. 着力解决突出环境问题

我国的生态环境形势依然十分严峻。多年来，我国政府文件和相关领导同志讲话中提到的"资源约束趋紧、环境污染严重、生态系统退化"的形势，虽然近年来有所改观，但环境保护仍滞后于经济社会发展，多阶段多领域多类型的生态环境问题长期累积叠加，环境承载能力已经达到或接近上限，全国主要污染物排放总量远高于环境容量，生态环境恶化趋势尚未得到根本扭转，环境质量改善任务艰巨。

新时代生态文明建设，解决突出环境问题是重中之重。环境污染与发展阶段相关，解决环境污染可以也能够在一定条件下收效。生态文明建设，必须以加快补齐生态环境短板为重点，以改善环境质量为核心，以解决发展与保护矛盾最激烈、百姓身边最严重、健康影响最显著、治理体系最薄弱、国际反响最强烈的环境问题为抓手，采取超常规举措，拿出过硬办法，发扬"钉钉子精神"，动员全社会力量，抓出一批老百姓看得见、摸得着、感受到、能受益的治理成果，确保实现"生态良好"的全面建成小康社会目标。

十九大报告把污染防治与防范化解重大风险、精准脱贫作为新时代的三大攻坚战，提出了气、水、土壤、农村面源污染治理等领域，以及提高排污标准、信息披露、严惩重罚、治理体系构建等要求。在新时代的环境污染防治中，要坚持全民共治、源头防治，持续实施大气污染防治行动，打赢蓝天保卫战。加快水污染防治，实施流域环境和近岸海域综合治理。强化土壤污染管控和修复，加强农业面源污染防治，开展农村人居环境整治行动。加强固体废弃物和垃圾处置。提高污染排放标准，强化排污者责任，健全环保信用评价、信息强制性披露、严惩重罚等制度。构建政府为主导、企业为主体、社会组织和公众共同参与的环境治理体系。

3. 加大生态系统保护力度

自实施"一退三还"政策以来，我国的生态环境有了较大改观，"地绿了"是各地群众的普遍感受。另一方面，我国生态系统服务功能仍然不高，影响国家生态安全。一是生态空间遭受无序无度挤占。一些地区不合理的城镇建设和工业开发，导致湿地、海岸带、湖滨、河滨等自然生态空间不断减少。二是受人为活动的影响干扰，自然保护区面积与功能不相匹配。2015年，446个国家级自然保护区中均存在不同程度的人类活动，占国家级自然保护区总面积的2.95%。三是生态退化导致生态服务功能下降。据水利部资料，全国水土流失面积295万平方千米，年均土壤侵蚀量45亿吨，导致江河湖库淤积、崩岗和耕地损毁，长江中上游、黄河中上游、珠江上游和东北黑土区等地水土流失十分严重。四是生物多样性加速下降的总体趋势尚未得到有效遏制。高等物种受威胁比例高，10.72%的维管植物、40.1%的哺乳动物、15%的内陆鱼类处于受威胁状态，大量物种处于极危和濒危状态。

加强生态系统保护和建设，既能筑牢民生之基，生产必不可少的生态产品，又能满足民生之需，扩大就业、夯实民生之本。因此，十九大报告提出，必须贯彻山水林田湖草生命共同体理念，加快推进生态保护修复，实施重要生态系统保护和修复重大工程，优化生态安全屏障体系，构建生态廊道和生物多样性保护网络，提升生态系统质量和稳定性。完成生态保护红线、永久基本农田、城镇开发边界三条控制线划定工作。开展国土绿化行动，推进荒漠化、石漠化、水土流失综合治理，强化湿地保护和恢复，加强地质灾害防治。完善天然林保护制度，扩大退耕还林还草。严格保护耕地，扩大轮作休耕试点，健全耕地、草原、森林、河流、湖泊休养生息制度，建立市场化、多元化生态补偿机制。

4. 改革生态环境监管体制

当前,我国生态文明管理体制面临诸多问题,与现代生态文明治理体系的要求还有较大差距,主要表现为:行政力量过于强大,但各部门职能存在交叉重叠、中央地方事权和支出责任不匹配,运行效率有待提高;社会组织与公众参与意愿不断增强,但参与能力、支付意愿、制度保障不足;企业环保责任和义务逐步明晰,但环境守法意识不强、逃避环境监管的现象仍较普遍。由于治理主体力量不均衡,我国生态环保治理手段相对单一,治理机制仍以自上而下的管控为主,缺少从生态系统完整性保护的角度进行管理的体制安排。

十九大报告提出,要加强对生态文明建设的总体设计和组织领导,设立国有自然资源资产管理和自然生态监管机构,完善生态环境管理制度,统一行使全民所有自然资源资产所有者职责,统一行使所有国土空间用途管制和生态保护修复职责,统一行使监管城乡各类污染排放和行政执法职责。构建国土空间开发保护制度,完善主体功能区配套政策,建立以国家公园为主体的自然保护地体系。坚决制止和惩处破坏生态环境行为。通过各方努力,力争2020年基本建立统一协调、高效共治的自然资源和生态环境保护统一监管体制。

综上所述,十九大报告进一步将建设生态文明提升到"中华民族永续发展的千年大计"的新高度,"生态文明建设功在当代、利在千秋";确立"建设美丽中国,为人民创造良好生产生活环境,为全球生态安全作出贡献"的新目标;把"坚持人与自然和谐共生"作为新时代中国特色社会主义基本方略之一,定义为现代化的本质属性;"牢固树立社会主义生态文明观"的新观念,以及新设国有自然资源资产管理和自然生态监管机构的顶层设计,是新时代生态文明建设的指导思想和行动指南。

二、新一轮机构改革中生态文明体制的演进

生态文明体制改革始终在党中央"一盘棋"部署下推进。2015年的两次中央政治局会议，审议通过了《关于加快推进生态文明建设的意见》和《生态文明体制改革总体方案》，形成了生态文明体制的纲领性架构。在十八届三中全会上，习近平同志就《中共中央关于全面深化改革若干重大问题的决定》向全会作说明时曾指出，"山水林田湖是一个生命共同体……用途管制和生态修复必须遵循自然规律，如果种树的只管种树、治水的只管治水、护田的单纯护田，很容易顾此失彼，最终造成生态的系统性破坏。"习近平同志指出，"由一个部门负责领土范围内所有国土空间用途管制职责，对山水林田湖进行统一保护、统一修复是十分必要的。"2017年，习近平同志在党的十九大报告中强调："设立国有自然资源资产管理和自然生态监管机构，完善生态环境管理制度。"2018年，《中共中央关于修改宪法部分内容的建议》提出，《宪法》第八十九条"国务院行使下列职权"中第六项修改为"领导和管理经济工作和城乡建设、生态文明建设"，把生态文明建设作为国务院行使的一项重要职权，自然资源和生态环境管理体制改革，可以使国务院更好行使生态文明建设职权。2018年2月28日，中国共产党第十九届中央委员会第三次全体会议通过中国共产党第十九届中央委员会第三次全体会议公报。全会审议通过了《中共中央关于深化党和国家机构改革的决定》和《深化党和国家机构改革方案》，其中改革了自然资源和生态环境管理体制。2018年3月13日，国务院机构改革方案公布，根据该方案，改革后新设立两个负责生态文明建设的重要部门：自然资源部与生态环境部。

（一）设立自然资源部

1. 自然资源部的组建及其职责

为统一行使全民所有自然资源资产所有者职责，统一行使所有国土空间用途管制和生态保护修复职责，着力解决自然资源所有者不到位、空间规划重叠等问题，实现山水林田湖草整体保护、系统修复、综合治理，方案提出，将国土资源部的职责，国家发展和改革委员会的组织编制主体功能区规划职责，住房和城乡建设部的城乡规划管理职责，水利部的水资源调查和确权登记管理职责，农业部的草原资源调查和确权登记管理职责，国家林业局的森林、湿地等资源调查和确权登记管理职责，国家海洋局的职责，国家测绘地理信息局的职责整合，组建自然资源部，作为国务院组成部门。自然资源部对外保留国家海洋局牌子。

自然资源部的主要职责为：对自然资源开发利用和保护进行监管，建立空间规划体系并监督实施，履行全民所有各类自然资源资产所有者职责，统一调查和确权登记，建立自然资源有偿使用制度，负责测绘和地质勘查行业管理等。

（1）负责对自然资源开发利用和保护进行有效监管

实施自然资源用途管制的统筹协调和分等级管理制度。负责土地、海洋、矿产、湿地、自然保护区、森林、草原、野生植物等资源的专门管理。加强自然资源许可证制度建设。加强自然资源行业监管制度建设。承担山水林田湖草整体保护、系统修复、综合治理。完善自然资源破坏修复制度体系建设，建立国土综合整治和生态修复制度。承担加强自然资源法治建设工作。统筹推进自然资源重大立法修法项目。对法律规定的落实情况进行经常性的监督检查。加强公职人员职业法律教育培训。建立法律法规政策管理部门与司法主管部门的有效沟通机制，维护民事责任、行政责任和刑事责任的严肃性。

（2）负责建立统一的空间规划体系并监督实施

构建国土空间开发保护制度体系，探索建立自然生态空间用途管制制度，建立国土空间监测监管制度。发挥空间规划对自然资源配置的引导约束作用，形成全方位、多层次、多规融合的国土空间管控体系。统筹实施国土空间管控体系与耕地保护红线、永久基本农田保护红线、生态保护红线、城市开发边界红线的划定工作。完善规划实施的第三方评估制度。强化国土空间规划实施专项督察制度。

（3）履行全民所有各类自然资源资产所有者职责

建立健全自然资源资产产权制度。推进自然资源所有权和使用权分离。划定自然资源资产管理范围，健全自然资源资产管理体制。改革自然资源资产出让收益分配制度。推进全国自然资源价值评价工作。研究国内外自然资源市场变化。划定资源配置中市场起决定性作用的范围。推进全国自然资源管理市场化的试点和推广工作。推进农村土地"三权分置"改革和"回头看"工作。实施"两个市场、两种资源"战略，为资源企业"走出去"做好基本服务工作。完善自然资源公共服务机构和服务网络，用足用够"大数据"和"互联网+自然资源"的时代优势。

（4）推进自然资源统一调查和确权登记工作

加快自然资源统一调查制度建设。开展自然资源数量调查、质量调查、开发利用条件调查。建立自然资源档案制度。解决自然资源使用权之间权属纠纷。加快完成自然资源权属确权登记。构建统一的自然资源确权登记制度体系。加强自然资源产权登记信息应用。

（5）建立健全自然资源有偿使用制度

建立健全全民所有自然资源国家权益金制度。明确全民所有自然资源资产有偿使用对象和范围。加强自然资源要素有形市场建设。完善自然资源及其产品价格形成机制。完善自然资源有偿出让方式。建立全民所有自然资源资产有偿出让监管制度。建立自然资源资产流失责任追究制度。强化自然资源开发利用与保护的外部性监管。依法征收各种自然资源税费。建立自然资源开发利用的约束和激励机制，提高自然资源的开发利用率和水平。探索解决国家公园集体土地权属问题的解决途径。解决自然资源征收补偿问题。完善自然资源节约集约开发利用制度建设，建立节约集约利用的标准规范体系和激励约束机制。

（6）负责测绘和地质勘查行业管理

规范地质勘探探矿权机制，努力建立地质勘查市场新机制，深化地质勘查改革力度。国家应对行业目标进行适当调整，出台刺激经济增长的优惠性政策并保证顺利实施，维护公平竞争的市场环境，保护地勘企业有序发展。设置合理的矿业权准入制度，合理规范公益性与商业性地勘工作运行规则。政府推动、整体统筹，深化国有地勘单位改革。创新测绘和地质勘查新思路、新方法。

2. 组建自然资源部的意义

中国自然资源资产管理经过新中国成立近70年，特别是改革开放40年来的不断探索，自然资源管理秩序趋于稳定，相应的体制机制也日趋完善。相关专家认为，由于有关国土空间用途管制的规划多达几十种，各种规划编制受资料所限，更多是基于部门利益，也只能基于部门范围内考虑，法律依据不统一、标准不统一、实施时间段不统一、基础不统一，致使规划在落实中大打折扣，甚至根本不能执行，管理部门也只能是"望图兴叹"。

在此背景下，整合的意义与优势就凸显出来。组建自然资源部，整合了原国土等8个部、委、局的规划编制和资源管理职能。几个部委的规划职能整合到一起，就能对各类规划进行统筹，相当于真正实现"多规合一"，实现"一张蓝图干到底"。全国政协委员敖虎山认为，自然资源部的一大重要职责,就是给出了这张蓝图的空间底图,告诉大家哪些地方能开发,哪些地方要保护。

组建自然资源部,对新部门的治理能力提出更高的要求,同时也为自然资源管理事业的发展提供了更大的空间。时任中国国土资源经济研究院副研究员、全国国土规划纲要领导小组办公室常务秘书强海洋认为,此次机构改革体现了中央关于生态文明体制改革、大部制改革的理念。整合加强了监督职能,有利于追责生态资源破坏;加强了规划、确权,杜绝了政出多门,有利于解决长期以来困扰自然资源领域政令实施和管理难题,有利于构建美丽国土。

(二)设立生态环境部

1. 生态环境部的组建及其职责

为整合分散的生态环境保护职责,统一行使生态和城乡各类污染排放监管与行政执法职责,加强环境污染治理,保障国家生态安全,建设美丽中国,将环境保护部的职责,国家发展和改革委员会的应对气候变化和减排职责,国土资源部的监督防止地下水污染职责,水利部的编制水功能区划、排污口设置管理、流域水环境保护职责,农业部的监督指导农业面源污染治理职责,国家海洋局的海洋环境保护职责,国务院南水北调工程建设委员会办公室的南水北调工程项目区环境保护职责整合,组建生态环境部,作为国务院组成部门。生态环境部对外保留国家核安全局牌子。

生态环境部主要职责是,制定并组织实施生态环境政策、规划和标准,统一负责生态环境监测和执法工作,监督管理污染防治、核与辐射安全,组织开展中央环境保护督察等。

(1)制定并组织实施生态环境政策、规划和标准

拟订并组织实施国家环境保护政策、规划,起草法律法规草案,制定部门规章。组织编制环境功能区划,组织制定各类环境保护标准、基准

和技术规范,组织拟订并监督实施重点区域、流域污染防治规划和饮用水水源地环境保护规划,按国家要求会同有关部门拟订重点海域污染防治规划,参与制定国家主体功能区划。

（2）统一负责生态环境监测和执法工作

制定环境监测制度和规范,组织实施环境质量监测和污染源监督性监测。组织对环境质量状况进行调查评估、预测预警,组织建设和管理国家环境监测网和全国环境信息网,建立和实行环境质量公告制度,统一发布国家环境综合性报告和重大环境信息。

（3）监督管理污染防治、核与辐射安全

制定水体、大气、土壤、噪声、光、恶臭、固体废物、化学品、机动车等的污染防治管理制度并组织实施,会同有关部门监督管理饮用水水源地环境保护工作,组织指导城镇和农村的环境综合整治工作。拟订有关政策、规划、标准,参与核事故应急处理,负责辐射环境事故应急处理工作。监督管理核设施安全、放射源安全,监督管理核设施、核技术应用、电磁辐射、伴有放射性矿产资源开发利用中的污染防治。对核材料的管制和民用核安全设备的设计、制造、安装和无损检验活动实施监督管理。

（4）组织开展中央环境保护督察

开展环境保护督察,是党中央、国务院为加强环境保护工作采取的一项重大举措,对加强生态文明建设、解决人民群众反映强烈的环境污染和破坏问题具有重要意义。生态环境部组织开展中央环境保护督察。

2. 组建生态环境部的意义

生态环境部的组建,是我国生态环境保护管理体制的又一次深刻变革,是生态文明建设中一项重要的顶层设计。中国自1988年成立国家环保局以来,从国家环保局,到环保总局,又从环保总局到环保部,环保主管部门地位不断提升。这样的改革趋势,使得环保部门的话语权、执法权大大提高，环境监管能力不断增强，为我国的生态文明建设提供了强大的体制保障。但是，以往的环境保护管理体制改革，脉络主要是纵向的，意在提高环保部门的权威，保障环境利益在重大决策中的权重，冲破地方保护主义。而对于环保管理职能横向分散的问题，之前的改革较少触及，政府的环境保护职能依然被分散在环保、水利、国土、农业管理、海洋等多个系统，这就制约了环境监管效能的进一步提升。从全球经验来看，环境监管大多实行的是涵盖污染防治、资源保护和生态保育的大环境部模式。这样的体制，更利于形成从山顶到海洋、从天上到地下的所有环境要素的一体化管理。习近平总书记曾说过，"山水林田湖是一个生命共同体……对山水林田湖进行统一保护、统一修复是十分必要的"。生态系统各组成要素相互依存、相互制约，不可分割。要实现对于生态环境的统一管理，就需要科学整合分散于不同部门的管理职能，"一件事情由一个部门负责"。组建生态环境部的改革思路，正在于此。按照改革的方案，原本属于发改委、国土、水利等部门的环保管理职能被整合，统一归到生态环境部。如此一来，环保职能不再分散交叉，实现"握指成拳"，生态环境保护和污染防治职能得以实现统筹管理、整体管理。这样进一步提升了生态环境保护管理体制的权威性和有效性。作为国家环境治理体系和治理能力现代化的重要一环，它必将为我国的生态文明建设注入强大的动力。

生态文明领域机构改革的顺利推进，需要进一步做好一系列工作。首先，要全面建立自然资源资产产权制度。自然资源和生态环境管理体制改革正是为了更好地建立自然资源资产产权制度。因此，要利用这次自然资源和生态环境管理体制改革，加快建立自然资源资产产权制度，进一步明确具体自然资源所有权、监管权等权属。其次，自然资源和生态环境管理体制改革后的部门内部要加强协调。部门之间有利益冲突及分割的问题，部门内部也会不同程度地存在此类问题。再次，自然资源和生态环境管理体制改革后的中央与地方关系要加强协调。从中央稳步向地方推动改革，以免出现操之过急、一刀切的情况。

三、打好污染防治攻坚战

党的十九大明确提出把打好"污染防治攻坚战"作为 2020 年全面建成小康社会的三大攻坚战之一。2018 年 5 月 18 日至 19 日，全国生态环境保护大会在北京召开。习近平同志出席会议并发表重要讲话，他强调，要自觉把经济社会发展同生态文明建设统筹起来，充分发挥党的领导和我国社会主义制度能够集中力量办大事的政治优势，充分利用改革开放 40 年来积累的坚实物质基础，加大力度推进生态文明建设、解决生态环境问题，坚决打好污染防治攻坚战，推动我国生态文明建设迈上新台阶。当前阶段，我国面临的污染主要来自气、水、土三个方面，环保部还针对这三个方面的污染防治建立了三个专门的司局，做了大量的工作。

（一）打赢蓝天保卫战

1. 我国大气污染现状

第一，煤炭过量使用导致大气污染严重。工业生产、城市生活供电以及供暖的主要资源为煤炭，工业部门尤其是高耗能部门占总能源消费量的主要部分。据相关研究统计，我国工业产业中，以煤炭为原料的行业在总行业中的占比超过 80%。而煤炭燃烧过程可产生大量硫化物、粉尘和氮氧化物，尤其是近年来细颗粒物污染愈加严重，给人体健康带来极大的危害。

第二，快速城市化导致大中城市大气污染严重。我国多数城市空气质量不容乐观，多数城市的空气污染程度已达到严重污染水平。我国京津冀、长三角、珠三角大经济圈是我国污染相对较重的区域，单位污染物排放强度是全国平均水平的几倍。

第三，大气污染物不断增多且种类复杂。我国大气污染呈复合型变化趋势，污染物种类日益复杂。我国大气污染类型从单一的"煤烟型"向"煤烟+汽车尾气"转变，污染类型的增多也导致污染物之间的相互作用和反应，形成"二次污染"。

2017年1月，时任环境保护部部长陈吉宁介绍大气污染防治相关问题时指出：2016年大气质量变化还是很明显的。2016年北京PM2.5浓度是73微克/每立方米，比2015年下降9.9%，优良天数比例比2015年上升3.1个百分点，这是北京这几年改善幅度最大的一年。不仅北京在改善，京津冀、长三角、珠三角这三个重点地区都在改善。与2013年比，改善的幅度在30%左右。全国层面上，74个重点城市PM2.5浓度，与2013年相比改善幅度也是在30%左右。改善的速度比发达国家在同一发展阶段还要快一些。当前最大的问题是，冬季改善的幅度非常小，甚至没有多少改善。与2013年比有改善，但是2016年与2015年比没有改善。

2. 大气污染防治的政策措施

2013年9月，国务院印发《大气污染防治行动计划》。这是当前和今后一个时期全国大气污染防治工作的行动纲领。"大气十条"给出了大气生态系统保护和修复的具体措施。

第一，减少污染排放，加强工业企业大气污染综合治理。全面整治燃煤小锅炉，加快重点行业脱硫、脱硝、除尘改造工程建设。推进挥发性有机物污染治理。综合整治城市扬尘和开展餐饮油烟污染治理。加强城市交通管理，加快淘汰黄标车和老旧车辆，大力发展公共交通，加快推进低速汽车升级换代，推广新能源汽车，加快提升燃油品质，加强油品质监督检查，严厉打击非法生产、销售不合格油品行为。

第二，调整优化产业结构，推动产业转型升级。严控高耗能、高污染行业新增产能，修订高耗能、高污染和资源性行业准入条件，明确资源能源节约和污染物排放等指标；加快淘汰落后产能，结合产业发展实际和环境质量状况，进一步提高环保、能耗、安全、质量等标准，分区域明确落后产能淘汰任务，倒逼产业转型升级；坚决停建产能严重过剩行业违规在建项目。

第三，加快企业技术改造，提高科技创新能力。强化科技研发和推广，支持企业技术中心、国家重点实验室、国家工程实验室建设，推进大型大气光化学模拟仓、大型气溶胶模拟仓等科技基础设施建设；全面推行清洁生产，针对节能减排关键领域和薄弱环节，采用先进适用的技术、工艺和装备，实施清洁生产技术改造；大力发展循环经济，培育壮大节能环保产业，促进重大环保技术装备、产品的创新开发与产业化应用。

第四，加快调整能源结构，增加清洁能源供应。控制煤炭消费总量，制定国家煤炭消费总量中长期控制目标，实行目标责任管理；加快清洁能源替代利用，积极有序发展水电，开发利用地热能、风能、太阳能、生物质能，安全高效发展核电；推进煤炭清洁利用，提高能源使用效率。

第五，严格节能环保准入，优化产业空间布局。调整产业布局，按照主体功能区规划要求，合理确定重点产业发展布局、结构和规模，重大项目原则上布局在优化开发区和重点开发区；强化节能环保指标约束，提高准入门槛，健全重点行业准入条件，公布符合准入条件的企业名单并实施动态管理；优化产业空间布局，严格限制在生态脆弱或环境敏感地区建设"两高"行业项目。

第六，发挥市场机制作用，完善环境经济政策。本着"谁污染、谁负责，多排放、多负担，节能减排得收益、获补偿"的原则，积极推行激励与约束并举的节能减排新机制；中央财政设立专项资金，实施以奖代补政策；调整完善价格、税收等方面的政策，完善对部分困难群体和公益性行业成品油价格改革补贴政策，完善"两高"行业产品出口退税政策和资源综合利用税收政策；深化节能环保投融资体制改革，鼓励民间资本和社会资本进入大气污染防治领域。

第七，健全法律法规体系，严格依法监督管理。完善法律法规标准，完善国家监察、地方监管、单位负责的环境监管体制，加强对地方人民政府执行环境法律法规和政策的监督；推进联合执法、区域执法、交叉执法等执法机制创新，明确重点，加大力度，严厉打击环境违法行为；国家定期公布重点城市空气质量排名，建立重污染行业企业环境信息强制公开制度。

第八，建立区域协作机制，统筹区域环境治理。建立京津冀、长三角区域大气污染防治协作机制，国务院与各省级政府签订目标责任书，将目标任务分解落实到地方人民政府和企业；进行年度考核，严格责任追究。

第九，建立监测预警应急体系，妥善应对重污染天气。环保部门要加强与气象部门的合作，建立重污染天气监测预警体系，要及时发布监测预警信息；制定完善的应急预案，开展重污染天气应急演练；将重污染天气应急响应纳入地方人民政府突发事件应急管理体系，实行政府主要负责人负责制。要依据重污染天气的预警等级，迅速启动应急预案，引导公众做好卫生防护。

第十，明确政府企业和社会的责任，动员全民参与环境保护。地方各级人民政府对本行政区域内的大气环境质量负总责，要根据国家的总体部署及控制目标，制定本地区的实施细则，确定工作重点任务和年度控制指标，完善政策措施，并向社会公开；各有关部门要密切配合、协调力量、统一行动，形成大气污染防治的强大合力；企业要按照环保规范要求，采用先进工艺与技术，确保达标排放；要积极开展多种形式的宣传教育，普及大气污染防治的科学知识，广泛动员社会参与。

（二）水污染防治行动计划

1. 我国水污染现状

第一，水环境质量差。2014年，我国工业、农业和生活污染排放负荷大，COD（化学需氧量）排放总量达到2294.6万吨，NH_3-N（废水中氨氮含量指标）排放总量达到238.5万吨，远远超过环境容量；全国地表水国控断面中，仍有近十分之一（9.2%）丧失水体使用功能（劣于Ⅴ类），24.6%的重点湖泊（水库）呈富营养状态；全国有4778个地下水监测点，其中59%的水质为较差甚至极差；全国9个重要海湾中有6个为差或极差；不少流经城镇的河流沟渠黑臭，水污染事件时有发生。

第二，水资源保障能力脆弱。我国人均水资源占有量少，时空分布严重不均；由于受到气候以及降雨量的影响，局部水资源过度开发，超过水资源可再生能力。至2014年底，我国对海河、黄河、辽河流域水资源开发利用率分别高达106%、82%、76%，远远超过国际公认的40%的水资源开发生态警戒线，严重挤占生态流量，水环境自净能力锐减。

第三，水生态受损严重。过度的围湖造田，侵占河道，降低了湖泊的调蓄能力和行洪能力，加剧了洪水灾害。湿地、海岸带、湖滨、河滨等自然生态空间不断减少，水源涵养能力下降，沿海湿地面积大幅度减少，近岸海域生物多样性降低，渔业资源衰退严重，至2014年底，自然岸线保有率已不足35%。

第四，水环境隐患多。我国约有80%的化工、石化项目布设在江河沿岸、人口密集地区；部分饮用水水源保护区仍有违法排污、交通线路穿越等现象，对饮水安全构成潜在威胁。突发环境事件频发，1995—2014年，全国共发生1.1万起突发水环境事件，仅2014年环境保护部调度处理并上报的98起重大及敏感突发环境事件中，就有60起涉及水污染，严重影响人民群众生产生活。

2. 水污染防治的政策措施

2015年4月，国务院正式发布的《水污染防治行动计划》（"水十条"）提供了未来一段时间的治水方略。这是当前和今后一个时期全国水污染防治工作的行动纲领及措施。

第一,全面控制污染物排放。针对工业、城镇生活、农业农村和船舶港口等污染来源,提出了相应的减排措施。包括依法取缔"十小"企业,专项整治"十大"重点行业,集中治理工业集聚区污染;加快城镇污水处理设施建设改造,推进配套管网建设和污泥无害化处理处置;防治畜禽养殖污染,控制农业面源污染,开展农村环境综合整治;提高船舶污染防治水平。

第二,推动经济结构转型升级。调整产业结构、优化空间布局、推进循环发展,既可以推动经济结构转型升级,也是治理水污染的重要手段。包括:加快淘汰落后产能;结合水质目标,严格环境准入;合理确定产业发展布局、结构和规模;以工业水、再生水和海水利用等推动循环发展等。

第三,着力节约保护水资源。实施最严格水资源管理制度,严控超采地下水,控制用水总量;提高用水效率,抓好工业、城镇和农业节水;科学保护水资源,加强水量调度,保证重要河流生态流量。

第四,强化科技支撑。完善环保技术评价体系,加强共享平台建设,推广示范先进适用技术,推进先进适用技术和装备的产业化;整合现有科技资源,加强基础研究和前瞻技术研发;规范环保产业市场,加快发展环保服务业。

第五,充分发挥市场机制作用。加快水价改革,完善污水处理费、排污费、水资源费等收费政策,健全税收政策,发挥好价格、税收等收费的杠杆作用。加大政府和社会投入,促进多元投资;通过健全"领跑者"制度、推行绿色信贷、实施跨界补偿等措施,建立有利于水环境治理的激励机制。

第六,严格环境执法监管。加快完善法律法规和标准,加大执法监管力度,严惩各类环境违法行为,严肃查处违规建设项目;加强行政执法与刑事司法衔接，完善监督执法机制；健全水环境监测网络，形成跨部门、区域、流域、海域的污染防治协调机制。

第七，切实加强水环境管理。未达到水质目标要求的地区要制定实施限期达标的工作方案，深化污染物总量控制制度，严格控制各类环境风险，稳妥处置突发水环境污染事件；全面实行排污许可证管理。

第八，全力保障水生态环境安全。建立从水源到水龙头全过程监管机制，定期公布饮水安全状况，科学防治地下水污染，确保饮用水安全；深化重点流域水污染防治，对江河源头等水质较好的水体进行保护；重点整治长江口、珠江口、渤海湾、杭州湾等河口海湾污染，严格围填海管理，推进近岸海域环境保护；加大城市黑臭水体治理力度，直辖市、省会城市、计划单列市建成区于2017年底前基本消除黑臭水体。

第九，明确和落实各方责任。建立全国水污染防治工作协作机制。地方政府对当地水环境质量负总责，要制定水污染防治专项工作方案。排污单位要自觉治污、严格守法。分流域、分区域、分海域逐年考核计划实施情况，督促各方履责到位。

第十，强化公众参与和社会监督。国家定期公布水质最差、最好的10个城市名单和各省（区、市）水环境状况。依法公开水污染防治相关信息，主动接受社会监督。邀请公众、社会组织全程参与重要环保执法行动和重大水污染事件调查，构建全民行动格局。

（三）土壤污染防治行动计划

1. 我国土壤污染现状

2014年4月，环境保护部和国土资源部发布了全国土壤污染状况调查公报。根据国务院决定，2005年4月至2013年12月，环境保护部会同国土资源部开展了首次全国土壤污染状况调查。调查的范围是除香港、澳门特别行政区和台湾地区以外的陆地国土，调查点位覆盖全部耕地，部分林地、草地、未利用地和建设用地，实际调查面积约 630 万平方公里。调查采用统一的方法、标准，基本掌握了全国土壤环境总体状况。

我国土壤环境质量受多重因素叠加影响，我国土壤污染是在经济社会发展过程中长期累积形成的。工矿业、农业生产等人类活动和自然背景值高是造成土壤污染或超标的主要原因。调查结果显示，全国土壤环境状况总体不容乐观，部分地区土壤污染较重，耕地土壤环境质量堪忧，工矿业废弃地土壤环境问题突出。至 2013 年底，全国土壤总的点位超标率为 16.1%，其中轻微、轻度、中度和重度污染点位比例分别为 11.2%、2.3%、1.5% 和 1.1%。从土地利用类型看，耕地、林地、草地土壤点位超标率分别为 19.4%、10.0%、10.4%；从污染类型看，以无机型为主，有机型次之，复合型污染比重较小，无机污染物超标点位数占全部超标点位的 82.8%；从污染物超标情况看，镉、汞、砷、铜、铅、铬、锌、镍 8 种无机污染物点位超标率分别为 7.0%、1.6%、2.7%、2.1%、1.5%、1.1%、0.9%、4.8%；六六六、滴滴涕、多环芳烃 3 类有机污染物点位超标率分别为 0.5%、1.9%、1.4%。

我国局部地区土壤污染较重。长江三角洲、珠江三角洲、东北老工业基地等部分区域土壤污染问题较为突出，西南、中南地区土壤重金属超标范围较大；镉、汞、砷、铅 4 种无机污染物含量分布呈现从西北到东南、从东北到西南方向逐渐升高的态势。工矿企业及其周边土壤环境问题突出，抽样调查显示，至 2013 年底，污染企业及其周边点位超标率为 36.3%、工业废弃地为 34.9%、工业园区为 29.4%。

2. 土壤污染防治的政策措施

2016 年 5 月，国务院印发《土壤污染防治行动计划》（"土十条"）。这是当前和今后一个时期全国土壤污染防治工作的行动纲领。"土十条"继"大气十条""水十条"后，给出了土壤污染防治的具体措施。

第一，开展土壤污染调查，掌握土壤环境质量状况。2018年和2020年底前，分别查明农用地和重点行业企业用地污染分布及其环境风险。建立土壤环境质量状况定期调查制度。提高信息化管理水平，建设土壤环境质量监测网络，到2020年实现监测点位所有县（市、区）全覆盖。

第二，推进土壤污染防治立法，建立健全法规标准体系。到2020年，土壤污染防治法律法规体系基本建立。健全土壤污染防治相关标准和技术规范。明确监管重点，加强土壤环境日常监管执法。

第三，实施农用地分类管理，保障农业生产环境安全。按污染程度将农用地划为优先保护类、安全利用类和严格管控类，以耕地为重点，分别采取相应管理措施，保障农产品质量安全。加大土壤保护力度，防控企业污染，着力推进安全利用。到2020年，轻度和中度污染耕地实现安全利用面积达到4000万亩，重度污染耕地种植结构调整或退耕还林还草面积力争达到2000万亩。

第四，实施建设用地准入管理，防范人居环境风险。建立建设用地调查评估制度，逐步建立污染地块名录及其开发利用的负面清单，分用途明确管理措施。严格用地准入，将建设用地土壤环境管理要求纳入城市规划和供地管理，土地开发利用必须符合土壤环境质量要求，合理确定土地用途。建立信息沟通机制，实行部门联动联管。

第五，强化未污染土壤保护，严控新增土壤污染。加强未利用地环境管理。防范建设用地新增污染，排放重点污染物的建设项目，在环评中增加土壤环境影响的评价内容。2017年起，有关地方人民政府要与重点行业企业签订土壤污染防治责任书，明确相关措施和责任并向社会公开。

第六，加强污染源监管，做好土壤污染预防工作。严控工矿污染，建立重点监管企业名单。严防矿产资源开发、涉重金属行业、工业废物处理和企业拆除活动污染土壤。控制农业污染，加强化肥、农药、农膜、畜禽养殖污染防治和灌溉水水质管理。减少生活污染，推进农村生活垃圾治理，实施农村生活污水治理工程，整治非正规垃圾填埋场，强化重金属废物的安全处置。减少过度包装，鼓励使用环境标志产品。

第七，开展污染治理与修复，改善区域土壤环境质量。落实治理与修复的主体责任。以影响农产品质量和人居环境安全的突出土壤污染问题为重点，制定实施治理与修复规划，建立项目库。到2020年，受污染耕地治理与修复面积达到1000万亩。强化治理与修复工程监管，实行土壤污染治理与修复终身责任制。

第八，加大科技研发力度，推动环境保护产业发展。整合各类科研资源，加强土壤污染防治研究。加大适用技术推广力度，加快成果转化应用，推动治理与修复产业发展。

第九，发挥政府主导作用，构建土壤环境治理体系。按照"国家统筹、省负总责、市县落实"原则，完善土壤环境管理体制，全面落实土壤污染防治属地责任。加大财政投入，设立土壤污染防治专项资金；完善激励政策，发挥市场作用，加强社会监督，引导公众参与，强化政策宣传解读，营造保护土壤环境的良好社会氛围。

第十，加强目标考核，严格责任追究。明确地方政府主体责任，健全考核评估机制。建立土壤污染防治工作协调机制，加强部门协调联动，形成工作合力。落实企业责任，逐步建立土壤污染治理与修复企业行业自律机制。

四、当前生态文明体制改革的难点、对策及展望

（一）生态文明体制改革的难点

第一，污染防治的成本与收益缺乏精准分析。当前从中央到地方高度重视污染防治攻坚战，存在为污染防治攻坚战而不计成本的现象。有大量

国外媒体、专家质疑污染防治攻坚战是否大幅影响经济增长，我们的领导干部、专家只能回复污染防治攻坚战可以去除"黑色增长"、促进绿色发展，至今没有一份污染防治攻坚战整体综合的成本收益分析。中央环保督察地方整改也缺乏成本收益分析。中央环保督察整改的项目要求大部分落在县级政府层面，很多项目是地市或省级部门之前批准的，但是整改的成本大都由县级政府承担。另一方面，有的整改措施对地方的民生有很大影响，比如煤改气造成的"气荒"。对于这些污染控制措施导致的社会经济成本尚缺乏核算。

第二，顶层设计尚不完善且地方落实不力。生态文明体制改革顶层设计本身还有缺陷，虽然《生态文明体制改革总体方案》已经构建起制度的"四梁八柱"，但是计划到 2020 年前建立的生态文明各项制度的制定存在滞后或是可行性较弱的问题。即便是一些改革已经进行了分工，各部门出台了相关文件，但没有真正落实。比如自然资源资产产权制度，具体制度设计工作落到了国土资源部调控和监测司，目前仍在讨论什么是自然资源资产产权。顶层设计即使落实了，推进也很缓慢，比如 2015 年 5 月发布的《中共中央 国务院关于加快推进生态文明建设的意见》，某省 2016 年才发布落实的文件，某地级市 2018 年才落实，某县级市正在研究制定方案。另外，地方对顶层设计缺乏了解，比如某个号称要打造生态文明样板区的县级市，调研发现各相关部门干部对于中央部署的各项改革举措及制度一问三不知。

第三，行政手段过多，市场手段过少。目前对于企业还是一刀切的行政性关停为主，没有发挥市场优胜劣汰的作用，甚至有的地方政府为实现污染防治的要求，与一些地方黑恶势力勾结，通过破坏企业设备，迫使符合环保标准的合法企业关停。企业主动参与污染防治的较少，虽然出现了一批污染防治、生态修复的企业，但是具有核心创新技术的企业少，能靠推动产业转型实现在绿色发展中盈利的企业更少。另外,绿色金融体系没有构建起来,绿色信贷应该是银行贷款的底线,却被作为一项荣誉。环境权益类交易市场机制欠缺,比如碳交易市场从2011年开始试点,到2017年底覆盖全国电力行业的大型企业,而中国电力行业的大型企业本身的减排能力位于世界前列,市场机制促进减排的激励机制不显著,而且市场机制仍然没有完善,还是相当于政府主导的一项收费项目。

第四,相关研究培训不深入、不到位。生态文明建设是需要自然科学与社会科学紧密结合的研究,但是由于学科分割严重,生态文明相关的复合型人才匮乏,生态文明建设相关的自然科学研究难以运用到经济社会政策制定中。另外,党校系统的干部培训是使领导干部落实生态文明理念的重要途径之一,但是各级党校在干部培训中相关内容偏少,课程多以生态文明理念的哲学思辨为主。以中央党校为例,十八大之后才组建生态文明领域的讲课小组,目前还没有专门的教研部门负责这一领域的教学,无法形成团队研究的规模优势,还导致一些教员既要承担所在部门的专业课程,还要"兼职"讲授生态文明。中央党校如此,各级地方党校相关教员更是短缺。

(二)生态文明体制改革的对策

第一,算好经济、政治、社会、生态账以及短期、长期账。污染防治攻坚战是实现全面建成小康社会的重大部署,因此要深入分析各个领域及长短期的成本与收益。各类政策应该根据成本收益的测算来合理制定。还应尽快研究建立生态产品价值实现机制,让绿水青山能真正地转变为金山银山。更值得注意的是,生态环境的改善是一个系统工程,影响因素复杂、修复周期较长,短期性的指标任务往往背离了生态系统自身的发展规律,容易在地方执行过程中出现各种不恰当的"休克疗法",造成污染防治中的二次污染问题,以及生态项目破坏生态环境问题,甚至会导致有些企业打着污染防治的旗号借机圈钱。

第二,建立中央地方协同的生态文明制度体系。在中央推进自然资源和生态环境管理体制改革的同时,推动地方落实改革。建议充实中央生态文明体制改革专项小组对于制度体系顶层设计的专业人员,加强统筹协调,由单纯地治理污染转向建立一整套上下联动的制度体系。当然,地方政府也应根据顶层设计提早谋划应对。比如山东莱州市在中央环保督察与禁止洋垃圾进口之前采取有效措施,关停了延续40年的废塑料处理产业,共取缔加工户1769户,并通过政府合理补偿与引导转型,使加工户增加收入,没有造成一起上访案件,得到中央四部委联合检查组的肯定。

第三,让企业成为生态文明建设的主体。一是要大力培育像美国特斯拉公司那样能把智能与绿色联系起来的创新型公司。比如AMOLED(有源矩阵有机发光二极管)拥有高对比度、色彩表现力强、响应速度超快、超轻薄、耐低温、超低功耗、可任意折叠卷曲等多重独特的技术优势,是全球显示产业的新一代技术。目前由我国企业自主研发的AMOLED正在准备量产,即将打破韩国三星公司的市场垄断。二是企业要与政府深入合作,推动政府绿色转型。比如华夏幸福基业公司通过设置较高的环保、产能标准设立产业新城,推动地方政府实现绿色转型。三是切实发挥绿色金融杠杆作用。可以通过建立更完善的碳交易市场带动排污权、用水权、用能权等环境权益交易市场发展,让老百姓像买卖股票一样买卖绿色金融产品,让老百姓像关注股市一样关注绿色发展,让绿色发展与老百姓钱袋子紧紧联系起来。

第四,构建生态文明智库,加强相关培训。目前专门从事生态文明领域的智库还较少,其散落在中国社科院、中国科学院、各高校、各研究机构中,而且以从生态学、环境科学、环境工程学出发的理工科研究为主,把自然科学研究与经济社会决策有效对接的智库研究更是少之又少。建议重点培育这一领域的智库，使污染防治攻坚战有坚实的研究支撑。各级党校要加强习近平生态文明思想的研究与教学工作，进一步建立相关生态文明的教研机构，培养发展讲授生态文明建设专职教员。

（三）生态文明体制改革的展望

第一，严格的环境保护约束常态化。2018年中央环保督察整改情况要"回头看"，针对污染防治攻坚战的关键领域组织开展机动式、点穴式专项督察，全面开展省级环保督察。因此环保的标准将大幅提升与完善，"黑色增长"将彻底清除，绿色转型将成为各级政府的工作重点。

第二，经济活动的界限日益清晰。我国将全面划定生态保护红线、永久基本农田、城镇开发边界三条控制线，根据主体功能区规划，明确哪些区域空间是发展城镇化、工业化的，哪些区域空间是振兴乡村的，哪些区域空间就是保护生态的。进一步核查清楚我国生态环境还可以容纳、清理多大的污染物排放，污染物排放什么时候能达到拐点开始下降，各种污染物到底是怎么形成的，相互间又是怎样影响的。

第三，环保领域改革制度更加完善。切实保障地表水国控断面水质"采测"分离机制有效实施，并加快自动站建设，完善国家土壤环境监测网。完成石化等6个行业排污许可证核发。全面推开省以下环保机构垂直管理制度改革。推进在全国试行生态环境损害赔偿制度。调整禁止进口固体废物目录，强化进口废物监管，坚决禁止洋垃圾入境。健全环保信用评价、信息强制性披露制度，推进环境保护综合名录编制。

第四，一大批生态环保的专业化企业发展起来。中国绿色转型的同时，也带来大量商机。绿色产业将形成一大批治理结构优良、资本实力雄厚的环保上市公司龙头。环境信息共享平台、绿色产品标准与规范、生态环境风险评估与防范的咨询机制等一系列基础工作逐步完善，这将大力推动新兴绿色企业的壮大与发展。

第五，政企紧密合作推动绿色产业发展。治理污染、修复生态的巨大成本已经成为地方政府的沉重包袱。但是对于从事污染防治与生态修复的专业化企业而言，这种包袱反而是一种资源。政府可以引入这类社会资本，采用政企合作PPP模式，促进包袱尽快转化为资源。政企合作污染防治机制不仅可以承担治理污染、修复生态的巨大成本，更可以在治理污染、修复生态中产生巨大收益，进而推动高污染、高能耗的产业转型升级为高科技附加值、低污染的绿色产业。

第六，绿色金融杠杆作用大幅发挥。2017年底我国着手构建覆盖全国电力行业的碳排放权交易市场，通过建立更完善的碳排放权交易市场带动排污权、用水权、用能权等环境权益交易市场发展，让老百姓像买卖股票一样买卖绿色金融产品，让老百姓像关注股市一样关注绿色发展，让绿色发展与老百姓钱袋子紧紧联系起来。

第七，自然资源资产产权制度全面建立。生态环境领域的市场机制建立的前提也是要建立明晰的产权。当前除了矿藏外，其他自然资源全民所有的所有权人不到位，生态产品的产权更是界限不清，这就要全面建立自然资源资产产权制度。建立了产权后，自然资源、生态产品就可以通过市场交易来确定价格，并取得利润。因为有利可图，更多的企业就更加自愿地投入于绿色发展中。

第八，生态产品价值实现机制逐步建立。国家正在试点对生态系统的产品提供功能、调节功能、文化服务功能等进行实物量价值核算，形成一套生态价值核算指标体系和核算办法，还进一步研究各类生态产品的定价方法及其交易方法。这将增强重点生态功能区自我造血功能和自身发展能力，使绿水青山真正变成金山银山。

第九，绿色竞争力成为国际竞争的利器。良好的生态环境已成为一个国家和地区综合竞争力的重要组成部分。我国将给全世界提供优质的生态产品，推动绿色"一带一路"建设，为全球生态安全作出贡献，实现绿水青山就是金山银山的治理环境的中国方案，构建人类命运共同体，建设清洁美丽的世界。

第六章
新时代生态文明体制改革的指导思想
——习近平生态文明思想

在以习近平同志为核心的党中央坚强领导下，我们国家的生态文明建设工作决心之大、力度之大、成效之大，前所未有，确实是取得了历史性的成就，发生了历史性变革。这一历史性的成就与历史性变革根源于科学的生态文明建设思想指导。生态文明建设思想，是我们实践和全党智慧的结晶，它的主要创立者是习近平同志。在这一思想的创立过程中，习近平同志作出了卓越的理论贡献。在领导推进党和国家事业发展的实践中，习近平同志以马克思主义政治家、理论家的深刻洞察力、敏锐判断力和战略定力，提出了一系列生态文明建设的具有开创性的新理念新思想新战略，为这一科学思想体系的创立发挥了决定性作用、作出了决定性贡献，因此我们称之为"习近平生态文明建设思想"。习近平生态文明建设思想为实现人与自然和谐发展、建设美丽中国乃至美丽世界提供了强大思想指引、根本遵循和实践动力，开辟了马克思主义新境界，开辟了中国特色社会主义新境界，开辟了治国理政新境界。

一、发展脉络

习近平生态文明建设思想不是一朝一夕形成的，也不只是对习近平同志在中央工作时期关于生态文明建设的重要论述的总结，而是习近平同志从地方到中央工作的长时间内的逐步积累，如同大自然中的一棵树的生长一般：在延安七年知青岁月时期开始播种，在河北省正定工作时期发芽，在福建省工作时期长成幼苗，在浙江省工作时期茁壮成长，到了中央工作时期成了枝繁叶茂的参天大树，思想体系成型。

（一）延安七年知青岁月的播种期

"七年知青经历是习近平总书记治国理政思想的历史起点。"[1] 当时陕北地区气候干旱，植被稀疏，生态脆弱，流水侵蚀，地表破碎。习近平同志正是在这种生态环境中生活了七年，在心中播种下了要改善生态环境的想法。他曾这样说："我曾在西部生活过多年，深知环境恶化的灾害。拥有秀美山川而不知道珍惜，无疑是暴殄天物！"[2] 他还在当地缺煤少柴的情况下，带领梁家河村民建设了陕西省第一口沼气池，全村百分之七十以上的农户用上了沼气，他自己也成了使用这种新能源的专家。

（二）河北省正定工作的萌芽期

在正定，习近平同志提出当地要实现农业生态平衡、生态目标和经济目标相统一和建立良性循环生产结构的战略措施。在他主持下，当时的正定县委于1985年制定了《正定县经济、技术、社会发展总体规划》，其中强调：保护环境，消除污染，治理开发利用资源，保持生态平衡，是现代化建设的重要任务，也是人民生产、生活的迫切要求。《规划》还特别强

---

[1] 中央党校采访实录编辑室：《习近平的七年知青岁月》，中共中央党校出版社，2017年版。
[2] 潘园园、林侃：《生态福建 接力传承——写在国务院印发〈关于支持福建省深入实施生态省战略加快生态文明先行示范区建设的若干意见〉之际》，《福建日报》，2014年3月26日。

调:宁肯不要钱,也不要污染,严格防止污染搬家、污染下乡。①

（三）福建省工作的幼苗期

在厦门,习近平同志牵头研究制定《1985—2000年厦门经济社会发展战略》,其中强调厦门本岛市区应在总体规划指导下具体搞分区规划,注意其环境容量问题,建设过程中应注意城市环境的最大限度与适度人口容量。②

在宁德,习近平同志提出"靠山吃山唱山歌,靠海吃海念海经"的"山海经"。强调资源开发不是单一的,而是综合的。不是单纯讲经济效益的,而是要达到社会、经济、生态三者效益的协调。③

在福州,习近平同志担任总指导,从福州自然资源分布状况和已经形成的生产力布局出发制定了《福州市20年经济社会发展战略设想》④,还明确提出"把生态环境的治理和保护纳入经济和社会发展总体规划"。⑤

在领导福建生态省建设时,习近平同志强调"加快发展不仅要为人民群众提供日益丰富的物质产品,而且要全面提高生活质量。环境质量作为生活质量的重要组成部分,必须与经济增长相适应。"⑥

（四）浙江省工作的生长期

在浙江,习近平同志对生态文明建设作了多方面重要论述,把解决人与自然的矛盾和冲突,创新发展理念,置于现代文明根基的重要地位,强调发展理念、发展方式的深刻转变,揭示了现代化进程中生态文明建设规

---

① 程宝怀、刘晓翠、吴志辉:《习近平同志在正定》,《河北日报》,2014年1月2日。
② 习近平:《牵头编制全国经济特区中第一部发展规划　提出厦门岛内外一体化发展思路》,《福建日报》,2014年10月30日。
③ 习近平:《摆脱贫困》,福建人民出版社,1992年版。
④ 刘复培、朱毓松:《福州市3820工程解读:诞生于20年前的宏伟构想》,《福建日报》,2013年10月28日。
⑤ 习近平:《扎扎实实转变经济增长方式》,《求是》,1996年第10期。
⑥ 潘园园、林侃:《生态福建　接力传承——写在国务院印发〈关于支持福建省深入实施生态省战略加快生态文明先行示范区建设的若干意见〉之际》,《福建日报》,2014年3月26日。

律。在 2003 年的浙江省委十一届四次全会上，习近平同志把"进一步发挥浙江的生态优势，创建生态省，打造'绿色浙江'"作为"八八战略"的重要一条正式提出，至今浙江省依然"一张蓝图干到底"，坚持着这条战略。习近平同志还独具匠心地通过深入阐发"绿水青山"与"金山银山"的辩证统一来说明经济发展与生态文明之间的内在关系。

（五）中央工作的成型期

党的十八大以来，习近平同志更是高度重视生态文明建设，据统计，截至 2017 年底，有关重要讲话、论述和批示指示多达 300 余次，提出一系列新理念新思想新战略，深刻回答了为什么建设生态文明、建设什么样的生态文明、怎样建设生态文明等重大问题，形成了科学系统的习近平生态文明思想，集中体现了社会主义生态文明观，指导我国走向社会主义生态文明新时代，成为习近平新时代中国特色社会主义思想不可分割的有机组成部分。2018 年 5 月 19 日，中共中央政治局常委、国务院副总理韩正在全国生态环境保护大会上作总结讲话时正式使用了"习近平生态文明思想"这一提法。

二、理论基础

2017 年 7 月，习近平同志在省部级主要领导干部"学习习近平总书记重要讲话精神，迎接党的十九大"专题研讨班开班式上强调"高度重视理论的作用，增强理论自信和战略定力"。[1] 习近平同志自己就是高度重视理论作用的典范，他深入学习并成功运用了生态文明领域相关理论。

（一）生态经济学是一门少有的诞生于中国的经济学科

生态文明领域的重要理论基础是生态经济学，生态经济学是一门经济

---

[1]《习近平在省部级主要领导干部"学习习近平总书记重要讲话精神，迎接党的十九大"专题研讨班开班式上的讲话》，《人民日报》，2017 年 7 月 28 日。

学与生态学交叉形成的理论学科，根据生态学和经济学的原理，从生态规律和经济规律的结合上来研究人类经济活动与自然生态环境的关系。具体而言，它是研究使社会物质资料生产得以进行的经济系统和人类生存环境得以维持的自然界生态系统之间的对立统一关系的学科，是既从生态学的角度研究经济活动的影响，又从经济学的角度研究生态系统和经济系统相结合形成的更高层次的复杂系统即生态经济系统的结构、功能及其规律的学科，是为了解决20世纪以来人类面临的日益严重的生态环境问题与经济发展之间的矛盾而产生的学科。

生态经济学是一门提出于西方，但是诞生于中国的经济学科。1966年，美国经济学家肯尼斯·鲍尔丁在《一门科学——生态经济学》一书中正式提出"生态经济学"的概念，但是没有形成理论体系。由于西方国家生态环境问题加剧，尤其是出现了震惊世界的"八大公害"事件，因此在20世纪70年代初，原来不考虑生态环境的西方主流经济学新古典经济学开始关注生态环境，产生了两个子学科——环境经济学与自然资源经济学（或简称资源经济学）。环境经济学主要关注经济向生态环境排放废物以及由此产生的环境污染问题；自然资源经济学则主要关注经济从生态环境中获取物质与能量以及与"自然资源"相关的种种问题。但是这两门子学科一方面在西方主流经济学中不受重视，另一方面都没有认为经济与生态环境的关系是经济学中必不可少的基础。1980年，我国马克思主义经济学家许涤新[①]在青海西宁的一次会议上首次发出了建立我国生态经济学的倡议。

---

① 许涤新（1906—1988），经济学家。广东揭西棉湖人。1926年后，先后在中山大学、厦门大学、上海劳动大学学习。抗日战争时期，任武汉、重庆《新华日报》编辑，《群众》杂志主编。新中国成立后历任中共上海市委委员、统战部部长，华东财委和上海市财委副主任、市工商局局长，中共中央统战部副部长，国家行政管理局局长，中国社会科学院副院长、经济研究所所长，汕头大学校长等职。是第一届、第三届全国人大代表，第五届、第六届全国人大常委会委员。1988年逝世。当年周恩来总理这样评价许涤新："潮汕为中国革命贡献了两个经济人才，一个是理论的许涤新，一个是实践的庄世平。"

1982年，在南昌市召开了全国第一次生态经济学术研讨会。1984年，在北京召开了全国生态经济科学讨论会暨中国生态经济学会成立大会。会上再次强调了生态经济学研究在我国社会主义现代化建设中的重要性。1985年，许涤新出版了《生态经济学探索》一书，对生态经济学的研究对象、性质、任务、基本原理和实际应用等许多重要问题，都作了论述。1987年，许涤新借鉴了马克思主义关于人与自然关系的理论，在马克思主义经济学与生态学结合的基础上，主编出版《生态经济学》，成为世界首部有完整理论体系的生态经济学书籍，标志着生态经济学作为一门学科从此诞生了。在西方，一些学者对西方主流经济学不关注生态环境的现象进行批判，针对资本主义过度追求经济增长而导致的严重生态环境问题结合生态学进行理论研究，也创建了生态经济学，是以1989年国际生态经济学学会成立为标志的。

（二）习近平重视学习并运用生态经济学

习近平同志在地方工作时就重视学习并运用生态经济学。习近平同志在提出"八八战略"时强调："进一步发挥浙江的生态优势，创建生态省，打造'绿色浙江'。根据循环经济理论和生态经济学原理，全面推进十大重点领域建设，加快构建五大体系，努力把浙江建设成具有比较发达的生态经济、优美的生态环境、和谐的生态家园、繁荣的生态文化，人与自然和谐相处的可持续发展省份。"①他在领导浙江生态省建设时再次指出："建设生态省，正是要根据生态经济学原理和循环经济理论，以最小的资源环境代价谋求经济、社会最大限度的发展，以最小的社会、经济成本保护资源和环境。既不为发展而牺牲环境，也不为单纯保护而放弃发展，既创建

---

① 中共浙江省委办公厅关于印发习近平同志《在省委十一届四次全体（扩大）会议上的报告》和《在省委十一届四次全体（扩大）会议结束时的讲话》的通知（浙委办〔2003〕39号）。

一流的生态环境和生活质量，又确保社会经济持续快速健康发展，从而走上一条科技先导型、资源节约型、清洁生产型、生态保护型、循环经济型的经济发展之路。"①习近平同志正是融合、发扬了生态经济学的中西方观点，指导我国生态文明建设实践推向深入，在此过程中形成了习近平生态文明思想。

三、丰富内涵

习近平生态文明思想有着丰富的内涵，可以概括总结为"六个观"：人与自然和谐共生的文明发展观、绿水青山就是金山银山的自然资本观、用最严格的制度保护生态环境的严密法治观、生态环境是最公平的公共产品的共同富裕观、发挥市场和政府共同作用的综合治理观、建设清洁美丽的世界的人类福祉观。

（一）人与自然和谐共生的文明发展观

习近平同志指出："生态文明是人类社会进步的重大成果。人类经历了原始文明、农业文明、工业文明，生态文明是工业文明发展到一定阶段的产物，是实现人与自然和谐发展的新要求。历史地看，生态兴则文明兴，生态衰则文明衰。"②

人与自然的关系是人类社会最基本的关系。人与自然和谐共生是指人与自然是生命共同体，两者之间保持一种可持续发展的良好状态。人类尊重自然、顺应自然、保护自然，自然则滋养人类、哺育人类、启迪人类。从本质上看，人可以利用自然、改造自然，但归根结底是自然的一部分。这一点马克思主义经典作家已经作了大量论述。马克思指出人是自然界的

---

① 习近平:《全面启动生态省建设　努力打造"绿色浙江"——在浙江生态省建设动员大会上的讲话》,《环境污染与防治》, 2003年第4期。
② 习近平:《习近平关于社会主义生态文明建设论述摘编》,中央文献出版社, 2017年版。

一部分，恩格斯也强调人本身是自然界的产物。这不是说人就只能依附于自然，只能任凭自然摆布。人与自然应当是一种共生关系。人因自然而生，自然为人类社会的发展提供资源，而人类利用这些资源后所产生的废物还要由自然来处理或存留在自然中。自然也需要人这个地球上最强势的物种来珍爱与呵护。

一部人类文明史就是人与自然关系的发展史。在渔猎文明阶段，人类与自然斗争，获得生存所需，恐怕还没有很多闲情逸致发现自然之美；在农业文明阶段，人类开始广泛利用自然，从自然获取资源以支撑自身发展，人类逐步学会欣赏自然的美丽；在工业文明初期阶段，人类自认为凌驾于自然之上，大量从自然攫取资源，把自然破坏得千疮百孔，自然的美丽褪色，一些地方生态环境恶化；在发达工业文明阶段，人类能上天入地下海，表面上征服了自然，但是自然也猛烈报复人类，这时人类开始修复自然、治理污染，重新恢复自然的美丽；在生态文明阶段，人与自然的关系才真正实现和谐共生，自然的美丽与人类社会的富强民主文明和谐交相辉映。

生态经济学把人与自然的关系抽象为经济系统与生态系统的关系。改革开放后，我国经济高速增长，但是带来众多生态环境问题。人们对发展与保护间的关系普遍存在误区：把生态系统作为经济系统的一部分，认为生态系统只是经济系统的资源供给和废弃物处理部门。因此，经济系统可以无限地扩大，生态系统的资源供给和废弃物处理能力就可以随着经济系统的扩大而扩大。而生态经济学认为经济系统是生态系统的一部分，而且生态系统的容量是有限度的，不可能随着经济系统扩张而无限扩大。2015年9月，习近平在纽约联合国总部明确指出："我们要构筑尊崇自然、绿色发展的生态体系。人类可以利用自然、改造自然，但归根结底是自然的一部分,必须呵护自然,不能凌驾于自然之上。"①

(二)绿水青山就是金山银山的自然资本观

习近平同志在浙江工作期间提出了绿水青山就是金山银山的论断(简称"两山论")。2006年3月,习近平同志在中国人民大学的一次演讲中,集中阐述"两山论"。他说:"人们在实践中对绿水青山和金山银山这'两座山'之间的关系的认识经过了三个阶段:第一个阶段就是用绿水青山去换金山银山,一味索取资源;第二个阶段就是既要金山银山,但是也要保住绿水青山,人们的理念已经是进步了;我们现在追求的是更高的境界,就是把绿水青山转化为金山银山,绿水青山本身就是金山银山,我们种的常青树就是摇钱树,生态优势变成生态经济优势,形成一种完全浑然一体的关系,和谐统一的关系。"②

"两山论"深刻揭示了发展与保护的本质关系,更新了关于自然资源的传统认识,打破了简单把发展与保护对立起来的思维束缚,指明了实现发展和保护内在统一、相互促进和协调共生的方法论。保护生态就是保护自然价值和增值自然资本的过程,保护环境就是保护经济社会发展潜力和后劲的过程,把生态环境优势转化成经济社会发展的优势,绿水青山就可以源源不断地带来金山银山。还要让为了获得金山银山而导致绿水青山受损的地方、为了守住绿水青山但没有获得金山银山的地方、为了修复绿水青山花了大把金山银山的地方能够得到合理的补偿。

自然价值、自然资本的概念是生态经济学的核心概念,生态经济学不再把生态环境作为一种给定的外界投入品,而是作为可以带来经济价值的资源(即自然价值),把生态环境所提供的生产方式看成为资本的一种类

---

① 习近平:《携手构建合作共赢新伙伴 同心打造人类命运共同体》,《人民日报》,2015年9月29日。
② 习近平:《干在实处 走在前列》,中共中央党校出版社,2013年版。

型，称为自然资本。习近平同志高度重视自然资本的概念。2003年10月，习近平同志与浙江省委党校部分学员座谈时就指出"生态环境是资源，是资产"。① 十八届三中全会提出要深化生态文明体制改革，其中提出生态文明体制改革的前提是建立自然资源资产产权，"自然资源资产"的概念实质上就是自然资本。2015年9月，习近平同志主持召开中共中央政治局会议，审议通过了《生态文明体制改革总体方案》。会议认为，这是生态文明领域改革的顶层设计，把自然资本作为核心理念，强调"自然生态是有价值的，保护自然就是增值自然价值和自然资本的过程"。② 十八届五中全会将绿色发展列为五大发展理念之一。2016年1月，习近平总书记在省部级主要领导干部学习贯彻十八届五中全会精神专题研讨班开班式上明确指出"要坚定推进绿色发展，推动自然资本大量增值"。③

（三）用最严格的制度保护生态环境的严密法治观

习近平同志强调生态文明制度建设的重要性，指出："保护生态环境必须依靠制度、依靠法治。只有实行最严格的制度、最严密的法治，才能为生态文明建设提供可靠保障……在生态环境保护问题上，就是不能越雷池一步，否则就应该受到惩罚。"④

构建产权清晰、多元参与、激励约束并重、系统完整的生态文明制度体系，建立有效约束开发行为和促进绿色发展、循环发展、低碳发展的生态文明法律体系，发挥制度和法治的引导、规制等功能，为生态文明建设提供体制机制保障。

严密法治观的核心是自然资源资产产权制度，生态经济学中的科斯

---

① 习近平：《干在实处　走在前列》，中共中央党校出版社，2013年版。
② 中共中央　国务院印发《生态文明体制改革总体方案》。
③《习近平在省部级主要领导干部学习贯彻党的十八届五中全会精神专题研讨班上的讲话》，《人民日报》，2016年5月10日。
④ 习近平：《习近平关于社会主义生态文明建设论述摘编》，中央文献出版社，2017年版。

定理正是要解决自然资源如何建立产权的问题。我国《宪法》第九条规定："自然资源的矿藏、水流、森林、山岭、草原、荒地、滩涂等自然资源，都属于国家所有，即全民所有；由法律规定属于集体所有的森林和山岭、草原、荒地、滩涂除外。"这说明我国的自然资源资产产权从所有权上看是属于全民或集体所有，但是，我国自然资源的产权并不明晰。我国目前除了矿藏外，其他自然资源全民所有的所有权人不到位，生态产品的产权更是界限不清，需要全面建立自然资源资产产权制度。因此，习近平同志在十九大报告中明确提出"设立国有自然资源资产管理和自然生态监管机构，完善生态环境管理制度，统一行使全民所有自然资源资产所有者职责"。①

（四）生态环境是最公平的公共产品的共同富裕观

习近平同志指出："环境就是民生，青山就是美丽，蓝天也是幸福。要像保护眼睛一样保护生态环境，像对待生命一样对待生态环境。"②"良好生态环境是最公平的公共产品，良好生态环境是最普惠的民生福祉。"③

生态环境没有替代品，用之不觉，失之难存。随着我国社会生产力水平明显提高和人民生活显著改善，人民群众的需要呈现多样化多层次多方面的特点，期盼享有更优美的环境。坚持以人民为中心的发展思想，坚决打好生态环境保护攻坚战，增加优质生态产品供给，让良好生态环境成为提升人民群众获得感、幸福感的增长点。

加大生态保护修复，提供更多生态产品。要加强生态系统和环境保护建设，以"山水林田湖草"这一生命共同体为基础，优化国土空间开发格局，促进生产空间集约高效、生活空间宜居适度、生态空间山清水秀，划

---

① 习近平：《决胜全面建成小康社会　夺取新时代中国特色社会主义伟大胜利——在中国共产党第十九次全国代表大会上的报告》，人民出版社，2017年版。
② 习近平：《习近平关于社会主义生态文明建设论述摘编》，中央文献出版社，2017年版。
③ 《习近平总书记系列重要讲话读本》，学习出版社，2014年版。

定生态红线，构筑生态安全格局。要积极探索生态修复保护模式、修复技术和生态工程建设措施，使遭到破坏的生态系统逐步恢复并向良性循环方向发展。要加强生态环境综合治理，充分利用先进生产技术，加强环境资源再生能力和生态自我修复能力。要不断提升生态环境承载能力，维护生态系统的稳定性和完整性，增强生态产品的生产能力和水平，给自然留下更多修复空间，给农业留下更多良田，给子孙后代留下天蓝、地绿、水净的美好家园，不断满足人民群众对干净的水、清新的空气、安全的食品、优美的环境越来越强烈的需求。

由于良好的生态环境是最公平的公共产品，生态经济学把公平分配生态环境资源作为一个重要原理。我国生态环境资源的基本属性要求我们更加重视公平分配。十八届四中全会要求"健全以公平为核心原则的产权保护制度"，十八届五中全会提出共享发展的理念，不仅物质产品要让人民共享，自然资本分配的利益也要让人民共享。因此，公平分配生态环境资源可以推动我国实现全体人民共同富裕。

（五）山水林田湖草是生命共同体的综合治理观

习近平在全国生态环境保护大会上强调："山水林田湖草是生命共同体，要统筹兼顾、整体施策、多措并举，全方位、全地域、全过程开展生态文明建设。"[①]

建立山水林田湖草是生命共同体治理体系的核心，是要把市场这只"看不见的手"与政府这只"看得见的手"的作用结合起来，在生态文明领域，实现市场在资源配置中起决定性作用，政府更好地发挥作用。2015年4月，中共中央、国务院印发的《关于加快推进生态文明建设的意见》指出："深化自然资源及其产品价格改革，凡是能由市场形成价格的都交给

[①] 《习近平在全国生态环境保护大会上强调：坚决打好污染防治攻坚战　推动生态文明建设迈上新台阶》，《人民日报》，2018年5月20日。

市场，政府定价要体现基本需求与非基本需求以及资源利用效率高低的差异，体现生态环境损害成本和修复效益。"①

生态经济学揭示了如何把政府与市场结合起来，整体保护、宏观管控、综合治理各种生态环境资源要素。这几年我们在政府的监管方面全面加强，实施了"长牙"的新环保法，推行了"壮士断腕"的中央环保督察，但相对而言，市场机制的作用发挥得不够，激励机制还有待进一步建立，比如说怎么样少排污能得到利益。因此要建立反映市场供求和资源稀缺程度，体现自然价值和代际补偿的资源有偿使用和生态补偿制度，以及更多运用经济杠杆进行环境治理和生态保护的市场体系。

（六）建设清洁美丽世界的人类福祉观

习近平同志把生态文明建设作为人类命运共同体的重要组成部分，指出："坚持绿色低碳，建设一个清洁美丽的世界。人与自然共生共存，伤害自然最终将伤及人类。空气、水、土壤、蓝天等自然资源用之不觉、失之难续。工业化创造了前所未有的物质财富，也产生了难以弥补的生态创伤。我们不能吃祖宗饭、断子孙路，用破坏性方式搞发展。绿水青山就是金山银山。我们应该遵循天人合一、道法自然的理念，寻求永续发展之路。"②

建设生态文明既是我国作为最大发展中国家在可持续发展方面的有效实践，也是为全球环境治理提供的中国理念、中国方案和中国贡献。国际社会应该携手同行，解决好工业文明带来的矛盾，共谋全球生态文明建设之路。各国人民同心协力，构建人类命运共同体，建设清洁美丽的世界，保护好人类赖以生存的地球家园。

全球环境治理是生态经济学分析的一个重要领域。建设绿色家园是

---

① 中共中央国务院《关于加快推进生态文明建设的意见》。
② 习近平：《习近平关于社会主义生态文明建设论述摘编》，中央文献出版社，2017年版。

人类的共同梦想。我国着力推进国土绿化、建设美丽中国,通过"一带一路"建设等多边合作机制,互助合作开展造林绿化,共同改善环境,积极应对气候变化等全球性生态挑战,为维护全球生态安全作出应有贡献。正是本着对中华民族和全人类长远发展高度负责的精神,作为世界第二大经济体,我国在经济转型期,提出大力推进生态文明建设,走生态优先、绿色发展的道路,努力建设"美丽中国"、实现中华民族永续发展,既是着眼实现我国自身可持续发展的客观需要,也彰显了中国作为负责任大国建设人类命运共同体、维护全球生态安全的强烈担当和积极贡献。

附 件

附件 1：

中国参加联合国人类环境会议代表团团长唐克
在全体会议上的发言

（1972 年 6 月 10 日）

主席先生，各位代表先生：

首先，请允许我以中华人民共和国代表团的名义，向会议东道国瑞典政府和人民给予我们的热情接待，表示感谢。

维护和改善人类环境，是关系到世界各国人民生活和经济发展的一个重要问题，是世界各国人民的迫切愿望。这次会议是在瑞典政府的倡议和许多国家的支持下召开的。许多国家和不少社会活动家、学者、专家，对这次会议提出了积极的主张和建议。中国政府和人民积极支持与赞助这个会议。我们代表团来到这里，愿意同大家一道，为维护和改善人类环境，共同努力，争取会议取得积极成果。

在这里，我们认为有必要严正指出，南朝鲜和南越傀儡集团的代表，根本不能代表朝鲜和越南人民，只有朝鲜民主主义人民共和国政府才能代表朝鲜人民，只有越南民主共和国和越南南方共和临时革命政府才能代表越南人民。南朝鲜和南越傀儡集团的代表出席会议，是完全非法的。同时，我们注意到，这次会议没有德意志民主共和国的代表参加，对此我们感到遗憾。

世界上越来越多的地区，人类环境受到污染和破坏，有的甚至形成了严重的社会问题。空气受到毒化、垃圾成灾，河流、海洋遭到污染，影响动物和植物的生长繁殖，阻碍经济的发展，严重威胁和损害广大人民的身体健康，不能不引起世界各国人民的深切关心。维护与改善人类环境，向公害作斗争，已成为保证人类健康发展的一个迫切任务。我们认为，当前，某些地区的公害之所以日益严重，成为突出的问题，主要是由于资本主义发展到帝国主义，特别是由于超级大国疯狂推行掠夺政策、侵略政策和战争政策造成的。

第二次世界大战以来，美帝国主义妄图称霸世界，到处进行侵略和干涉，特别是残酷镇压亚、非、拉地区人民争取和维护民族独立的斗争。大家都知道，美帝国主义在侵略越南、柬埔寨和老挝的战争中，不顾全世界人民包括美国人民的反对，不仅对整个越南一再加强海空袭击，而且丧心病狂，在越南南方、老挝，更在越南北方，不断使用化学毒剂和毒瓦斯。美国这种野蛮暴行，杀害了大量无辜的老人、妇女、儿童的生命，造成了人类环境前所未有的严重破坏。无数房屋化为废墟，大片肥沃土地弹坑累累，河流水源被毒化，森林和农作物被毁坏，有些生物面临灭绝的危险。美帝国主义的这种骇人听闻的暴行，不能不引起全世界人民和一切从事保护人类环境的人们的极大愤慨。

美国政府又不顾国内外舆论的反对和谴责，悍然对越南进行新的军事冒险，在越南民主共和国各港口布雷，并出动大规模的海空力量，对越南北方进行狂轰滥炸，袭击农村、城市、工厂、桥梁和交通线。特别是在雨季已经开始的时候，竟然轰炸红河堤坝，企图人为地造成洪水灾害。这是对越南人民的挑衅，也是对世界人民的挑衅。

中华人民共和国代表团认为，我们的会议对于这种残暴的行为不能熟视无睹。我们应当强烈谴责美国的狂轰滥炸和使用化学武器，屠杀人民，草菅人命，毁灭生物，毒化环境。美国政府必须立即停止对越南的侵略和干涉，无条件地、全部撤回美国侵略军和仆从军，停止推行战争"越南化"计划，停止屠杀越南人民和破坏越南人民的生活环境，停止支持阮文绍傀儡政权。

超级大国为了争夺世界霸权，疯狂进行扩军备战，干涉别国主权，控制别国经济，在海外到处设立军事基地。携带核弹的飞机，在别国领空耀武扬威；载有核导弹的潜艇，在别国领海横冲直撞。帝国主义、新老殖民主义及其垄断资本集团，为了追逐高额利润，不顾人民死活，疯狂进行掠夺和剥削，破坏资源，任意排放有害物质，污染和毒化本国和别国环境。他们每年不惜花费巨额经费，搞军备竞赛，而不愿拿出起码的资金，维护和改善本国的环境，赔偿受他们污染和损害的主权国家的损失。帝国主义、新老殖民主义及其垄断资本集团的这些罪行，激起了世界各国人民日益强烈的不满和反抗。对于世界各国人民反对超级大国的掠夺政策、侵略政策和战争政策的正义斗争，对于各国人民反对公害的正义斗争，我们积极支持。

当前，许多亚、非、拉国家要求发展民族经济，要求发展现代工业，这是摆脱帝国主义和新老殖民主义的经济控制，使国家走向独立富强的一个重要方面。中国政府和中国人民坚决支持这种正当要求。中国人民在长期的革命斗争实践中体会到，只有发展独立的民族工业，才能不断提高人民生活，才能使国家繁荣富强。当然，工业发展了，会引起对环境的污染。但这个问题随着社会的进步和科学技术的发展，是可以得到解决的。决不能因噎废食，因为怕环境被污染，而不去发展自己的工业。

旧中国，在帝国主义及其走狗的长期压迫和掠夺下，农村濒于破产，工业非常落后，几乎没有自己的重工业。那时，中国人民的生活极端贫困，千百万人挣扎在死亡线上，根本谈不上维护和改善劳动人民的环境，他们的健康和卫生状况每况愈下。

在以毛泽东主席为首的中国共产党的英明领导下，中国人民经过长期的英勇斗争，推翻了帝国主义、封建主义和官僚资本主义的统治，建立了中华人民共和国，翻身做了国家的主人。新中国成立二十多年来，我国人民遵循独立自主、自力更生的方针，大力进行社会主义的经济建设，把我国由一个贫穷、落后的旧中国，建成为一个初步繁荣昌盛的社会主义国家。我国的工农业生产蓬勃发展，主要工农业产品产量比解放前有了很大的增长。随着生产的发展，我国人民的生活水平比解放前有了很大提高，人民的健康和卫生状况得到显著改善。我国政府按照全面规划、合理布局、综合利用、化害为利、依靠群众、大家动手、保护环境、造福人民的方针，正在有计划地开始进行预防和消除工业废气、废液、废渣污染环境的工作。多年来，我们开展群众性的爱国卫生运动和植树造林、绿化祖国的活动，加强土壤改造，防止水土流失，积极搞好老城市的改造，有计划地进行新工矿区的建设等等，来维护和改善人类环境。事实说明，只要人民当了国家的主人，只要政府真正是为人民服务的，只要政府是关心人民利益的，发展工业就能造福于人民，工业发展中带来的问题，是可以解决的。

这里我们还要说一下，人口增长和人类环境保护的关系问题。我们认为，世间一切事物中，人是第一个可宝贵的。人民群众有无穷无尽的创造力。发展社会生产靠人，创造社会财富靠人，而改善人类环境也要靠人。人类历史证明，生产和科学技术的发展速度，总是超过人口增长速度的。人类对自然资源的开发利用是不断发展的。随着科学技术的发展，人类利用自然资源的广度和深度将日益扩大。人类能够创造越来越多的财富，来满足自己生存和发展的需要。人类改造环境的能力，也将随着社会的进步和科学技术的发展，不断增强。我们中国的情况可以说明这一点。我国人口增长的速度是比较快的。1949年，全国人口5亿多；到1970年，全国人口超过了7亿。但由于我们这个国家赶走了帝国主义掠夺者，推翻了剥削制度，虽然人口增长较快，生活不仅没有下降，反而逐步提高了；国家不是贫困了，而是一步步地走向繁荣昌盛；人民生活的环境不是变坏了，而是逐步在得到改善。当然，这绝不意味我们赞成人口的盲目增长。我国政府历来主张实行计划生育，经过多年来的宣传教育和采取必要的措施，已经开始收到一些成效。那种认为人口的增长会带来环境的污染和破坏，会造成贫穷落后的观点，是毫无根据的。

在维护和改善人类环境问题上，我们的主张是：支持发展中国家独立自主地发展民族经济，按照自己的需要开发本国的自然资源，逐步提高人民福利。各国有权根据自己的条件确定本国的环境标准和环境政策，任何国家不得借口环境保护，损害发展中国家的利益。国际上任何有关改善人类环境的政策与措施，都应该尊重各国的主权和经济利益，符合发展中国家的当前和长远利益。我们坚决反对帝国主义的掠夺、侵略政策和战争政策；坚决反对超级大国以改善人类环境为名，行控制和掠夺之实。对于那些侵犯别国主权，破坏别国资源，污染和毒化别国环境的肇事国，受害国家有权制裁并要求它们赔偿损失。对于那些向公海倾泻有害物质、污染海水、破坏海洋资源、威胁航行和沿海国家安全的行为，应当采取有力措施加以制止。

当前，国际形势继续朝着有利于世界各国人民而不利于帝国主义和各国反动派的方向发展。国家要独立，民族要解放，人民要革命，已成为不可抗拒的历史潮流。世界一定要走向进步，走向光明。人类总是不断发展的，自然界也总是不断发展的，永远不会停止在一个水平上。因此，人类总得不断地总结经验，有所发现，有所发明，有所创造，有所前进。任何悲观的论点，停止的论点，无所作为的论点，都是错误的。在人类环境的问题上，任何消极的观点，都是毫无根据的。我们相信，随着社会的进步和科学技术的发展，只要各国政府为人民的利益着想，为子孙后代着想，依靠群众，充分发挥群众的作用，就一定能够更好地开发和利用自然资源，也完全可以有效地解决环境污染问题，为劳动人民创造良好的劳动条件和生活条件，为人类创造美好的环境。

在这里，我们认为有必要就超级大国垄断核武器，进行核威胁和核讹诈的问题讲几句话。超级大国为了争夺霸权，疯狂地发展核武器，进行核军备竞赛。它们不仅在本国生产和储存了大量核武器，而且在别国领土上建立核基地，成为对人类环境和各国人民安全的极大威胁。为了维护国际和平，保护人类安全和人类环境，就必须同超级大国的核垄断、核威胁、核讹诈进行坚决斗争。

中国发展核武器，完全是为了防御，为了打破核垄断，最终消灭核武器和核战争。中国的核武器还处于试验阶段。中国政府一贯主张全面禁止和彻底销毁核武器，并建议召开世界各国首脑会议来讨论这一问题，作为第一步，首先达成所有核国家在任何时候、任何情况下都不使用核武器的协议。我国政府多次声明，在任何时候、在任何情况下，中国都不首先使用核武器。但拥有大量核武器的超级大国，却至今拒绝承担不首先使用核武器的义务。对此，一切爱好和平和主持正义的国家和人民，不能不表示极大的愤慨。

现在，有一些国家担心核污染，心情是可以理解的。但是，我们认为，应当从根本上去消除核战争对人类生存和人类环境的威胁。令人遗憾的是，有人无视超级大国大量制造、大量储存核武器，威胁广大中小国家，无视美国政府正在越南、老挝、柬埔寨进行屠杀人民、毒化环境的野蛮战争，却装出貌似公正的伪善样子，不加区分地反对一切核试验。对此，我们中国代表团是不能接受的。

人类环境会议开幕以来，许多国家的代表对维护和改善人类环境的问题，发表了很好的意见。不少国家还对《人类环境宣言》提出了积极的建议和主张。《人类环境宣言》是这次环境会议的一个纲领性文件，我们认为，应当由与会各国广泛讨论，充分协商。大会已通过设立特别工作组讨论修改宣言。我们希望同与会各国代表共同努力，以使宣言能充分反映与会各国，特别是发展中国家的主张和愿望。

我国还是一个发展中的国家。我国的科学技术水平还不高，我们在维护和改善人类环境方面还缺乏经验，还要继续作更大的努力。我们愿意学习世界各国在维护和改善人类环境方面的一切好经验。我们预祝这次会议取得成功。

我的话完了，谢谢。

附件2：

联合国人类环境会议通过的《人类环境宣言》

（1972年6月16日）

联合国人类环境会议于1972年6月5日至16日在斯德哥尔摩举行，考虑到需要取得共同的看法和制定共同的原则以鼓舞和指导世界各国人民保持和改善人类环境，兹宣布：

1. 人类既是他的环境的创造物，又是他的环境的塑造者，环境给予人以维持生存的东西，并给他提供了在智力、道德、社会和精神等方面获得发展的机会。生存在地球上的人类，在漫长和曲折的进化过程中，已经达到这样一个阶段，即由于科学技术发展的迅速加快，人类获得了以无数方法和在空前的规模上改造其环境的能力。人类环境的两个方面，即天然和人为的两个方面，对于人类的幸福和对于享受基本人权，甚至生存权利本身，都是必不可缺少的。

2. 保护和改善人类环境是关系到全世界各国人民的幸福和经济发展的重要问题，也是全世界各国人民的迫切希望和各国政府的责任。

3. 人类总得不断地总结经验，有所发现，有所发明，有所创造，有所前进。在现代，人类改造其环境的能力，如果明智地加以使用的话，就可以给各国人民带来开发的利益和提高生活质量的机会。如果使用不当，或轻率地使用，这种能力就会给人类和人类环境造成无法估量的损害。在地球上许多地区，我们可以看到周围有越来越多的说明人为的损害的迹象；在水、空气、土壤以及生物中污染达到危险的程度；生物界的生态平衡受到严重和不适当的扰乱；一些无法取代的资源受到破坏或陷于枯竭；在人为的环境，特别是生活和工作环境里存在着有害于人类身体、精神和社会健康的严重缺陷。

4. 在发展中的国家中，环境问题大半是由于发展不足造成的。千百万人的生活仍然远远低于像样的生活所需要的最低水平。他们无法取得充足的食物和衣服、住房和教育、保健和卫生设备。因此，发展中的国家必须致力于发展工作，牢记他们优先任务和保护及改善环境的必要。为了同样目的，工业化国家应当努力缩小他们自己与发展中国家的差距。在工业化国家里，环境一般同工业化和技术发展有关。

5. 人口的自然增长继续不断地给保护环境带来一些问题，但是如果采取适当的政策和措施，这些问题是可以解决的。世间一切事物中，人是第一个可宝贵的。人民推动着社会进步，创造着社会财富，发展着科学技术，并通过自己的辛勤劳动，不断地改造着人类环境。随着社会进步和生产、科学及技术的发展，人类改善环境的能力也与日俱增。

6. 现在已达到历史上这样一个时刻：我们在决定在世界各地的行动时，必须更加审慎地考虑它们对环境产生的后果。由于无知或不关心，我们可能给我们的生活和幸福所依靠的地球环境造成巨大的无法挽回的损害。反之，有了比较充分的知识和采取比较明智的行动，我们就可能使我们自己和我们的后代在一个比较符合人类需要和希望的环境中过着较好的生活。改善环境的质量和创造美好生活的前景是广阔的。我们需要的是热烈而镇定的情绪，紧张而有秩序的工作。为了在自然界里取得自由，人类必须利用知识在同自然合作的情况下建设一个较好的环境。为了这一代和将来的世世代代，保护和改善人类环境已经成为人类一个紧迫的目标，这个目标将同争取和平、全世界的经济与社会发展这两个既定的基本目标共同和协调地实现。

7. 为实现这一环境目标，将要求公民和团体以及企业和各级机关承担责任，大家平等地从事共同的努力。各界人士和许多领域中的组织，凭他们有价值的品质和全部行动，将确定未来的世界环境的格局。各地方政府和全国政府，将对在他们管辖范围内的大规模环境政策和行动，承担最大的责任。为筹措资金以支援发展中国家完成他们在这方面的责任，还需要进行国际合作。种类越来越多的环境问题，因为它们在范围上是地区性或全球性的，或者因为它们影响着共同的国际领域，将要求国与国之间广泛合作和国际组织采取行动以谋求共同的利益。会议呼吁各国政府和人民为着全体人民和他们的子孙后代的利益而作出共同的努力。

这些原则申明了共同的信念：

1. 人类有权在一种能够过尊严和福利的生活的环境中，享有自由、平等和充足的生活条件的基本权利，并且负有保护和改善这一代和将来的世世代代的环境的庄严责任。在这方面，促进或维护种族隔离、种族分离与歧视、殖民主义和其他形式的压迫及外国统治的政策，应该受到谴责和必须消除。

2. 为了这一代和将来的世世代代的利益，地球上的自然资源，其中包括空气、水、土地、植物和动物，特别是自然生态类中具有代表性的标本，必须通过周密计划或适当管理加以保护。

3. 地球生产非常重要的再生资源的能力必须得到保持，而且在实际可能的情况下加以恢复或改善。

4. 人类负有特殊的责任保护和妥善管理由于各种不利的因素而现在受到严重危害的野生生物后嗣及其产地。因此，在计划发展经济时必须注意保护自然界，其中包括野生生物。

5. 在使用地球上不能再生的资源时，必须防范将来把它们耗尽的危险，并且必须确保整个人类能够分享从这样的使用中获得的好处。

6. 为了保证不使生态环境遭到严重的或不可挽回的损害，必须制止在排除有毒物质或其他物质以及散热时其数量或集中程度超过环境能使之无害的能力。应该支持各国人民反对污染的正义斗争。

7. 各国应该采取一切可能的步骤来防止海洋受到那些会对人类健康造成危害的、损害生物资源和破坏海洋生物舒适环境的或妨害对海洋进行其他合法利用的物质的污染。

8. 为了保证人类有一个良好的生活和工作环境，为了在地球上创造那些对改善生活质量所必要的条件，经济和社会发展是非常必要的。

9. 由于不发达和自然灾害的原因而导致环境破坏造成了严重的问题。克服这些问题的最好办法，是移用大量的财政和技术援助以支持发展中国家本国的努力，并且提供可能需要的及时援助，以加速发展工作。

10. 对于发展中的国家来说，由于必须考虑经济因素和生态进程，因此，使初级产品和原料有稳定的价格和适当的收入是必要的。

11. 所有国家的环境政策应该提高，而不应该损及发展中国家现有或将来的发展潜力，也不应该妨碍大家生活条件的改善。各国和各国际组织应该采取适当步骤，以便就应付因实施环境措施所可能引起的国内或国际的经济后果达成协议。

12. 应筹集资金来维护和改善环境，其中要照顾到发展中国家的情况和特殊性，照顾到他们由于在发展计划中列入环境保护项目而需要的任何费用，以及应他们的请求而供给额外的国际技术和财政援助的需要。

13. 为了实现更合理的资源管理从而改善环境，各国应该对他们的发展计划采取统一和协议的做法，以保证为了人民的利益，使发展同保护和改善人类环境的需要相一致。

14. 合理的计划是协调发展的需要和保护与改善环境的需要相一致的。

15. 人的定居和城市化工作必须加以规划，以避免对环境的不良影响，并为大家取得社会、经济和环境三方面的最大利益。在这方面，必须停止为殖民主义和种族主义统治而制订的项目。

16. 在人口增长率或人口过分集中可能对环境或发展产生不良影响的地区，或在人口密度过低可能妨碍人类环境改善和阻碍发展的地区，都应采取不损害基本人权和有关政府认为适当的人口政策。

17. 必须委托适当的国家机关对国家的环境资源进行规划、管理或监督，以期提高环境质量。

18. 为了人类的共同利益，必须应用科学和技术以鉴定、避免和控制环境恶化并解决环境问题，从而促进经济和社会发展。

19. 为了更广泛地扩大个人、企业和基层社会在保护和改善人类各种环境方面提出开明舆论和采取负责行为的基础，必须对年轻一代和成人进行环境问题的教育，同时应该考虑到对不能享受正当权益的人进行这方面的教育。

20. 必须促进各国，特别是发展中国家的国内和国际范围内从事有关环境问题的科学研究及其发展。在这方面，必须支持和促使最新科学情报和经验的自由交流以便解决环境问题；应该使发展中的国家得到环境工艺，其条件是鼓励这种工艺的广泛传播，而不成为发展中的国家的经济负担。

21. 按照联合国宪章和国际法原则，各国有按自己的环境政策开发自己资源的主权；并且有责任保证在他们管辖或控制之内的活动，不致损害其他国家的或在国家管辖范围以外地区的环境。

22. 各国应进行合作，以进一步发展有关他们管辖或控制之内的活动对他们管辖以外的环境造成的污染和其他环境损害的受害者承担责任和赔偿问题的国际法。

23. 在不损害国际大家庭可能达成的规定和不损害必须由一个国家决定的标准的情况下，必须考虑各国的现行价值制度和考虑对最先进的国家有效，但是对发展中国家不适合和具有不值得的社会代价的标准可行程度。

24. 有关保护和改善环境的国际问题应当由所有的国家，不论其大小，在平等的基础上本着合作精神来加以处理，必须通过多边或双边的安排或其他合适途径的合作，在正当地考虑所有国家的主权和利益的情况下，防止、消灭或减少和有效地控制各方面的行动所造成的对环境的有害影响。

25. 各国应保证国际组织在保护和改善环境方面起协调的、有效的和能动的作用。

26. 人类及其环境必须免受核武器和其他一切大规模毁灭性手段的影响。各国必须努力在有关的国际机构内就消除和彻底销毁这种武器迅速达成协议。

附件3：

关于保护和改善环境的若干规定（试行草案）

（1973年8月29日）

为了保护和改善环境，各地区、各部门、各单位都要在党委统一领导下，以路线为纲，深入进行政治思想路线教育，发动群众，贯彻执行"全面规划，合理布局，综合利用，化害为利，依靠群众，大家动手，保护环境，造福人民"的方针。

一、做好全面规划

各地区、各部门制订国民经济发展计划，既要从发展生产出发，又要充分注意到环境的保护和改善，把两方面的要求统一起来，统筹兼顾，全面安排。

对自然资源的开发，包括采伐森林、开发矿山、兴建大型水利工程等，都要考虑到对气象、水生资源、水土保持等自然环境的影响，不能只看局部，不顾全局，只看眼前，不顾长远。

各省、市、自治区要制订本地区保护和改善环境的规划，作为长期计划和年度计划的组成部分，认真组织实施。

二、工业要合理布局

各地区、各部门要贯彻执行大分散、小集中、多搞小城镇的方针，建设城乡结合、工农结合、有利生产、方便生活的新型城镇和工矿区。

城市的规模和人口，必须严格控制。现有大城市一般不再新建大型工业，必须新建的，要放在远郊区。

厂址的选择，要注意到环境的保护。排放有毒废气、废水的企业，不得设在城镇的上风向和水源上游。

城市居民稠密区，不准设立有害环境的工厂，已经设立的要改造，少数危害严重的要迁移。新建工矿区和居住区之间要设置一定的卫生防护地带。

三、逐步改善老城市的环境

第一，保护水源，特别是地下水源。禁止采用渗井、渗坑排放有毒废水、废渣。避免过量开采地下水，防止地面沉降。逐步完善城市的排水系统和污水处理设施。

第二，消除烟尘和有害气体。各单位的排烟装置，都要采取行之有效的消烟除尘措施。要积极创造条件，有计划有步骤地以煤气、天然气、燃料油和液化气等代替煤炭作燃料，逐步推行区域供热，代替分散的供热设备。工矿企业的有害气体，要积极回收处理。

第三，各种废渣、废品、垃圾和粪便要及时清除，分类处理，充分利用。

第四，有计划地限期消除矽尘、有毒物质和放射性物质对工人和居民的危害，加强劳动保护。

第五，尽量减少噪声，保持环境安静。

为了取得经验，要重点抓好十八个城市的环境保护，这些城市是：北京、上海、天津、沈阳、大连、吉林、哈尔滨、青岛、南京、杭州、武汉、长沙、广州、成都、重庆、兰州、西安、太原。

四、综合利用，除害兴利

努力改革生产工艺，不产生或少产生废气、废水、废渣；加强生产管理，消除跑、冒、滴、漏。

对生产中必须排放的"三废"，要开展综合利用。重点是：含氟、含硫、含氯等有害气体和各种烟尘；含汞、酚、氰、砷、镉等物质和放射性物质的有毒废水、钢渣、高炉渣、硫铁矿渣、铬渣、粉煤灰等废渣。

对于目前还不能综合利用的"三废"，尽可能实行净化处理。结合具体情况采用物理的、化学的、生物的和其他方法，使排出不超过国家颁发的排放标准。

对于污染特别严重的单位或产品，在没有有效的解决办法以前，报经批准后，可以暂时停产，以便集中力量解决污染问题。

一切新建、扩建和改建的企业，防治污染项目，必须和主体工程同时设计、同时施工、同时投产。正在建设的企业没有采取防治措施的，必须补上。各级主管部门要会同环境保护和卫生等部门，认真审查设计，做好竣工验收，严格把关。

工业设备和交通运输工具的设计，要积极采取措施，革新技术，尽量减少"三废"的排放，减少噪音。

改革阻碍综合利用开展的规章制度。要打破行业界限，实行一业为主，多种经营；有些产品，国家要在税收和价格政策上给予适当照顾。

五、加强对土壤和植物的保护

注意改良土壤，防止有害物质、放射物质的污染和积累。要多使用有机肥料。植物保护要贯彻"预防为主"的方针；要采取生物的、物理的综合性防治措施，保护和繁殖益虫，以虫治虫，消灭害虫。努力发展新化学农药，尽量做到效果好，对人畜毒害低，对农作物、水源和土壤残留少。逐步减少滴滴涕、六六六等农药的使用。

加强使用农药的宣传教育，使农民掌握使用农药的科学知识，避免对人畜和农作物的危害。

六、加强水系和海域的管理

对水系的水质，按三种标准进行管理：第一种，供人饮用的水源和风景游览区，必须保持水质清洁，严禁污染；第二种，农业灌溉、养殖鱼类和其他水生生物的水源，必须保证动植物生存的基本条件，并使有害物质在动植物体内的积累不超过食用标准；第三种，工业用水源，必须保证水质符合工业生产的要求。工业要采取循环用水，千方百计节约用水，减少排放量。

全国主要江河湖泊，都要设立以流域为单位的环境保护管理机构。跨越行政区域的水系，管理机构由各有关地区联合组成。这个机构负责按照上述标准统一制订并推行全流域防治污染的具体方案，监督沿岸工业企业和生活污染排放。努力研究和试制环境监测的分析仪器。有计划地开展环境问题的基础理论研究。

加强科学技术情报和学术交流，注意引进保护环境的先进科学技术。

要采取各种形式，通过电影、电视、广播、书刊，宣传环境保护的重要意义，普及科学知识，推动环境保护工作的开展。

七、植树造林，绿化祖国

各地方要制订绿化规划，落实有关政策，国家植树造林与群众植树造林结合起来，绿化一切可能绿化的荒地荒山。城市和工厂区还要利用一切零散空地，多植草坪。

加强对森林资源和各种防护林的管理，严禁乱砍滥伐。

加强对政府划定的自然保护区的管理，认真保护野生动物资源。

加强对城市林木、公园和风景游览区的管理。

附件 4：

中华人民共和国环境保护法（试行）

（1979 年 9 月 13 日）

（1979 年 9 月 13 日，第五届全国人民代表大会常务委员会第十一次会议原则通过。1979 年 9 月 13 日，全国人民代表大会常务委员会令第二号公布试行）

第一章 总 则

第一条 根据《中华人民共和国宪法》第十一条关于"国家保护环境和自然资源，防治污染和其他公害"的规定，制定本法。

第二条 《中华人民共和国环境保护法》的任务，是保证在社会主义现代化建设中，合理地利用自然环境，防治环境污染和生态破坏，为人民造成清洁适宜的生活和劳动环境，保护人民健康，促进经济发展。

第三条 本法所称环境是指：大气、水、土地、矿藏、森林、草原、野生动物、野生植物、水生生物、名胜古迹、风景游览区、温泉、疗养区、自然保护区、生活居住区等。

第四条 环境保护工作的方针是：全面规划，合理布局，综合利用，化害为利，依靠群众，大家动手，保护环境，造福人民。

第五条 国务院和所属各部门、地方各级人民政府必须切实做好环境保护工作；在制定发展国民经济计划的时候，必须对环境的保护和改善统筹安排，并认真组织实施；对已经造成的环境污染和其他公害，必须作出规划，有计划有步骤地加以解决。

第六条 一切企业、事业单位的选址、设计、建设和生产，都必须充分注意防止对环境的污染和破坏。在进行新建、改建和扩建工程时，必须提出对环境影响的报告书，经环境保护部门和其他有关部门审查批准后才能进行设计；其中防止污染和其他公害的设施，必须与主体工程同时设计、同时施工、同时投产；各项有害物质的排放必须遵守国家规定的标准。

已经对环境造成污染和其他公害的单位，应当按照谁污染谁治理的原则，制定规划，积极治理，或者报请主管部门批准转产、搬迁。

第七条 在老城市改造和新城市建设中，应当根据气象、地理、水文、生态等条件，对工业区、居民区、公用设施、绿化地带等作出环境影响评价，全面规划，合理布局，防治污染和其他公害，有计划地建设成为现代化的清洁城市。

第八条 公民对污染和破坏环境的单位和个人，有权监督、检举和控告。被检举、控告的单位和个人不得打击报复。

第九条 凡进入或者经过中国领陆、领水、领空的外国人和外国的航空器、船舶、车辆、物资、生物等，必须遵守本法和其他有关环境保护的条例、规定。

第二章　保护自然环境

第十条 因地制宜地合理使用土地，改良土壤，增加植被，防止土壤侵蚀、板结、盐碱化、沙漠化和水土流失。

开垦荒地、围海围湖造地、新建大中型水利工程等，必须事先做好综合科学调查，切实采取保护和改善环境的措施，防止破坏生态系统。

第十一条 保护江、河、湖、海、水库等水域，维持水质良好状态。

保护、发展和合理利用水生生物，禁止灭绝性的捕捞和破坏。

严格管理和节约工业用水、农业用水和生活用水，合理开采地下水，防止水源枯竭和地面沉降。

第十二条 开发矿藏资源，必须实行综合勘探、综合评价、综合利用，严禁乱挖乱采，妥善处理尾矿矿渣，防止破坏资源和恶化自然环境。

第十三条 严格遵守国家森林法规，保护和发展森林资源，进行合理采伐，及时抚育更新，严禁毁林开荒、乱砍滥伐，防止森林火灾。

大力植树造林，绿化荒山荒地，绿化沙漠区和半沙漠区，绿化村庄、城镇和工矿区。要充分利用工厂、矿区、学校、机关内外和村旁、路旁、水旁、宅旁等一切零散空地，植树种草，实现大地园林化。

第十四条 保护和发展牧草资源。积极规划和进行草原建设，合理放牧，保持和改善草原的再生能力，防止草原退化，严禁滥垦草原，防止草原火灾。

第十五条 保护、发展和合理利用野生动物、野生植物资源。按照国家规定，对于珍贵和稀有的野生动物、野生植物，严禁捕猎、采伐。

第三章 防治污染和其他公害

第十六条 积极防治工矿企业的和城市生活的废气、废水、废渣、粉尘、垃圾、放射性物质等有害物质和噪声、震动、恶臭等对环境的污染和危害。

第十七条 在城镇生活居住区、水源保护区、名胜古迹、风景游览区、温泉、疗养区和自然保护区，不准建立污染环境的企业、事业单位。已建成的，要限期治理、调整或者搬迁。

第十八条 积极试验和采用无污染或少污染的新工艺、新技术、新产品。

加强企业管理，实行文明生产，对于污染环境的废气、废水、废渣，要实行综合利用、化害为利；需要排放的，必须遵守国家规定的标准；一时达不到国家标准的要限期治理；逾期达不到国家标准的，要限制企业的生产规模。

超过国家规定的标准排放污染物，要按照排放污染物的数量和浓度，根据规定收取排污费。

第十九条 一切排烟装置、工业窑炉、机动车辆、船舶等，都要采取有效的消烟除尘措施，有害气体的排放，必须符合国家规定的标准。

大力发展和利用煤气、液化石油气、天然气、沼气、太阳能、地热和其他无污染或者少污染的能源。在城市要积极推广区域供热。

第二十条 禁止向一切水域倾倒垃圾、废渣。排放污水必须符合国家规定的标准。

禁止船舶向国家规定保护的水域排放含油、含毒物质和其他有害废弃物。

严禁使用渗坑、裂隙、溶洞或稀释办法排放有毒有害废水，防止工业污水渗漏，确保地下水不受污染。

严格保护饮用水源，逐步完善城市排污管网和污水净化设施。

第二十一条 积极发展高效、低毒、低残留农药。推广综合防治和生物防治，合理利用污水灌溉，防止土壤和作物的污染。

第二十二条 加强对城市和工业噪声、震动的管理。各种噪声大、震动大的机械设备、机动车辆、航空器等，都应当装置消声、防震设施。

第二十三条 散发有害气体、粉尘的单位，要积极采用密闭的生产设备和生产工艺，并安装通风、吸尘和净化、回收设施。劳动环境的有害气体和粉尘含量，必须符合国家工业卫生标准的规定。

第二十四条 对有毒化学品必须严格登记和管理。对剧毒物品应当严加密封，防止在储存和运输过程中散漏。

对放射性物质、电磁波辐射等，必须按照国家有关规定，严加防护和管理。

第二十五条 严防食品在生产、加工、包装、运输、储存、销售过程中的污染。加强食品检验，不符合国家卫生标准的食品，严禁出售、出口和进口。

第四章 环境保护机构和职责

第二十六条 国务院设立环境保护机构，主要职责是：

（一）贯彻并监督执行国家关于保护环境的方针、政策和法律、法令；

（二）会同有关部门拟定环境保护的条例、规定、标准和经济技术政策；

（三）会同有关部门制定环境保护的长远规划和年度计划，并督促检查其执行；

（四）统一组织环境监测，调查和掌握全国环境状况和发展趋势，提出改善措施；

（五）会同有关部门组织协调环境科学研究和环境教育事业，积极推广国内外保护环境的先进经验和技术；

（六）指导国务院所属各部门和各省、自治区、直辖市的环境保护工作；

（七）组织和协调环境保护的国际合作和交流。

第二十七条 省、自治区、直辖市人民政府设立环境保护局。市、自治州、县、自治县人民政府根据需要设立环境保护机构。

地方各级环境保护机构的主要职责是：检查督促所辖地区内各部门、各单位执行国家保护环境的方针、政策和法律、法令；拟定地方的环境保护标准和规范；组织环境监测，掌握本地区环境状况和发展趋势；会同有关部门制定本地区环境保护长远规划和年度计划，并督促实施；会同有关部门组织本地区环境科学研究和环境教育；积极推广国内外保护环境的先进经验和技术。

第二十八条 国务院和地方各级人民政府的有关部门，大、中型企业和有关事业单位，根据需要设立环境保护机构，分别负责本系统、本部门、本单位的环境保护工作。

第五章　科学研究和宣传教育

第二十九条 中国环境科学研究院、有关的科学研究机构和大专院校应当大力开展环境科学基础理论、环境管理、环境经济、综合治理技术、环境质量评价、环境污染与人体健康、自然环境合理利用与保护等问题的研究。

第三十条 文化宣传部门要积极开展环境科学知识的宣传教育工作，提高广大人民群众对环境保护工作的认识和科学技术水平。

要有计划地培养环境保护的专门人才。教育部门要在大专院校有关科系设置环境保护必修课程或专业；在中小学课程中，要适当编写有关环境保护的内容。

第六章　奖励和惩罚

第三十一条 国家对保护环境有显著成绩和贡献的单位、个人，给予表扬和奖励。

国家对企业利用废气、废水、废渣作主要原料生产的产品，给予减税、免税和价格政策上的照顾，盈利所得不上交，由企业用于治理污染和改善环境。

第三十二条 对违反本法和其他环境保护的条例、规定，污染和破坏环境，危害人民健康的单位，各级环境保护机构要分别情况，报经同级人民政府批准，予以批评、警告、罚款，或者责令赔偿损失、停产治理。

对严重污染和破坏环境，引起人员伤亡或者造成农、林、牧、副、渔业重大损失的单位的领导人员、直接责任人员或者其他公民，要追究行政责任、经济责任，直至依法追究刑事责任。

第七章 附 则

第三十三条 国务院根据本法，可以制定有关环境保护的条例、规定。

附件 5：

中华人民共和国环境保护法

（1989 年 12 月 26 日）

主席令〔第二十二号〕

目录

第一章　总则

第二章　环境监督管理

第三章　保护和改善环境

第四章　防治环境污染和其他公害

第五章　法律责任

第六章　附则

《中华人民共和国环境保护法》已由中华人民共和国第七届全国人民代表大会常务委员会第十一次会议于 1989 年 12 月 26 日通过，现予公布，自公布之日施行。

中华人民共和国主席　杨尚昆

1989 年 12 月 26 日

第一章　总　则

第一条　为保护和改善生活环境与生态环境，防治污染和其他公害，保障人体健康，促进社会主义现代化建设的发展，制定本法。

第二条　本法所称环境，是指影响人类生存和发展的各种天然的和经过人工改造的自然因素的总体，包括大气、水、海洋、土地、矿藏、森林、草原、野生生物、自然遗迹、人文遗迹、自然保护区、风景名胜区、城市和乡村等。

第三条　本法适用于中华人民共和国领域和中华人民共和国管辖的其他海域。

第四条　国家制定的环境保护规划必须纳入国民经济和社会发展计划，国家采取有利于环境保护的经济、技术政策和措施，使环境保护工作同经济建设和社会发展相协调。

第五条　国家鼓励环境保护科学教育事业的发展，加强环境保护科学技术的研究和开发，提高环境保护科学技术水平，普及环境保护的科学知识。

第六条　一切单位和个人都有保护环境的义务，并有权对污染和破坏环境的单位和个人进行检举和控告。

第七条　国务院环境保护行政主管部门，对全国环境保护工作实施统一监督管理。

县级以上地方人民政府环境保护行政主管部门，对本辖区的环境保护工作实施统一监督管理。

国家海洋行政主管部门、港务监督、渔政渔港监督、军队环境保护部门和各级公安、交通、铁道、民航管理部门，依照有关法律的规定对环境污染防治实施监督管理。

县级以上人民政府的土地、矿产、林业、农业、水利行政主管部门，依照有关法律的规定对资源的保护实施监督管理。

第八条　对保护和改善环境有显著成绩的单位和个人，由人民政府给予奖励。

第二章　环境监督管理

第九条　国务院环境保护行政主管部门制定国家环境质量标准。

省、自治区、直辖市人民政府对国家环境质量标准中未作规定的项目，可以制定地方环境质量标准，并报国务院环境保护行政主管部门备案。

第十条　国务院环境保护行政主管部门根据国家环境质量标准和国家经济、技术条件，制定国家污染物排放标准。

省、自治区、直辖市人民政府对国家污染物排放标准中未作规定的项目，可以制定地方污染物排放标准；对国家污染物排放标准中已作规定的项目，可以制定严于国家污染物排放标准的地方污染物排放标准。地方污染物排放标准须报国务院环境保护行政主管部门备案。

凡是向已有地方污染物排放标准的区域排放污染物的，应当执行地方污染物排放标准。

第十一条　国务院环境保护行政主管部门建立监测制度，制定监测规范，会同有关部门组织监测网络，加强对环境监测的管理。

国务院和省、自治区、直辖市人民政府的环境保护行政主管部门，应当定期发布环境状况公报。

第十二条　县级以上人民政府环境保护行政主管部门，应当会同有关部门对管辖范围内的环境状况进行调查和评价，拟订环境保护规划，经计划部门综合平衡后，报同级人民政府批准实施。

第十三条　建设污染环境的项目，必须遵守国家有关建设项目环境保护管理的规定。

建设项目的环境影响报告书，必须对建设项目产生的污染和对环境的影响作出评价，规定防治措施，经项目主管部门预审并依照规定的程序报环境保护行政主管部门批准。环境影响报告书经批准后，计划部门方可批准建设项目设计任务书。

第十四条 县级以上人民政府环境保护行政主管部门或者其他依照法律规定行使环境监督管理权的部门，有权对管辖范围内的排污单位进行现场检查。被检查的单位应当如实反映情况，提供必要的资料。检查机关应当为被检查的单位保守技术秘密和业务秘密。

第十五条 跨行政区的环境污染和环境破坏的防治工作，由有关地方人民政府协商解决，或者由上级人民政府协调解决，作出决定。

第三章 保护和改善环境

第十六条 地方各级人民政府，应当对本辖区的环境质量负责，采取措施改善环境质量。

第十七条 各级人民政府对具有代表性的各种类型的自然生态系统区域，珍稀、濒危的野生动植物自然分布区域，重要的水源涵养区域，具有重大科学文化价值的地质构造、著名溶洞和化石分布区、冰川、火山、温泉等自然遗迹，以及人文遗迹、古树名木，应当采取措施加以保护，严禁破坏。

第十八条 在国务院、国务院有关主管部门和省、自治区、直辖市人民政府划定的风景名胜区、自然保护区和其他需要特别保护的区域内，不得建设污染环境的工业生产设施；建设其他设施，其污染物排放不得超过规定的排放标准。已经建成的设施，其污染物排放超过规定的排放标准的，限期治理。

第十九条 开发利用自然资源，必须采取措施保护生态环境。

第二十条 各级人民政府应当加强对农业环境的保护，防治土壤污染、土地沙化、盐渍化、贫瘠化、沼泽化、地面沉降和防治植被破坏、水土流失、水源枯竭、种源灭绝以及其他生态失调现象的发生和发展，推广植物病虫害的综合防治，合理使用化肥、农药及植物生长激素。

第二十一条　国务院和沿海地方各级人民政府应当加强对海洋环境的保护。向海洋排放污染物、倾倒废弃物，进行海岸工程建设和海洋石油勘探开发，必须依照法律的规定，防止对海洋环境的污染损害。

第二十二条　制定城市规划，应当确定保护和改善环境的目标和任务。

第二十三条　城乡建设应当结合当地自然环境的特点，保护植被、水域和自然景观，加强城市园林、绿地和风景名胜区的建设。

第四章　防治环境污染和其他公害

第二十四条　产生环境污染和其他公害的单位，必须把环境保护工作纳入计划，建立环境保护责任制度；采取有效措施，防治在生产建设或者其他活动中产生的废气、废水、废渣、粉尘、恶臭气体、放射性物质以及噪声、振动、电磁波辐射等对环境的污染和危害。

第二十五条　新建工业企业和现有工业企业的技术改造，应当采用资源利用率高、污染物排放量少的设备和工艺，采用经济合理的废弃物综合利用技术和污染物处理技术。

第二十六条　建设项目中防治污染的设施，必须与主体工程同时设计、同时施工、同时投产使用。防治污染的设施必须经原审批环境影响报告书的环境保护行政主管部门验收合格后，该建设项目方可投入生产或者使用。

防治污染的设施不得擅自拆除或者闲置，确有必要拆除或者闲置的，必须征得所在地的环境保护行政主管部门同意。

第二十七条　排放污染物的企业事业单位，必须依照国务院环境保护行政主管部门的规定申报登记。

第二十八条　排放污染物超过国家或者地方规定的污染物排放标准的

企业事业单位，依照国家规定缴纳超标准排污费，并负责治理。水污染防治法另有规定的，依照水污染防治法的规定执行。

征收的超标准排污费必须用于污染的防治，不得挪作他用，具体使用办法由国务院规定。

第二十九条 对造成环境严重污染的企业事业单位，限期治理。

中央或者省、自治区、直辖市人民政府直接管辖的企业事业单位的限期治理，由省、自治区、直辖市人民政府决定。市、县或者市、县以下人民政府管辖的企业事业单位的限期治理，由市、县人民政府决定。被限期治理的企业事业单位必须如期完成治理任务。

第三十条 禁止引进不符合我国环境保护规定要求的技术和设备。

第三十一条 因发生事故或者其他突然性事件，造成或者可能造成污染事故的单位，必须立即采取措施处理，及时通报可能受到污染危害的单位和居民，并向当地环境保护行政主管部门和有关部门报告，接受调查处理。

可能发生重大污染事故的企业事业单位，应当采取措施，加强防范。

第三十二条 县级以上地方人民政府环境保护行政主管部门，在环境受到严重污染威胁居民生命财产安全时，必须立即向当地人民政府报告，由人民政府采取有效措施，解除或者减轻危害。

第三十三条 生产、储存、运输、销售、使用有毒化学物品和含有放射性物质的物品，必须遵守国家有关规定，防止污染环境。

第三十四条 任何单位不得将产生严重污染的生产设备转移给没有污染防治能力的单位使用。

第五章 法律责任

第三十五条 违反本法规定，有下列行为之一的，环境保护行政主管部门或者其他依照法律规定行使环境监督管理权的部门可以根据不同情节，给予警告或者处以罚款：

（一）拒绝环境保护行政主管部门或者其他依照法律规定行使环境监督管理权的部门现场检查或者在被检查时弄虚作假的。

（二）拒报或者谎报国务院环境保护行政主管部门规定的有关污染物排放申报事项的。

（三）不按国家规定缴纳超标准排污费的。

（四）引进不符合我国环境保护规定要求的技术和设备的。

（五）将产生严重污染的生产设备转移给没有污染防治能力的单位使用的。

第三十六条　建设项目的防治污染设施没有建成或者没有达到国家规定的要求，投入生产或者使用的，由批准该建设项目的环境影响报告书的环境保护行政主管部门责令停止生产或者使用，并处罚款。

第三十七条　未经环境保护行政主管部门同意，擅自拆除或者闲置防治污染的设施，污染物排放超过规定的排放标准的，由环境保护行政主管部门责令重新安装使用，并处罚款。

第三十八条　对违反本法规定，造成环境污染事故的企业事业单位，由环境保护行政主管部门或者其他依照法律规定行使环境监督管理权的部门根据所造成的危害后果处以罚款；情节较重的，对有关责任人员由其所在单位或者政府主管机关给予行政处分。

第三十九条　对经限期治理逾期未完成治理任务的企业事业单位，除依照国家规定加收超标准排污费外，可以根据所造成的危害后果处以罚款，或者责令停业、关闭。

前款规定的罚款由环境保护行政主管部门决定。责令停业、关闭，由作出限期治理决定的人民政府决定；责令中央直接管辖的企业事业单位停业、关闭，须报国务院批准。

第四十条 当事人对行政处罚决定不服的，可以在接到处罚通知之日起十五日内，向作出处罚决定的机关的上一级机关申请复议；对复议决定不服的，可以在接到复议决定之日起十五日内，向人民法院起诉。当事人也可以在接到处罚通知之日起十五日内，直接向人民法院起诉。当事人逾期不申请复议，也不向人民法院起诉，又不履行处罚决定的，由作出处罚决定的机关申请人民法院强制执行。

第四十一条 造成环境污染危害的，有责任排除危害，并对直接受到损害的单位或者个人赔偿损失。

赔偿责任和赔偿金额的纠纷，可以根据当事人的请求，由环境保护行政主管部门或者其他依照法律规定行使环境监督管理权的部门处理；当事人对处理决定不服的，可以向人民法院起诉。当事人也可以直接向人民法院起诉。

完全由于不可抗拒的自然灾害，并经及时采取合理措施，仍然不能避免造成环境污染损害的，免予承担责任。

第四十二条 因环境污染损害赔偿提起诉讼的时效期间为三年，从当事人知道或者应当知道受到污染损害时起计算。

第四十三条 违反本法规定，造成重大环境污染事故，导致公私财产重大损失或者人身伤亡的严重后果的，对直接责任人员依法追究刑事责任。

第四十四条 违反本法规定，造成土地、森林、草原、水、矿产、渔业、野生动植物等资源的破坏的，依照有关法律的规定承担法律责任。

第四十五条 环境保护监督管理人员滥用职权、玩忽职守、徇私舞弊的，由其所在单位或者上级主管机关给予行政处分；构成犯罪的，依法追究刑事责任。

第六章 附 则

第四十六条 中华人民共和国缔结或者参加的与环境保护有关的国际条约，同中华人民共和国法律有不同规定的，适用国际条约的规定，但中华人民共和国声明保留的条款除外。

第四十七条 本法自公布之日起施行。《中华人民共和国环境保护法（试行）》同时废止。

附件 6：

我国环境与发展的十大对策

（1992 年 8 月）

1. 实行持续发展战略

目前，我国经济发展基本上仍然沿着以大量消耗资源和粗放经营为特征的传统发展模式，这种模式不仅会造成对环境的极大损害，而且使发展本身难以持久。因此，转变发展战略，走持续发展道路，是加速我国经济发展、解决环境问题的正确选择。为此，必须重申"经济建设、城乡建设、环境建设同步规划、同步实施、同步发展"的指导方针。各级人民政府和有关部门在制定和实施发展战略时，要编制环境保护规划，切实将环境保护目标和措施纳入国民经济和社会发展中长期规划和年度计划，并将有关的污染防治费用纳入各级政府预算，确保其实施；在产业结构调整中，要严格执行产业政策，淘汰那些能源消耗高、资源浪费大、污染严重的工艺、装备和产品；在项目建设中，必须严格按法律规定，先评价，后建设；在考核各地经济工作和干部政绩时，不但要看发展速度和经济效益，而且要考核社会效益和环境效益。

2. 采取有效措施，防治工业污染

当前，影响环境质量的主要污染物来源于工业生产。工业设备陈旧、技术落后是主要原因。为此，在新建、扩建、改建项目时，技术起点要高，尽量采用能耗物耗小、污染物排放量少的清洁工艺；要根据环境承载能力，合理布局，实行资源优化配置；各级政府主管部门在审批项目时要

严格把关，凡是采用落后工艺、布局不当、污染环境的工业项目，一律不得批准建设；工业污染防治要提倡区域综合治理和集中控制，提高规模效益；要坚持综合治理和集中控制，提高规模效益；要坚持引导和限制的原则，积极防治乡镇企业污染，严禁对资源乱采滥挖，大力开展综合利用，最大限度地实现"三废"资源化；在转换企业经营机制的过程中，要明确企业治理污染的责任，坚持"污染者付费"的原则，不允许企业向社会转嫁污染换取自身的高效益。广泛开展创建"清洁文明工厂"和"环保先进企业"活动，努力建立现代工业新文明。

3. 深入开展城市环境综合整治，认真治理城市"四害"

尽快改变城市环境污染面貌，对改善投资环境、促进改革开放、提高人民生活水平都有十分重要的意义。要继续实行以工艺污染防治和基础设施建设为主要内容的城市环境综合整治。重点是治理烟尘污染，普及工业与民用型煤，限制原煤散烧，大力推行集中供热和联片采暖；对城市污水要逐步实行清污分流、污水截流和集中处理，并尽可能回收利用；广泛开展固体废物、生活垃圾综合利用和无害化处理，尽快改变垃圾围城的状况；严格控制工业与交通噪声污染。新区建设和老城改造，应把集中供热、燃气、园林绿化、垃圾和污水处理等统一规划，配套建设。

4. 提高能源利用效率，改善能源结构

为履行气候公约，控制二氧化碳排放，减轻大气污染，最有效的措施是节约能源。目前，我国单位产品能耗高，节能潜力很大。因此，要提高全民节能意识，落实节能措施；逐步改变能源价格体系，实行煤炭以质定价，扩大质量差价；加快电力建设，提高煤炭转换成电能的比重，发展大机组，淘汰、改造中、低压机组以节能降耗，实现能源部规划的"2000年

全国供电煤耗每千瓦·时比1990年降低60克"的目标；逐步提高煤炭洗选加工比例，鼓励城市发展煤气和天然气以及集中供热、热电联产，并把优质煤优先供应城市民用。要逐步改变我国以煤为主的能源结构，加快水电和核电的建设，因地制宜地开发和推广太阳能、风能、地热能、潮汐能、生物质能等清洁能源。

5. 推广生态农业，坚持不懈地植树造林，切实加强生物多样性的保护

农业土壤和森林植被是生态环境的重要组成部分。大力植树造林，加强土地和森林资源保护，改变目前我国农田土壤贫瘠化和森林覆盖率低的状况，是一项紧迫和长期的任务。国家和地方要逐步增加对生态农业、植树造林和培育森林的投入，并且调动社会各方面的积极性，多渠道、多层次筹集资金，加快改土、造林步伐；坚持以法治土、治林，认真执行采伐限额，加强农田、林政和林地管理，确保土壤改良和森林资源的稳定增长。我国生物资源极为丰富，蕴藏着巨大的经济和科学价值，应该加快查明我国生物资源家底和濒危物种现状，进一步加强对生物多样性的保护和合理利用。要逐步扩大自然保护区的面积，加强建设和管理；要有计划地建设野生珍稀物种及优良家禽、家畜、作物、药物良种保护和繁育中心；切实抓好物种和遗传基因的保护和开发利用，并加强出口管理。开展对生物资源的科学研究、合理开发和利用；对乱捕滥猎、乱采滥挖珍稀动植物的行为，要依法严惩。

6. 大力推进科技进步，加强环境科学研究，积极发展环保产业

解决环境与发展问题，根本的出路在于依靠科技进步。各级政府、有关部门、各企事业单位都要针对本地区、本行业存在的主要环境问题，积

极研究、开发或引进无废、少废、节水、节能的新技术、新工艺；筛选、评价和推广环境保护适用技术。为此，要更多地增加这方面的投入。为了尽快地把科技成果转化成现实的污染防治能力，必须正确引导和大力扶持环保产业的发展。要把环保产业列入优秀发展领域，开发和推广先进实用的环保装备，积极发展绿色产品生产，建立产品质量标准体系，提高环保产品质量。各级计划、科技部门，要充分支持污染防治和自然保护的示范工程和示范区建议，在项目和资金安排方面给予优先考虑。

7. 运用经济手段保护环境

随着经济体制改革的深入，市场机制在我国经济生活中的调节作用越来越强，企业经营机制也在逐步发生变化。因此，各级政府应更多地运用经济手段来达到保护环境的目的。按照资源有偿使用的原则，要逐步开征资源利用补偿费，并开展对环境税的研究；研究并试行把自然资源和环境纳入国民经济核算体系，使市场价格准确反映经济活动造成的环境代价；制定不同行业污染物排放的时限标准，逐步提高排污收费标准，促进企业污染治理达到国家和地方规定的要求；对环境污染治理、废物综合利用和自然保护等社会公益性明显的项目，要给予必要的税收、信贷和价格优惠；在吸收和利用外资时，要把环境保护工程作为同时安排的内容，引进项目时，要切实把住关口，防止污染向我国转移。

8. 加强环境教育，不断提高全民族的环境意识

环境意识是衡量社会进步和民族文明程度的重要标志。加强宣传教育，努力提高全民族的环境意识是一项长期任务。各级宣传部门和广播、电视、报刊等单位要把环境保护宣传作为一项重要职责和经常性的任务，大张旗鼓地宣传环保方针、政策、法规和好坏典型。各级教育和有关部门

都要重视环境教育，在中、小学和幼儿园中普及环境保护知识；办好大中专院校环保专业，各级党校、干校也要加强环境教育，提高各级干部对环境问题综合决策的能力。

9. 健全环境法制，强化环境管理

我国实践表明，在经济发展水平较低、环境投入有限的情况下，健全管理机构，依法强化管理是控制环境污染和生态破坏的一项有效手段，也是具有中国特色的环境保护道路中一条成功经验。发达国家"经济靠市场，环保靠政府"的有益经验应该借鉴。在政府机构改革和经济体制改革中，环境保护作为政府的基本职能将更显突出，因此，要健全和强化环境管理体系，要提高工作效率和服务质量，但不能放松对环保的审批要求。认真总结环保实施中的经验和存在的问题，并在此基础上进一步完善环境保护法规和标准；各级党政领导部门要支持环保管理部门依法行使监督权力，做到有法必依、执法必严、违法必究；继续积极推行各项行之有效的环境管理制度，全面加强环境管理。

10. 参照环发大会精神，制定我国行动计划

《21世纪议程》是在全球、区域和各国范围内实现持续发展的行动纲领，涉及国民经济和社会发展的各个领域，可对我国的环境与发展提供有益参考。国务院环委会组织有关部门制定环境与发展的行动计划，经综合平衡后纳入"八五"后3年和"九五"计划中付诸实施。

附件 7：

党的十八大报告中生态文明相关内容

（2012 年 11 月 8 日）

坚定不移沿着中国特色社会主义道路前进
为全面建成小康社会而奋斗
——在中国共产党第十八次全国代表大会上的报告
（生态文明相关内容节选）

面向未来，深入贯彻落实科学发展观，对坚持和发展中国特色社会主义具有重大现实意义和深远历史意义，必须把科学发展观贯彻到我国现代化建设全过程、体现到党的建设各方面。全党必须更加自觉地把推动经济社会发展作为深入贯彻落实科学发展观的第一要义，牢牢扭住经济建设这个中心，坚持聚精会神搞建设、一心一意谋发展，着力把握发展规律、创新发展理念、破解发展难题，深入实施科教兴国战略、人才强国战略、可持续发展战略，加快形成符合科学发展要求的发展方式和体制机制，不断解放和发展社会生产力，不断实现科学发展、和谐发展、和平发展，为坚持和发展中国特色社会主义打下牢固基础。必须更加自觉地把以人为本作为深入贯彻落实科学发展观的核心立场，始终把实现好、维护好、发展好最广大人民根本利益作为党和国家一切工作的出发点和落脚点，尊重人民首创精神，保障人民各项权益，不断在实现发展成果由人民共享、促进人的全面发展上取得新成效。必须更加自觉地把全面协调可持续作为深入贯彻落实科学发展观的基本要求，全面落实经济建设、政治建设、文化建设、社会建设、生态文明建设五位一体总体布局，促进现代化建设各方面相协调，促进生产关系与生产力、上层建筑与经济基础相协调，不断开拓生产发展、生活富裕、生态良好的文明发展道路。必须更加自觉地把统筹兼顾作为深入贯彻落实科学发展观的根本方法，坚持一切从实际出发，正确认识和妥善处理中国特色社会主义事业中的重大关系，统筹改革发展稳定、内政外交国防、治党治国治军各方面工作，统筹城乡发展、区域发展、经济社会发展、人与自然和谐发展、国内发展和对外开放，统筹各方面利益关系，充分调动各方面积极性，努力形成全体人民各尽其能、各得其所而又和谐相处的局面。

……

中国特色社会主义道路，就是在中国共产党领导下，立足基本国情，以经济建设为中心，坚持四项基本原则，坚持改革开放，解放和发展社会生产力，建设社会主义市场经济、社会主义民主政治、社会主义先进文化、社会主义和谐社会、社会主义生态文明，促进人的全面发展，逐步实现全体人民共同富裕，建设富强民主文明和谐的社会主义现代化国家。

……

根据我国经济社会发展实际，要在十六大、十七大确立的全面建设小康社会目标的基础上努力实现新的要求。

……

——资源节约型、环境友好型社会建设取得重大进展。主体功能区布局基本形成，资源循环利用体系初步建立。单位国内生产总值能源消耗和二氧化碳排放大幅下降，主要污染物排放总量显著减少。森林覆盖率提高，生态系统稳定性增强，人居环境明显改善。

……

全面建成小康社会，必须以更大的政治勇气和智慧，不失时机深化重要领域改革,坚决破除一切妨碍科学发展的思想观念和体制机制弊端,构建系统完备、科学规范、运行有效的制度体系,使各方面制度更加成熟更加定型。要加快完善社会主义市场经济体制,完善公有制为主体、多种所有制经济共同发展的基本经济制度,完善按劳分配为主体、多种分配方式并存的分配制度,更大程度更广范围发挥市场在资源配置中的基础性作用,完善宏观调控体系,完善开放型经济体系,推动经济更有效率、更加公平、更可持续发展。加快推进社会主义民主政治制度化、规范化、程序化,从各层次各领域扩大公民有序政治参与,实现国家各项工作法治化。加快完善文化管理体制和文化生产经营机制,基本建立现代文化市场体系,健全国有文化资产管理体制,形成有利于创新创造的文化发展环境。加快形成科学有效的社会管理体制,完善社会保障体系,健全基层公共服务和社会管理网络,建立确保社会既充满活力又和谐有序的体制机制。加快建立生态文明制度,健全国土空间开发、资源节约、生态环境保护的体制机制,推动形成人与自然和谐发展现代化建设新格局。

……

大力推进生态文明建设

建设生态文明,是关系人民福祉、关乎民族未来的长远大计。面对资源约束趋紧、环境污染严重、生态系统退化的严峻形势,必须树立尊重自然、顺应自然、保护自然的生态文明理念,把生态文明建设放在突出地位,融入经济建设、政治建设、文化建设、社会建设各方面和全过程,努力建设美丽中国,实现中华民族永续发展。

坚持节约资源和保护环境的基本国策,坚持节约优先、保护优先、自然恢复为主的方针,着力推进绿色发展、循环发展、低碳发展,形成节约资源和保护环境的空间格局、产业结构、生产方式、生活方式,从源头上扭转生态环境恶化趋势，为人民创造良好生产生活环境，为全球生态安全作出贡献。

（一）优化国土空间开发格局。国土是生态文明建设的空间载体，必须珍惜每一寸国土。要按照人口资源环境相均衡、经济社会生态效益相统一的原则，控制开发强度，调整空间结构，促进生产空间集约高效、生活空间宜居适度、生态空间山清水秀，给自然留下更多修复空间，给农业留下更多良田，给子孙后代留下天蓝、地绿、水净的美好家园。加快实施主体功能区战略，推动各地区严格按照主体功能定位发展，构建科学合理的城市化格局、农业发展格局、生态安全格局。提高海洋资源开发能力，发展海洋经济，保护海洋生态环境，坚决维护国家海洋权益，建设海洋强国。

（二）全面促进资源节约。节约资源是保护生态环境的根本之策。要节约集约利用资源，推动资源利用方式根本转变，加强全过程节约管理，大幅降低能源、水、土地消耗强度，提高利用效率和效益。推动能源生产和消费革命，控制能源消费总量，加强节能降耗，支持节能低碳产业和新能源、可再生能源发展，确保国家能源安全。加强水源地保护和用水总量管理，推进水循环利用，建设节水型社会。严守耕地保护红线，严格土地用途管制。加强矿产资源勘查、保护、合理开发。发展循环经济，促进生产、流通、消费过程的减量化、再利用、资源化。

（三）加大自然生态系统和环境保护力度。良好生态环境是人和社会持续发展的根本基础。要实施重大生态修复工程，增强生态产品生产能力，推进荒漠化、石漠化、水土流失综合治理，扩大森林、湖泊、湿地面积，保护生物多样性。加快水利建设，增强城乡防洪抗旱排涝能力。加强防灾减灾体系建设，提高气象、地质、地震灾害防御能力。坚持预防为主、综合治理，以解决损害群众健康突出环境问题为重点，强化水、大气、土壤等污染防治。坚持共同但有区别的责任原则、公平原则、各自能力原则，同国际社会一道积极应对全球气候变化。

（四）加强生态文明制度建设。保护生态环境必须依靠制度。要把资源消耗、环境损害、生态效益纳入经济社会发展评价体系，建立体现生态文明要求的目标体系、考核办法、奖惩机制。建立国土空间开发保护制度，完善最严格的耕地保护制度、水资源管理制度、环境保护制度。深化资源性产品价格和税费改革，建立反映市场供求和资源稀缺程度、体现生态价值和代际补偿的资源有偿使用制度和生态补偿制度。积极开展节能量、碳排放权、排污权、水权交易试点。加强环境监管，健全生态环境保护责任追究制度和环境损害赔偿制度。加强生态文明宣传教育，增强全民节约意识、环保意识、生态意识，形成合理消费的社会风尚，营造爱护生态环境的良好风气。

我们一定要更加自觉地珍爱自然，更加积极地保护生态，努力走向社会主义生态文明新时代。

附件 8：

《中共中央关于全面深化改革若干重大问题的决定》中生态文明相关内容

（2013 年 11 月 12 日）

中共中央关于全面深化改革若干重大问题的决定

（中国共产党第十八届中央委员会第三次全体会议通过）（节选）

紧紧围绕建设美丽中国深化生态文明体制改革，加快建立生态文明制度，健全国土空间开发、资源节约利用、生态环境保护的体制机制，推动形成人与自然和谐发展现代化建设新格局。

……

深化投资体制改革，确立企业投资主体地位。企业投资项目，除关系国家安全和生态安全、涉及全国重大生产力布局、战略性资源开发和重大公共利益等项目外，一律由企业依法依规自主决策，政府不再审批。强化节能节地节水、环境、技术、安全等市场准入标准，建立健全防范和化解产能过剩长效机制。

……

完善发展成果考核评价体系，纠正单纯以经济增长速度评定政绩的偏向，加大资源消耗、环境损害、生态效益、产能过剩、科技创新、安全生产、新增债务等指标的权重，更加重视劳动就业、居民收入、社会保障、人民健康状况。加快建立国家统一的经济核算制度，编制全国和地方资产负债表，建立全社会房产、信用等基础数据统一平台，推进部门信息共享。

……

政府要加强发展战略、规划、政策、标准等制定和实施,加强市场活动监管,加强各类公共服务提供。加强中央政府宏观调控职责和能力,加强地方政府公共服务、市场监管、社会管理、环境保护等职责。推广政府购买服务,凡属事务性管理服务,原则上都要引入竞争机制,通过合同、委托等方式向社会购买。

……

加快生态文明制度建设

建设生态文明,必须建立系统完整的生态文明制度体系,实行最严格的源头保护制度、损害赔偿制度、责任追究制度,完善环境治理和生态修复制度,用制度保护生态环境。

健全自然资源资产产权制度和用途管制制度。对水流、森林、山岭、草原、荒地、滩涂等自然生态空间进行统一确权登记,形成归属清晰、权责明确、监管有效的自然资源资产产权制度。建立空间规划体系,划定生产、生活、生态空间开发管制界限,落实用途管制。健全能源、水、土地节约集约使用制度。

健全国家自然资源资产管理体制,统一行使全民所有自然资源资产所有者职责。完善自然资源监管体制,统一行使所有国土空间用途管制职责。

划定生态保护红线。坚定不移实施主体功能区制度,建立国土空间开发保护制度,严格按照主体功能区定位推动发展,建立国家公园体制。建立资源环境承载能力监测预警机制,对水土资源、环境容量和海洋资源超载区域实行限制性措施。对限制开发区域和生态脆弱的国家扶贫开发工作重点县,取消地区生产总值考核。

探索编制自然资源资产负债表,对领导干部实行自然资源资产离任审计。建立生态环境损害责任终身追究制。

实行资源有偿使用制度和生态补偿制度。加快自然资源及其产品价格改革，全面反映市场供求、资源稀缺程度、生态环境损害成本和修复效益。坚持使用资源付费和谁污染环境、谁破坏生态谁付费原则，逐步将资源税扩展到占用各种自然生态空间。稳定和扩大退耕还林、退牧还草范围，调整严重污染和地下水严重超采区耕地用途，有序实现耕地、河湖休养生息。建立有效调节工业用地和居住用地合理比价机制，提高工业用地价格。坚持谁受益、谁补偿原则，完善对重点生态功能区的生态补偿机制，推动地区间建立横向生态补偿制度。发展环保市场，推行节能量、碳排放权、排污权、水权交易制度，建立吸引社会资本投入生态环境保护的市场化机制，推行环境污染第三方治理。

改革生态环境保护管理体制。建立和完善严格监管所有污染物排放的环境保护管理制度，独立进行环境监管和行政执法。建立陆海统筹的生态系统保护修复和污染防治区域联动机制。健全国有林区经营管理体制，完善集体林权制度改革。及时公布环境信息，健全举报制度，加强社会监督。完善污染物排放许可制，实行企事业单位污染物排放总量控制制度。对造成生态环境损害的责任者严格实行赔偿制度，依法追究刑事责任。

附件 9：

中华人民共和国环境保护法

（2014 年 4 月 24 日）

（自 2015 年 1 月 1 日起施行）

（1989 年 12 月 26 日，第七届全国人民代表大会常务委员会第十一次会议通过；2014 年 4 月 24 日，第十二届全国人民代表大会常务委员会第八次会议修订）

目　录

第一章　总则

第二章　监督管理

第三章　保护和改善环境

第四章　防治污染和其他公害

第五章　信息公开和公众参与

第六章　法律责任

第七章　附则

第一章　总　则

第一条　为保护和改善环境，防治污染和其他公害，保障公众健康，推进生态文明建设，促进经济社会可持续发展，制定本法。

第二条　本法所称环境，是指影响人类生存和发展的各种天然的和经过人工改造的自然因素的总体，包括大气、水、海洋、土地、矿藏、森林、草原、湿地、野生生物、自然遗迹、人文遗迹、自然保护区、风景名胜区、城市和乡村等。

第三条 本法适用于中华人民共和国领域和中华人民共和国管辖的其他海域。

第四条 保护环境是国家的基本国策。

国家采取有利于节约和循环利用资源、保护和改善环境、促进人与自然和谐的经济、技术政策和措施，使经济社会发展与环境保护相协调。

第五条 环境保护坚持保护优先、预防为主、综合治理、公众参与、损害担责的原则。

第六条 一切单位和个人都有保护环境的义务。

地方各级人民政府应当对本行政区域的环境质量负责。

企业事业单位和其他生产经营者应当防止、减少环境污染和生态破坏，对所造成的损害依法承担责任。

公民应当增强环境保护意识，采取低碳、节俭的生活方式，自觉履行环境保护义务。

第七条 国家支持环境保护科学技术研究、开发和应用，鼓励环境保护产业发展，促进环境保护信息化建设，提高环境保护科学技术水平。

第八条 各级人民政府应当加大保护和改善环境、防治污染和其他公害的财政投入，提高财政资金的使用效益。

第九条 各级人民政府应当加强环境保护宣传和普及工作，鼓励基层群众性自治组织、社会组织、环境保护志愿者开展环境保护法律法规和环境保护知识的宣传，营造保护环境的良好风气。

教育行政部门、学校应当将环境保护知识纳入学校教育内容，培养学生的环境保护意识。

新闻媒体应当开展环境保护法律法规和环境保护知识的宣传，对环境违法行为进行舆论监督。

第十条 国务院环境保护主管部门，对全国环境保护工作实施统一监督管理；县级以上地方人民政府环境保护主管部门，对本行政区域环境保护工作实施统一监督管理。

县级以上人民政府有关部门和军队环境保护部门，依照有关法律的规定对资源保护和污染防治等环境保护工作实施监督管理。

第十一条 对保护和改善环境有显著成绩的单位和个人，由人民政府给予奖励。

第十二条 每年6月5日为环境日。

第二章　监督管理

第十三条 县级以上人民政府应当将环境保护工作纳入国民经济和社会发展规划。

国务院环境保护主管部门会同有关部门，根据国民经济和社会发展规划编制国家环境保护规划，报国务院批准并公布实施。

县级以上地方人民政府环境保护主管部门会同有关部门，根据国家环境保护规划的要求，编制本行政区域的环境保护规划，报同级人民政府批准并公布实施。

环境保护规划的内容应当包括生态保护和污染防治的目标、任务、保障措施等，并与主体功能区规划、土地利用总体规划和城乡规划等相衔接。

第十四条 国务院有关部门和省、自治区、直辖市人民政府组织制定经济、技术政策，应当充分考虑对环境的影响，听取有关方面和专家的意见。

第十五条 国务院环境保护主管部门制定国家环境质量标准。

省、自治区、直辖市人民政府对国家环境质量标准中未作规定的项目，可以制定地方环境质量标准；对国家环境质量标准中已作规定的项目，可以制定严于国家环境质量标准的地方环境质量标准。地方环境质量标准应当报国务院环境保护主管部门备案。

国家鼓励开展环境基准研究。

第十六条 国务院环境保护主管部门根据国家环境质量标准和国家经济、技术条件，制定国家污染物排放标准。

省、自治区、直辖市人民政府对国家污染物排放标准中未作规定的项目，可以制定地方污染物排放标准；对国家污染物排放标准中已作规定的项目，可以制定严于国家污染物排放标准的地方污染物排放标准。地方污染物排放标准应当报国务院环境保护主管部门备案。

第十七条 国家建立、健全环境监测制度。国务院环境保护主管部门制定监测规范，会同有关部门组织监测网络，统一规划国家环境质量监测站（点）的设置，建立监测数据共享机制，加强对环境监测的管理。

有关行业、专业等各类环境质量监测站（点）的设置应当符合法律法规规定和监测规范的要求。

监测机构应当使用符合国家标准的监测设备，遵守监测规范。监测机构及其负责人对监测数据的真实性和准确性负责。

第十八条 省级以上人民政府应当组织有关部门或者委托专业机构，对环境状况进行调查、评价，建立环境资源承载能力监测预警机制。

第十九条 编制有关开发利用规划，建设对环境有影响的项目，应当依法进行环境影响评价。

未依法进行环境影响评价的开发利用规划，不得组织实施；未依法进行环境影响评价的建设项目，不得开工建设。

第二十条 国家建立跨行政区域的重点区域、流域环境污染和生态破坏联合防治协调机制，实行统一规划、统一标准、统一监测、统一的防治措施。

前款规定以外的跨行政区域的环境污染和生态破坏的防治，由上级人民政府协调解决，或者由有关地方人民政府协商解决。

第二十一条　国家采取财政、税收、价格、政府采购等方面的政策和措施，鼓励和支持环境保护技术装备、资源综合利用和环境服务等环境保护产业的发展。

第二十二条　企业事业单位和其他生产经营者，在污染物排放符合法定要求的基础上，进一步减少污染物排放的，人民政府应当依法采取财政、税收、价格、政府采购等方面的政策和措施予以鼓励和支持。

第二十三条　企业事业单位和其他生产经营者，为改善环境，依照有关规定转产、搬迁、关闭的，人民政府应当予以支持。

第二十四条　县级以上人民政府环境保护主管部门及其委托的环境监察机构和其他负有环境保护监督管理职责的部门，有权对排放污染物的企业事业单位和其他生产经营者进行现场检查。被检查者应当如实反映情况，提供必要的资料。实施现场检查的部门、机构及其工作人员应当为被检查者保守商业秘密。

第二十五条　企业事业单位和其他生产经营者违反法律法规规定排放污染物，造成或者可能造成严重污染的，县级以上人民政府环境保护主管部门和其他负有环境保护监督管理职责的部门，可以查封、扣押造成污染物排放的设施、设备。

第二十六条　国家实行环境保护目标责任制和考核评价制度。县级以上人民政府应当将环境保护目标完成情况，纳入对本级人民政府负有环境保护监督管理职责的部门及其负责人和下级人民政府及其负责人的考核内容，作为对其考核评价的重要依据。考核结果应当向社会公开。

第二十七条　县级以上人民政府应当每年向本级人民代表大会或者人民代表大会常务委员会报告环境状况和环境保护目标完成情况，对发生的重大环境事件应当及时向本级人民代表大会常务委员会报告，依法接受监督。

第三章 保护和改善环境

第二十八条 地方各级人民政府应当根据环境保护目标和治理任务，采取有效措施，改善环境质量。

未达到国家环境质量标准的重点区域、流域的有关地方人民政府，应当制定限期达标规划，并采取措施按期达标。

第二十九条 国家在重点生态功能区、生态环境敏感区和脆弱区等区域划定生态保护红线，实行严格保护。

各级人民政府对具有代表性的各种类型的自然生态系统区域，珍稀、濒危的野生动植物自然分布区域，重要的水源涵养区域，具有重大科学文化价值的地质构造、著名溶洞和化石分布区、冰川、火山、温泉等自然遗迹，以及人文遗迹、古树名木，应当采取措施予以保护，严禁破坏。

第三十条 开发利用自然资源，应当合理开发，保护生物多样性，保障生态安全，依法制定有关生态保护和恢复治理方案并予以实施。

引进外来物种以及研究、开发和利用生物技术，应当采取措施，防止对生物多样性的破坏。

第三十一条 国家建立、健全生态保护补偿制度。

国家加大对生态保护地区的财政转移支付力度。有关地方人民政府应当落实生态保护补偿资金，确保其用于生态保护补偿。

国家指导受益地区和生态保护地区人民政府通过协商或者按照市场规则进行生态保护补偿。

第三十二条 国家加强对大气、水、土壤等的保护，建立和完善相应的调查、监测、评估和修复制度。

第三十三条 各级人民政府应当加强对农业环境的保护,促进农业环境保护新技术的使用,加强对农业污染源的监测预警,统筹有关部门采取措施,防治土壤污染和土地沙化、盐渍化、贫瘠化、石漠化、地面沉降以及防治植被破坏、水土流失、水体富营养化、水源枯竭、种源灭绝等生态失调现象,推广植物病虫害的综合防治。

县级、乡级人民政府应当提高农村环境保护公共服务水平,推动农村环境综合整治。

第三十四条 国务院和沿海地方各级人民政府应当加强对海洋环境的保护。向海洋排放污染物、倾倒废弃物,进行海岸工程和海洋工程建设,应当符合法律法规规定和有关标准,防止和减少对海洋环境的污染损害。

第三十五条 城乡建设应当结合当地自然环境的特点,保护植被、水域和自然景观,加强城市园林、绿地和风景名胜区的建设与管理。

第三十六条 国家鼓励和引导公民、法人和其他组织使用有利于保护环境的产品和再生产品,减少废弃物的产生。

国家机关和使用财政资金的其他组织应当优先采购和使用节能、节水、节材等有利于保护环境的产品、设备和设施。

第三十七条 地方各级人民政府应当采取措施,组织对生活废弃物的分类处置、回收利用。

第三十八条 公民应当遵守环境保护法律法规,配合实施环境保护措施,按照规定对生活废弃物进行分类放置,减少日常生活对环境造成的损害。

第三十九条 国家建立、健全环境与健康监测、调查和风险评估制度;鼓励和组织开展环境质量对公众健康影响的研究,采取措施预防和控制与环境污染有关的疾病。

第四章 防治污染和其他公害

第四十条 国家促进清洁生产和资源循环利用。

国务院有关部门和地方各级人民政府应当采取措施，推广清洁能源的生产和使用。

企业应当优先使用清洁能源，采用资源利用率高、污染物排放量少的工艺、设备以及废弃物综合利用技术和污染物无害化处理技术，减少污染物的产生。

第四十一条 建设项目中防治污染的设施，应当与主体工程同时设计、同时施工、同时投产使用。防治污染的设施应当符合经批准的环境影响评价文件的要求，不得擅自拆除或者闲置。

第四十二条 排放污染物的企业事业单位和其他生产经营者，应当采取措施，防治在生产建设或者其他活动中产生的废气、废水、废渣、医疗废物、粉尘、恶臭气体、放射性物质以及噪声、振动、光辐射、电磁辐射等对环境的污染和危害。

排放污染物的企业事业单位，应当建立环境保护责任制度，明确单位负责人和相关人员的责任。

重点排污单位应当按照国家有关规定和监测规范安装使用监测设备，保证监测设备正常运行，保存原始监测记录。

严禁通过暗管、渗井、渗坑、灌注或者篡改、伪造监测数据，或者不正常运行防治污染设施等逃避监管的方式违法排放污染物。

第四十三条 排放污染物的企业事业单位和其他生产经营者，应当按照国家有关规定缴纳排污费。排污费应当全部专项用于环境污染防治，任何单位和个人不得截留、挤占或者挪作他用。

依照法律规定征收环境保护税的，不再征收排污费。

第四十四条 国家实行重点污染物排放总量控制制度。重点污染物排放总量控制指标由国务院下达，省、自治区、直辖市人民政府分解落实。企业事业单位在执行国家和地方污染物排放标准的同时，应当遵守分解落实到本单位的重点污染物排放总量控制指标。

对超过国家重点污染物排放总量控制指标或者未完成国家确定的环境质量目标的地区，省级以上人民政府环境保护主管部门应当暂停审批其新增重点污染物排放总量的建设项目环境影响评价文件。

第四十五条 国家依照法律规定实行排污许可管理制度。

实行排污许可管理的企业事业单位和其他生产经营者应当按照排污许可证的要求排放污染物；未取得排污许可证的，不得排放污染物。

第四十六条 国家对严重污染环境的工艺、设备和产品实行淘汰制度。任何单位和个人不得生产、销售或者转移、使用严重污染环境的工艺、设备和产品。

禁止引进不符合我国环境保护规定的技术、设备、材料和产品。

第四十七条 各级人民政府及其有关部门和企业事业单位，应当依照《中华人民共和国突发事件应对法》的规定，做好突发环境事件的风险控制、应急准备、应急处置和事后恢复等工作。

县级以上人民政府应当建立环境污染公共监测预警机制，组织制定预警方案；环境受到污染，可能影响公众健康和环境安全时，依法及时公布预警信息，启动应急措施。

企业事业单位应当按照国家有关规定制定突发环境事件应急预案，报环境保护主管部门和有关部门备案。在发生或者可能发生突发环境事件时，企业事业单位应当立即采取措施处理，及时通报可能受到危害的单位和居民，并向环境保护主管部门和有关部门报告。

突发环境事件应急处置工作结束后，有关人民政府应当立即组织评估事件造成的环境影响和损失，并及时将评估结果向社会公布。

第四十八条 生产、储存、运输、销售、使用、处置化学物品和含有放射性物质的物品，应当遵守国家有关规定，防止污染环境。

第四十九条 各级人民政府及其农业等有关部门和机构应当指导农业生产经营者科学种植和养殖，科学合理施用农药、化肥等农业投入品，科学处置农用薄膜、农作物秸秆等农业废弃物，防止农业面源污染。

禁止将不符合农用标准和环境保护标准的固体废物、废水施入农田。施用农药、化肥等农业投入品及进行灌溉，应当采取措施，防止重金属和其他有毒有害物质污染环境。

畜禽养殖场、养殖小区、定点屠宰企业等的选址、建设和管理应当符合有关法律法规规定。从事畜禽养殖和屠宰的单位和个人应当采取措施，对畜禽粪便、尸体和污水等废弃物进行科学处置，防止污染环境。

县级人民政府负责组织农村生活废弃物的处置工作。

第五十条 各级人民政府应当在财政预算中安排资金，支持农村饮用水水源地保护、生活污水和其他废弃物处理、畜禽养殖和屠宰污染防治、土壤污染防治和农村工矿污染治理等环境保护工作。

第五十一条 各级人民政府应当统筹城乡建设污水处理设施及配套管网，固体废物的收集、运输和处置等环境卫生设施，危险废物集中处置设施、场所以及其他环境保护公共设施，并保障其正常运行。

第五十二条 国家鼓励投保环境污染责任保险。

第五章 信息公开和公众参与

第五十三条 公民、法人和其他组织依法享有获取环境信息、参与和监督环境保护的权利。

各级人民政府环境保护主管部门和其他负有环境保护监督管理职责的

部门，应当依法公开环境信息、完善公众参与程序，为公民、法人和其他组织参与和监督环境保护提供便利。

第五十四条 国务院环境保护主管部门统一发布国家环境质量、重点污染源监测信息及其他重大环境信息。省级以上人民政府环境保护主管部门定期发布环境状况公报。

县级以上人民政府环境保护主管部门和其他负有环境保护监督管理职责的部门，应当依法公开环境质量、环境监测、突发环境事件以及环境行政许可、行政处罚、排污费的征收和使用情况等信息。

县级以上地方人民政府环境保护主管部门和其他负有环境保护监督管理职责的部门，应当将企业事业单位和其他生产经营者的环境违法信息记入社会诚信档案，及时向社会公布违法者名单。

第五十五条 重点排污单位应当如实向社会公开其主要污染物的名称、排放方式、排放浓度和总量、超标排放情况，以及防治污染设施的建设和运行情况，接受社会监督。

第五十六条 对依法应当编制环境影响报告书的建设项目，建设单位应当在编制时向可能受影响的公众说明情况，充分征求意见。

负责审批建设项目环境影响评价文件的部门在收到建设项目环境影响报告书后，除涉及国家秘密和商业秘密的事项外，应当全文公开；发现建设项目未充分征求公众意见的，应当责成建设单位征求公众意见。

第五十七条 公民、法人和其他组织发现任何单位和个人有污染环境和破坏生态行为的，有权向环境保护主管部门或者其他负有环境保护监督管理职责的部门举报。

公民、法人和其他组织发现地方各级人民政府、县级以上人民政府环境保护主管部门和其他负有环境保护监督管理职责的部门不依法履行职责的，有权向其上级机关或者监察机关举报。

接受举报的机关应当对举报人的相关信息予以保密,保护举报人的合法权益。

第五十八条 对污染环境、破坏生态,损害社会公共利益的行为,符合下列条件的社会组织可以向人民法院提起诉讼:

(一)依法在设区的市级以上人民政府民政部门登记;

(二)专门从事环境保护公益活动连续五年以上且无违法记录。

符合前款规定的社会组织向人民法院提起诉讼,人民法院应当依法受理。

提起诉讼的社会组织不得通过诉讼牟取经济利益。

第六章 法律责任

第五十九条 企业事业单位和其他生产经营者违法排放污染物,受到罚款处罚,被责令改正,拒不改正的,依法作出处罚决定的行政机关可以自责令改正之日的次日起,按照原处罚数额按日连续处罚。

前款规定的罚款处罚,依照有关法律法规按照防治污染设施的运行成本、违法行为造成的直接损失或者违法所得等因素确定的规定执行。

地方性法规可以根据环境保护的实际需要,增加第一款规定的按日连续处罚的违法行为的种类。

第六十条 企业事业单位和其他生产经营者超过污染物排放标准或者超过重点污染物排放总量控制指标排放污染物的,县级以上人民政府环境保护主管部门可以责令其采取限制生产、停产整治等措施;情节严重的,报经有批准权的人民政府批准,责令停业、关闭。

第六十一条 建设单位未依法提交建设项目环境影响评价文件或者环境影响评价文件未经批准,擅自开工建设的,由负有环境保护监督管理职责的部门责令停止建设,处以罚款,并可以责令恢复原状。

第六十二条 违反本法规定，重点排污单位不公开或者不如实公开环境信息的，由县级以上地方人民政府环境保护主管部门责令公开，处以罚款，并予以公告。

第六十三条 企业事业单位和其他生产经营者有下列行为之一，尚不构成犯罪的，除依照有关法律法规规定予以处罚外，由县级以上人民政府环境保护主管部门或者其他有关部门将案件移送公安机关，对其直接负责的主管人员和其他直接责任人员，处十日以上十五日以下拘留；情节较轻的，处五日以上十日以下拘留：

（一）建设项目未依法进行环境影响评价，被责令停止建设，拒不执行的；

（二）违反法律规定，未取得排污许可证排放污染物，被责令停止排污，拒不执行的；

（三）通过暗管、渗井、渗坑、灌注或者篡改、伪造监测数据，或者不正常运行防治污染设施等逃避监管的方式违法排放污染物的；

（四）生产、使用国家明令禁止生产、使用的农药，被责令改正，拒不改正的。

第六十四条 因污染环境和破坏生态造成损害的，应当依照《中华人民共和国侵权责任法》的有关规定承担侵权责任。

第六十五条 环境影响评价机构、环境监测机构以及从事环境监测设备和防治污染设施维护、运营的机构，在有关环境服务活动中弄虚作假，对造成的环境污染和生态破坏负有责任的，除依照有关法律法规规定予以处罚外，还应当与造成环境污染和生态破坏的其他责任者承担连带责任。

第六十六条 提起环境损害赔偿诉讼的时效期间为三年，从当事人知道或者应当知道其受到损害时起计算。

第六十七条 上级人民政府及其环境保护主管部门应当加强对下级人

民政府及其有关部门环境保护工作的监督。发现有关工作人员有违法行为，依法应当给予处分的，应当向其任免机关或者监察机关提出处分建议。

依法应当给予行政处罚，而有关环境保护主管部门不给予行政处罚的，上级人民政府环境保护主管部门可以直接作出行政处罚的决定。

第六十八条 地方各级人民政府、县级以上人民政府环境保护主管部门和其他负有环境保护监督管理职责的部门有下列行为之一的，对直接负责的主管人员和其他直接责任人员给予记过、记大过或者降级处分；造成严重后果的，给予撤职或者开除处分，其主要负责人应当引咎辞职：

（一）不符合行政许可条件准予行政许可的；

（二）对环境违法行为进行包庇的；

（三）依法应当作出责令停业、关闭的决定而未作出的；

（四）对超标排放污染物、采用逃避监管的方式排放污染物、造成环境事故以及不落实生态保护措施造成生态破坏等行为，发现或者接到举报未及时查处的；

（五）违反本法规定，查封、扣押企业事业单位和其他生产经营者的设施、设备的；

（六）篡改、伪造或者指使篡改、伪造监测数据的；

（七）应当依法公开环境信息而未公开的；

（八）将征收的排污费截留、挤占或者挪作他用的；

（九）法律法规规定的其他违法行为。

第六十九条 违反本法规定，构成犯罪的，依法追究刑事责任。

第七章 附 则

第七十条 本法自 2015 年 1 月 1 日起施行。

附件10：

《中共中央关于全面推进依法治国若干重大问题的决定》中生态文明相关内容

（2014年10月23日）

中共中央关于全面推进依法治国若干重大问题的决定

（中国共产党第十八届中央委员会第四次全体会议通过）（节选）

我国正处于社会主义初级阶段，全面建成小康社会进入决定性阶段，改革进入攻坚期和深水区，国际形势复杂多变，我们党面对的改革发展稳定任务之重前所未有、矛盾风险挑战之多前所未有，依法治国在党和国家工作全局中的地位更加突出、作用更加重大。面对新形势新任务，我们党要更好统筹国内国际两个大局，更好维护和运用我国发展的重要战略机遇期，更好统筹社会力量、平衡社会利益、调节社会关系、规范社会行为，使我国社会在深刻变革中既生机勃勃又井然有序，实现经济发展、政治清明、文化昌盛、社会公正、生态良好，实现我国和平发展的战略目标，必须更好发挥法治的引领和规范作用。

……

用严格的法律制度保护生态环境，加快建立有效约束开发行为和促进绿色发展、循环发展、低碳发展的生态文明法律制度，强化生产者环境保护的法律责任，大幅度提高违法成本。建立健全自然资源产权法律制度，完善国土空间开发保护方面的法律制度，制定完善生态补偿和土壤、水、大气污染防治及海洋生态环境保护等法律法规，促进生态文明建设。

附件 11：

中共中央 国务院关于加快推进生态文明建设的意见

（中发〔2015〕12号）

（2015年4月25日）

生态文明建设是中国特色社会主义事业的重要内容，关系人民福祉，关乎民族未来，事关"两个一百年"奋斗目标和中华民族伟大复兴中国梦的实现。党中央、国务院高度重视生态文明建设，先后出台了一系列重大决策部署，推动生态文明建设取得了重大进展和积极成效。但总体上看，我国生态文明建设水平仍滞后于经济社会发展，资源约束趋紧，环境污染严重，生态系统退化，发展与人口资源环境之间的矛盾日益突出，已成为经济社会可持续发展的重大瓶颈制约。

加快推进生态文明建设是加快转变经济发展方式、提高发展质量和效益的内在要求，是坚持以人为本、促进社会和谐的必然选择，是全面建成小康社会、实现中华民族伟大复兴中国梦的时代抉择，是积极应对气候变化、维护全球生态安全的重大举措。要充分认识加快推进生态文明建设的极端重要性和紧迫性，切实增强责任感和使命感，牢固树立尊重自然、顺应自然、保护自然的理念，坚持绿水青山就是金山银山，动员全党、全社会积极行动、深入持久地推进生态文明建设，加快形成人与自然和谐发展的现代化建设新格局，开创社会主义生态文明新时代。

一、总体要求

（一）指导思想

以邓小平理论、"三个代表"重要思想、科学发展观为指导，全面贯彻党的十八大和十八届二中、三中、四中全会精神，深入贯彻习近平总书记系列重要讲话精神，认真落实党中央、国务院的决策部署，坚持以人为本、依法推进，坚持节约资源和保护环境的基本国策，把生态文明建设放在突出的战略位置，融入经济建设、政治建设、文化建设、社会建设各方面和全过程，协同推进新型工业化、信息化、城镇化、农业现代化和绿色化，以健全生态文明制度体系为重点，优化国土空间开发格局，全面促进资源节约利用，加大自然生态系统和环境保护力度，大力推进绿色发展、循环发展、低碳发展，弘扬生态文化，倡导绿色生活，加快建设美丽中国，使蓝天常在、青山常在、绿水常在，实现中华民族永续发展。

（二）基本原则

坚持把节约优先、保护优先、自然恢复为主作为基本方针。在资源开发与节约中，把节约放在优先位置，以最少的资源消耗支撑经济社会持续发展；在环境保护与发展中，把保护放在优先位置，在发展中保护、在保护中发展；在生态建设与修复中，以自然恢复为主，与人工修复相结合。

坚持把绿色发展、循环发展、低碳发展作为基本途径。经济社会发展必须建立在资源得到高效循环利用、生态环境受到严格保护的基础上，与生态文明建设相协调，形成节约资源和保护环境的空间格局、产业结构、生产方式。

坚持把深化改革和创新驱动作为基本动力。充分发挥市场配置资源的决定性作用和更好发挥政府作用，不断深化制度改革和科技创新，建立系统完整的生态文明制度体系，强化科技创新引领作用，为生态文明建设注入强大动力。

坚持把培育生态文化作为重要支撑。将生态文明纳入社会主义核心价值体系，加强生态文化的宣传教育，倡导勤俭节约、绿色低碳、文明健康的生活方式和消费模式，提高全社会生态文明意识。

坚持把重点突破和整体推进作为工作方式。既立足当前，着力解决对经济社会可持续发展制约性强、群众反映强烈的突出问题，打好生态文明建设攻坚战；又着眼长远，加强顶层设计与鼓励基层探索相结合，持之以恒全面推进生态文明建设。

（三）主要目标

到 2020 年，资源节约型和环境友好型社会建设取得重大进展，主体功能区布局基本形成，经济发展质量和效益显著提高，生态文明主流价值观在全社会得到推行，生态文明建设水平与全面建成小康社会目标相适应。

——国土空间开发格局进一步优化。经济、人口布局向均衡方向发展，陆海空间开发强度、城市空间规模得到有效控制，城乡结构和空间布局明显优化。

——资源利用更加高效。单位国内生产总值二氧化碳排放强度比 2005 年下降 40%~45%，能源消耗强度持续下降，资源产出率大幅提高，用水总量力争控制在 6700 亿立方米以内，万元工业增加值用水量降低到 65 立方米以下，农田灌溉水有效利用系数提高到 0.55 以上，非化石能源占一次能源消费比重达到 15% 左右。

——生态环境质量总体改善。主要污染物排放总量继续减少，大气环境质量、重点流域和近岸海域水环境质量得到改善，重要江河湖泊水功能区水质达标率提高到 80% 以上，饮用水安全保障水平持续提升，土壤环境质量总体保持稳定，环境风险得到有效控制。森林覆盖率达到 23% 以上，草原综合植被覆盖度达到 56%，湿地面积不低于 8 亿亩，50% 以上可治理沙化土地得到治理，自然岸线保有率不低于 35%，生物多样性丧失速度得到基本控制，全国生态系统稳定性明显增强。

——生态文明重大制度基本确立。基本形成源头预防、过程控制、损害赔偿、责任追究的生态文明制度体系，自然资源资产产权和用途管制、生态保护红线、生态保护补偿、生态环境保护管理体制等关键制度建设取得决定性成果。

二、强化主体功能定位，优化国土空间开发格局

国土是生态文明建设的空间载体。要坚定不移地实施主体功能区战略，健全空间规划体系，科学合理布局和整治生产空间、生活空间、生态空间。

（一）积极实施主体功能区战略

全面落实主体功能区规划，健全财政、投资、产业、土地、人口、环境等配套政策和各有侧重的绩效考核评价体系。推进市县落实主体功能定位，推动经济社会发展、城乡、土地利用、生态环境保护等规划"多规合一"，形成一个市县一本规划、一张蓝图。区域规划编制、重大项目布局必须符合主体功能定位。对不同主体功能区的产业项目实行差别化市场准入政策，明确禁止开发区域、限制开发区域准入事项，明确优化开发区域、重点开发区域禁止和限制发展的产业。编制实施全国国土规划纲要，加快推进国土综合整治。构建平衡适宜的城乡建设空间体系，适当增加生活空间、生态用地，保护和扩大绿地、水域、湿地等生态空间。

（二）大力推进绿色城镇化

认真落实《国家新型城镇化规划（2014—2020年）》，根据资源环境承载能力，构建科学合理的城镇化宏观布局，严格控制特大城市规模，增强中小城市承载能力，促进大中小城市和小城镇协调发展。尊重自然格局，依托现有山水脉络、气象条件等，合理布局城镇各类空间，尽量减少对自然的干扰和损害。保护自然景观，传承历史文化，提倡城镇形态多样性，保持特色风貌，防止"千城一面"。科学确定城镇开发强度，提高城镇土地利用效率、建成区人口密度，划定城镇开发边界，从严供给城市建设用

地,推动城镇化发展由外延扩张式向内涵提升式转变。严格新城、新区设立条件和程序。强化城镇化过程中的节能理念,大力发展绿色建筑和低碳、便捷的交通体系,推进绿色生态城区建设,提高城镇供排水、防涝、雨水收集利用、供热、供气、环境等基础设施建设水平。所有县城和重点镇都要具备污水、垃圾处理能力,提高建设、运行、管理水平。加强城乡规划"三区四线"(禁建区、限建区和适建区,绿线、蓝线、紫线和黄线)管理,维护城乡规划的权威性、严肃性,杜绝大拆大建。

(三)加快美丽乡村建设

完善县域村庄规划,强化规划的科学性和约束力。加强农村基础设施建设,强化山水林田路综合治理,加快农村危旧房改造,支持农村环境集中连片整治,开展农村垃圾专项治理,加大农村污水处理和改厕力度。加快转变农业发展方式,推进农业结构调整,大力发展农业循环经济,治理农业污染,提升农产品质量安全水平。依托乡村生态资源,在保护生态环境的前提下,加快发展乡村旅游休闲业。引导农民在房前屋后、道路两旁植树护绿。加强农村精神文明建设,以环境整治和民风建设为重点,扎实推进文明村镇创建。

(四)加强海洋资源科学开发和生态环境保护

根据海洋资源环境承载力,科学编制海洋功能区划,确定不同海域主体功能。坚持"点上开发、面上保护",控制海洋开发强度,在适宜开发的海洋区域,加快调整经济结构和产业布局,积极发展海洋战略性新兴产业,严格生态环境评价,提高资源集约节约利用和综合开发水平,最大程度减少对海域生态环境的影响。严格控制陆源污染物排海总量,建立并实施重点海域排污总量控制制度,加强海洋环境治理、海域海岛综合整治、生态保护修复,有效保护重要、敏感和脆弱海洋生态系统。加强船舶港口污染控制,积极治理船舶污染,增强港口码头污染防治能力。控制发展海水养殖，科学养护海洋渔业资源。开展海洋资源和生态环境综合评估。实施严格的围填海总量控制制度、自然岸线控制制度，建立陆海统筹、区域联动的海洋生态环境保护修复机制。

三、推动技术创新和结构调整，提高发展质量和效益

从根本上缓解经济发展与资源环境之间的矛盾，必须构建科技含量高、资源消耗低、环境污染少的产业结构，加快推动生产方式绿色化，大幅提高经济绿色化程度，有效降低发展的资源环境代价。

（一）推动科技创新

结合深化科技体制改革，建立符合生态文明建设领域科研活动特点的管理制度和运行机制。加强重大科学技术问题研究，开展能源节约、资源循环利用、新能源开发、污染治理、生态修复等领域关键技术攻关，在基础研究和前沿技术研发方面取得突破。强化企业技术创新主体地位，充分发挥市场对绿色产业发展方向和技术路线选择的决定性作用。完善技术创新体系，提高综合集成创新能力，加强工艺创新与试验。支持生态文明领域工程技术类研究中心、实验室和实验基地建设，完善科技创新成果转化机制，形成一批成果转化平台、中介服务机构，加快成熟适用技术的示范和推广。加强生态文明基础研究、试验研发、工程应用和市场服务等科技人才队伍建设。

（二）调整优化产业结构

推动战略性新兴产业和先进制造业健康发展，采用先进适用节能低碳环保技术改造提升传统产业，发展壮大服务业，合理布局建设基础设施和基础产业。积极化解产能严重过剩矛盾，加强预警调控，适时调整产能严重过剩行业名单，严禁核准产能严重过剩行业新增产能项目。加快淘汰落后产能，逐步提高淘汰标准，禁止落后产能向中西部地区转移。做好化解

产能过剩和淘汰落后产能企业职工安置工作。推动要素资源全球配置，鼓励优势产业走出去，提高参与国际分工的水平。调整能源结构，推动传统能源安全绿色开发和清洁低碳利用，发展清洁能源、可再生能源，不断提高非化石能源在能源消费结构中的比重。

（三）发展绿色产业

大力发展节能环保产业，以推广节能环保产品拉动消费需求，以增强节能环保工程技术能力拉动投资增长，以完善政策机制释放市场潜在需求，推动节能环保技术、装备和服务水平显著提升，加快培育新的经济增长点。实施节能环保产业重大技术装备产业化工程，规划建设产业化示范基地，规范节能环保市场发展，多渠道引导社会资金投入，形成新的支柱产业。加快核电、风电、太阳能光伏发电等新材料、新装备的研发和推广，推进生物质发电、生物质能源、沼气、地热、浅层地温能、海洋能等应用，发展分布式能源，建设智能电网，完善运行管理体系。大力发展节能与新能源汽车，提高创新能力和产业化水平，加强配套基础设施建设，加大推广普及力度。发展有机农业、生态农业，以及特色经济林、林下经济、森林旅游等林产业。

四、全面促进资源节约循环高效使用，推动利用方式根本转变

节约资源是破解资源瓶颈约束、保护生态环境的首要之策。要深入推进全社会节能减排，在生产、流通、消费各环节大力发展循环经济，实现各类资源节约高效利用。

（一）推进节能减排

发挥节能与减排的协同促进作用，全面推动重点领域节能减排。开展重点用能单位节能低碳行动，实施重点产业能效提升计划。严格执行建筑节能标准，加快推进既有建筑节能和供热计量改造，从标准、设计、建

设等方面大力推广可再生能源在建筑上的应用，鼓励建筑工业化等建设模式。优先发展公共交通，优化运输方式，推广节能与新能源交通运输装备，发展甩挂运输。鼓励使用高效节能农业生产设备。开展节约型公共机构示范创建活动。强化结构、工程、管理减排，继续削减主要污染物排放总量。

（二）发展循环经济

按照减量化、再利用、资源化的原则，加快建立循环型工业、农业、服务业体系，提高全社会资源产出率。完善再生资源回收体系，实行垃圾分类回收，开发利用"城市矿产"，推进秸秆等农林废弃物以及建筑垃圾、餐厨废弃物资源化利用，发展再制造和再生利用产品，鼓励纺织品、汽车轮胎等废旧物品回收利用。推进煤矸石、矿渣等大宗固体废弃物综合利用。组织开展循环经济示范行动，大力推广循环经济典型模式。推进产业循环式组合，促进生产和生活系统的循环链接，构建覆盖全社会的资源循环利用体系。

（三）加强资源节约

节约集约利用水、土地、矿产等资源，加强全过程管理，大幅降低资源消耗强度。加强用水需求管理，以水定需、量水而行，抑制不合理用水需求，促进人口、经济等与水资源相均衡，建设节水型社会。推广高效节水技术和产品，发展节水农业，加强城市节水，推进企业节水改造。积极开发利用再生水、矿井水、空中云水、海水等非常规水源，严控无序调水和人造水景工程，提高水资源安全保障水平。按照严控增量、盘活存量、优化结构、提高效率的原则，加强土地利用的规划管控、市场调节、标准控制和考核监管，严格土地用途管制，推广应用节地技术和模式。发展绿色矿业，加快推进绿色矿山建设，促进矿产资源高效利用，提高矿产资源开采回采率、选矿回收率和综合利用率。

五、加大自然生态系统和环境保护力度,切实改善生态环境质量

良好生态环境是最公平的公共产品,是最普惠的民生福祉。要严格源头预防、不欠新账,加快治理突出生态环境问题、多还旧账,让人民群众呼吸新鲜的空气,喝上干净的水,在良好的环境中生产生活。

（一）保护和修复自然生态系统

加快生态安全屏障建设,形成以青藏高原、黄土高原—川滇、东北森林带、北方防沙带、南方丘陵山地带、近岸近海生态区以及大江大河重要水系为骨架,以其他重点生态功能区为重要支撑,以禁止开发区域为重要组成的生态安全战略格局。实施重大生态修复工程,扩大森林、湖泊、湿地面积,提高沙区、草原植被覆盖率,有序实现休养生息。加强森林保护,将天然林资源保护范围扩大到全国;大力开展植树造林和森林经营,稳定和扩大退耕还林范围,加快重点防护林体系建设;完善国有林场和国有林区经营管理体制,深化集体林权制度改革。严格落实禁牧休牧和草畜平衡制度,加快推进基本草原划定和保护工作;加大退牧还草力度,继续实行草原生态保护补助奖励政策;稳定和完善草原承包经营制度。启动湿地生态效益补偿和退耕还湿。加强水生生物保护,开展重要水域增殖放流活动。继续推进京津风沙源治理、黄土高原地区综合治理、石漠化综合治理,开展沙化土地封禁保护试点。加强水土保持,因地制宜推进小流域综合治理。实施地下水保护和超采漏斗区综合治理,逐步实现地下水采补平衡。强化农田生态保护,实施耕地质量保护与提升行动,加大退化、污染、损毁农田改良和修复力度,加强耕地质量调查监测与评价。实施生物多样性保护重大工程,建立监测评估与预警体系,健全国门生物安全查验机制,有效防范物种资源丧失和外来物种入侵,积极参加生物多样性国际公约谈判和履约工作。加强自然保护区建设与管理,对重要生态系统和物

种资源实施强制性保护，切实保护珍稀濒危野生动植物、古树名木及其自然生境。建立国家公园体制，实行分级、统一管理，保护自然生态和自然文化遗产原真性、完整性。研究建立江河湖泊生态水量保障机制。加快灾害调查评价、监测预警、防治和应急等防灾减灾体系建设。

（二）全面推进污染防治

按照以人为本、防治结合、标本兼治、综合施策的原则，建立以保障人体健康为核心、以改善环境质量为目标、以防控环境风险为基线的环境管理体系，健全跨区域污染防治协调机制，加快解决人民群众反映强烈的大气、水、土壤污染等突出环境问题。继续落实大气污染防治行动计划，逐渐消除重污染天气，切实改善大气环境质量。实施水污染防治行动计划，严格饮用水源保护，全面推进涵养区、源头区等水源地环境整治，加强供水全过程管理，确保饮用水安全；加强重点流域、区域、近岸海域水污染防治和良好湖泊生态环境保护，控制和规范淡水养殖，严格入河（湖、海）排污管理；推进地下水污染防治。制定实施土壤污染防治行动计划，优先保护耕地土壤环境，强化工业污染场地治理，开展土壤污染治理与修复试点。加强农业面源污染防治，加大种养业特别是规模化畜禽养殖污染防治力度，科学施用化肥、农药，推广节能环保型炉灶，净化农产品产地和农村居民生活环境。加大城乡环境综合整治力度。推进重金属污染治理。开展矿山地质环境恢复和综合治理，推进尾矿安全、环保存放，妥善处理处置矿渣等大宗固体废物。建立健全化学品、持久性有机污染物、危险废物等环境风险防范与应急管理工作机制。切实加强核设施运行监管，确保核安全万无一失。

（三）积极应对气候变化

坚持当前长远相互兼顾、减缓适应全面推进，通过节约能源和提高能效，优化能源结构，增加森林、草原、湿地、海洋碳汇等手段，有效控制二氧化碳、甲烷、氢氟碳化物、全氟碳、六氟化硫等温室气体排放。提高适应气候变化特别是应对极端天气和气候事件能力，加强监测、预警和预防，提高农业、林业、水资源等重点领域和生态脆弱地区适应气候变化的水平。扎实推进低碳省区、城市、城镇、产业园区、社区试点。坚持共同但有区别的责任原则、公平原则、各自能力原则，积极建设性地参与应对气候变化国际谈判，推动建立公平合理的全球应对气候变化格局。

六、健全生态文明制度体系

加快建立系统完整的生态文明制度体系，引导、规范和约束各类开发、利用、保护自然资源的行为，用制度保护生态环境。

（一）健全法律法规

全面清理现行法律法规中与加快推进生态文明建设不相适应的内容，加强法律法规间的衔接。研究制定节能评估审查、节水、应对气候变化、生态补偿、湿地保护、生物多样性保护、土壤环境保护等方面的法律法规，修订土地管理法、大气污染防治法、水污染防治法、节约能源法、循环经济促进法、矿产资源法、森林法、草原法、野生动物保护法等。

（二）完善标准体系

加快制定修订一批能耗、水耗、地耗、污染物排放、环境质量等方面的标准，实施能效和排污强度"领跑者"制度，加快标准升级步伐。提高建筑物、道路、桥梁等建设标准。环境容量较小、生态环境脆弱、环境风险高的地区要执行污染物特别排放限值。鼓励各地区依法制定更加严格的地方标准。建立与国际接轨、适应我国国情的能效和环保标识认证制度。

（三）健全自然资源资产产权制度和用途管制制度

对水流、森林、山岭、草原、荒地、滩涂等自然生态空间进行统一确权登记，明确国土空间的自然资源资产所有者、监管者及其责任。完善自然资源资产用途管制制度,明确各类国土空间开发、利用、保护边界,实现能源、水资源、矿产资源按质量分级、梯级利用。严格节能评估审查、水资源论证和取水许可制度。坚持并完善最严格的耕地保护和节约用地制度,强化土地利用总体规划和年度计划管控,加强土地用途转用许可管理。完善矿产资源规划制度,强化矿产开发准入管理。有序推进国家自然资源资产管理体制改革。

(四)完善生态环境监管制度

建立严格监管所有污染物排放的环境保护管理制度。完善污染物排放许可证制度,禁止无证排污和超标准、超总量排污。违法排放污染物、造成或可能造成严重污染的,要依法查封扣押排放污染物的设施设备。对严重污染环境的工艺、设备和产品实行淘汰制度。实行企事业单位污染物排放总量控制制度,适时调整主要污染物指标种类,纳入约束性指标。健全环境影响评价、清洁生产审核、环境信息公开等制度。建立生态保护修复和污染防治区域联动机制。

(五)严守资源环境生态红线

树立底线思维,设定并严守资源消耗上限、环境质量底线、生态保护红线,将各类开发活动限制在资源环境承载能力之内。合理设定资源消耗"天花板",加强能源、水、土地等战略性资源管控,强化能源消耗强度控制,做好能源消费总量管理。继续实施水资源开发利用控制、用水效率控制、水功能区限制纳污三条红线管理。划定永久基本农田,严格实施永久保护,对新增建设用地占用耕地规模实行总量控制,落实耕地占补平衡,确保耕地数量不下降、质量不降低。严守环境质量底线,将大气、水、土壤等环境质量"只能更好、不能变坏"作为地方各级政府环保责任红线,相应确定污染物排放总量限值和环境风险防控措施。在重点生态功能区、生态环境敏感区和脆弱区等区域划定生态红线,确保生态功能不降低、面积不减少、性质不改变；科学划定森林、草原、湿地、海洋等领域生态红线，严格自然生态空间征（占）用管理，有效遏制生态系统退化的趋势。探索建立资源环境承载能力监测预警机制，对资源消耗和环境容量接近或超过承载能力的地区，及时采取区域限批等限制性措施。

（六）完善经济政策

健全价格、财税、金融等政策，激励、引导各类主体积极投身生态文明建设。深化自然资源及其产品价格改革，凡是能由市场形成价格的都交给市场，政府定价要体现基本需求与非基本需求以及资源利用效率高低的差异，体现生态环境损害成本和修复效益。进一步深化矿产资源有偿使用制度改革，调整矿业权使用费征收标准。加大财政资金投入，统筹有关资金，对资源节约和循环利用、新能源和可再生能源开发利用、环境基础设施建设、生态修复与建设、先进适用技术研发示范等给予支持。将高耗能、高污染产品纳入消费税征收范围。推动环境保护费改税。加快资源税从价计征改革，清理取消相关收费基金，逐步将资源税征收范围扩展到占用各种自然生态空间。完善节能环保、新能源、生态建设的税收优惠政策。推广绿色信贷，支持符合条件的项目通过资本市场融资。探索排污权抵押等融资模式。深化环境污染责任保险试点，研究建立巨灾保险制度。

（七）推行市场化机制

加快推行合同能源管理、节能低碳产品和有机产品认证、能效标识管理等机制。推进节能发电调度，优先调度可再生能源发电资源，按机组能耗和污染物排放水平依次调用化石类能源发电资源。建立节能量、碳排放权交易制度，深化交易试点，推动建立全国碳排放权交易市场。加快水权交易试点，培育和规范水权市场。全面推进矿业权市场建设。扩大排污权有偿使用和交易试点范围，发展排污权交易市场。积极推进环境污染第三方治理，引入社会力量投入环境污染治理。

（八）健全生态保护补偿机制

科学界定生态保护者与受益者权利义务，加快形成生态损害者赔偿、受益者付费、保护者得到合理补偿的运行机制。结合深化财税体制改革，完善转移支付制度，归并和规范现有生态保护补偿渠道，加大对重点生态功能区的转移支付力度，逐步提高其基本公共服务水平。建立地区间横向生态保护补偿机制，引导生态受益地区与保护地区之间、流域上游与下游之间，通过资金补助、产业转移、人才培训、共建园区等方式实施补偿。建立独立公正的生态环境损害评估制度。

（九）健全政绩考核制度

建立体现生态文明要求的目标体系、考核办法、奖惩机制。把资源消耗、环境损害、生态效益等指标纳入经济社会发展综合评价体系，大幅增加考核权重，强化指标约束，不唯经济增长论英雄。完善政绩考核办法，根据区域主体功能定位，实行差别化的考核制度。对限制开发区域、禁止开发区域和生态脆弱的国家扶贫开发工作重点县，取消地区生产总值考核；对农产品主产区和重点生态功能区，分别实行农业优先和生态保护优先的绩效评价；对禁止开发的重点生态功能区，重点评价其自然文化资源的原真性、完整性。根据考核评价结果，对生态文明建设成绩突出的地区、单位和个人给予表彰奖励。探索编制自然资源资产负债表，对领导干部实行自然资源资产和环境责任离任审计。

（十）完善责任追究制度

建立领导干部任期生态文明建设责任制，完善节能减排目标责任考核及问责制度。严格责任追究，对违背科学发展要求、造成资源环境生态严重破坏的要记录在案，实行终身追责，不得转任重要职务或提拔使用，已经调离的也要问责。对推动生态文明建设工作不力的，要及时诫勉谈话；对不顾资源和生态环境盲目决策、造成严重后果的，要严肃追究有关人员的领导责任；对履职不力、监管不严、失职渎职的，要依纪依法追究有关人员的监管责任。

七、加强生态文明建设统计监测和执法监督

坚持问题导向，针对薄弱环节，加强统计监测、执法监督，为推进生态文明建设提供有力保障。

（一）加强统计监测

建立生态文明综合评价指标体系。加快推进对能源、矿产资源、水、大气、森林、草原、湿地、海洋和水土流失、沙化土地、土壤环境、地质环境、温室气体等的统计监测核算能力建设，提升信息化水平，提高准确性、及时性，实现信息共享。加快重点用能单位能源消耗在线监测体系建设。建立循环经济统计指标体系、矿产资源合理开发利用评价指标体系。利用卫星遥感等技术手段，对自然资源和生态环境保护状况开展全天候监测，健全覆盖所有资源环境要素的监测网络体系。提高环境风险防控和突发环境事件应急能力，健全环境与健康调查、监测和风险评估制度。定期开展全国生态状况调查和评估。加大各级政府预算内投资等财政性资金对统计监测等基础能力建设的支持力度。

（二）强化执法监督

加强法律监督、行政监察，对各类环境违法违规行为实行"零容忍"，加大查处力度，严厉惩处违法违规行为。强化对浪费能源资源、违法排污、破坏生态环境等行为的执法监察和专项督察。资源环境监管机构独立开展行政执法，禁止领导干部违法违规干预执法活动。健全行政执法与刑事司法的衔接机制，加强基层执法队伍、环境应急处置救援队伍建设。强化对资源开发和交通建设、旅游开发等活动的生态环境监管。

八、加快形成推进生态文明建设的良好社会风尚

生态文明建设关系各行各业、千家万户。要充分发挥人民群众的积极性、主动性、创造性，凝聚民心、集中民智、汇集民力，实现生活方式绿色化。

（一）提高全民生态文明意识

积极培育生态文化、生态道德，使生态文明成为社会主流价值观，成为社会主义核心价值观的重要内容。从娃娃和青少年抓起，从家庭、学校教育抓起，引导全社会树立生态文明意识。把生态文明教育作为素质教育的重要内容，纳入国民教育体系和干部教育培训体系。将生态文化作为现代公共文化服务体系建设的重要内容，挖掘优秀传统生态文化思想和资源，创作一批文化作品，创建一批教育基地，满足广大人民群众对生态文化的需求。通过典型示范、展览展示、岗位创建等形式，广泛动员全民参与生态文明建设。组织好世界地球日、世界环境日、世界森林日、世界水日、世界海洋日和全国节能宣传周等主题宣传活动。充分发挥新闻媒体作用，树立理性、积极的舆论导向，加强资源环境国情宣传，普及生态文明法律法规、科学知识等，报道先进典型，曝光反面事例，提高公众节约意识、环保意识、生态意识，形成人人、事事、时时崇尚生态文明的社会氛围。

（二）培育绿色生活方式

倡导勤俭节约的消费观。广泛开展绿色生活行动，推动全民在衣、食、住、行、游等方面加快向勤俭节约、绿色低碳、文明健康的方式转变，坚决抵制和反对各种形式的奢侈浪费、不合理消费。积极引导消费者购买节能与新能源汽车、高能效家电、节水型器具等节能环保低碳产品，减少一次性用品的使用，限制过度包装。大力推广绿色低碳出行，倡导绿色生活和休闲模式，严格限制发展高耗能、高耗水服务业。在餐饮企业、

单位食堂、家庭全方位开展反食品浪费行动。党政机关、国有企业要带头厉行勤俭节约。

（三）鼓励公众积极参与

完善公众参与制度，及时准确披露各类环境信息，扩大公开范围，保障公众知情权，维护公众环境权益。健全举报、听证、舆论和公众监督等制度，构建全民参与的社会行动体系。建立环境公益诉讼制度，对污染环境、破坏生态的行为，有关组织可提起公益诉讼。在建设项目立项、实施、后评价等环节，有序增强公众参与程度。引导生态文明建设领域各类社会组织健康有序发展，发挥民间组织和志愿者的积极作用。

九、切实加强组织领导

健全生态文明建设领导体制和工作机制，勇于探索和创新，推动生态文明建设蓝图逐步成为现实。

（一）强化统筹协调

各级党委和政府对本地区生态文明建设负总责，要建立协调机制，形成有利于推进生态文明建设的工作格局。各有关部门要按照职责分工，密切协调配合，形成生态文明建设的强大合力。

（二）探索有效模式

抓紧制定生态文明体制改革总体方案，深入开展生态文明先行示范区建设，研究不同发展阶段、资源环境禀赋、主体功能定位地区生态文明建设的有效模式。各地区要抓住制约本地区生态文明建设的瓶颈，在生态文明制度创新方面积极实践，力争取得重大突破。及时总结有效做法和成功经验，完善政策措施，形成有效模式，加大推广力度。

（三）广泛开展国际合作

统筹国内国际两个大局，以全球视野加快推进生态文明建设，树立负责任大国形象,把绿色发展转化为新的综合国力、综合影响力和国际竞争新优势。发扬包容互鉴、合作共赢的精神,加强与世界各国在生态文明领域的对话交流和务实合作,引进先进技术装备和管理经验,促进全球生态安全。加强南南合作,开展绿色援助,对其他发展中国家提供支持和帮助。

(四)抓好贯彻落实

各级党委和政府及中央有关部门要按照本意见要求,抓紧提出实施方案,研究制定与本意见相衔接的区域性、行业性和专题性规划,明确目标任务、责任分工和时间要求,确保各项政策措施落到实处。各地区各部门贯彻落实情况要及时向党中央、国务院报告,同时抄送国家发展改革委。中央就贯彻落实情况适时组织开展专项监督检查。

附件 12：

中共中央 国务院生态文明体制改革总体方案

（中发〔2015〕25 号）

（2015 年 9 月 11 日）

为加快建立系统完整的生态文明制度体系，加快推进生态文明建设，增强生态文明体制改革的系统性、整体性、协同性，制定本方案。

一、生态文明体制改革的总体要求

（一）生态文明体制改革的指导思想

全面贯彻党的十八大和十八届二中、三中、四中全会精神，以邓小平理论、"三个代表"重要思想、科学发展观为指导，深入贯彻落实习近平总书记系列重要讲话精神，按照党中央、国务院决策部署，坚持节约资源和保护环境基本国策，坚持节约优先、保护优先、自然恢复为主方针，立足我国社会主义初级阶段的基本国情和新的阶段性特征，以建设美丽中国为目标，以正确处理人与自然关系为核心，以解决生态环境领域突出问题为导向，保障国家生态安全，改善环境质量，提高资源利用效率，推动形成人与自然和谐发展的现代化建设新格局。

（二）生态文明体制改革的理念

树立尊重自然、顺应自然、保护自然的理念，生态文明建设不仅影响经济持续健康发展，也关系政治和社会建设，必须放在突出地位，融入经济建设、政治建设、文化建设、社会建设各方面和全过程。

树立发展和保护相统一的理念，坚持发展是硬道理的战略思想，发展必须是绿色发展、循环发展、低碳发展，平衡好发展和保护的关系，按照主体功能定位控制开发强度，调整空间结构，给子孙后代留下天蓝、地绿、水净的美好家园，实现发展与保护的内在统一、相互促进。

树立绿水青山就是金山银山的理念，清新空气、清洁水源、美丽山川、肥沃土地、生物多样性是人类生存必需的生态环境，坚持发展是第一要务，必须保护森林、草原、河流、湖泊、湿地、海洋等自然生态。

树立自然价值和自然资本的理念，自然生态是有价值的，保护自然就是增值自然价值和自然资本的过程，就是保护和发展生产力，就应得到合理回报和经济补偿。

树立空间均衡的理念，把握人口、经济、资源环境的平衡点推动发展，人口规模、产业结构、增长速度不能超出当地水土资源承载能力和环境容量。

树立山水林田湖是一个生命共同体的理念，按照生态系统的整体性、系统性及其内在规律，统筹考虑自然生态各要素、山上山下、地上地下、陆地海洋以及流域上下游，进行整体保护、系统修复、综合治理，增强生态系统循环能力，维护生态平衡。

（三）生态文明体制改革的原则

坚持正确改革方向，健全市场机制，更好发挥政府的主导和监管作用，发挥企业的积极性和自我约束作用，发挥社会组织和公众的参与和监督作用。

坚持自然资源资产的公有性质，创新产权制度，落实所有权，区分自然资源资产所有者权利和管理者权力，合理划分中央地方事权和监管职责，保障全体人民分享全民所有自然资源资产收益。

坚持城乡环境治理体系统一，继续加强城市环境保护和工业污染防治，加大生态环境保护工作对农村地区的覆盖，建立健全农村环境治理体制机制，加大对农村污染防治设施建设和资金投入力度。

坚持激励和约束并举，既要形成支持绿色发展、循环发展、低碳发展的利益导向机制，又要坚持源头严防、过程严管、损害严惩、责任追究，形成对各类市场主体的有效约束，逐步实现市场化、法治化、制度化。

坚持主动作为和国际合作相结合，加强生态环境保护是我们的自觉行为，同时要深化国际交流和务实合作，充分借鉴国际上的先进技术和体制机制建设有益经验，积极参与全球环境治理，承担并履行好同发展中大国相适应的国际责任。

坚持鼓励试点先行和整体协调推进相结合，在党中央、国务院统一部署下，先易后难、分步推进，成熟一项推出一项。支持各地区根据本方案确定的基本方向，因地制宜，大胆探索、大胆试验。

（四）生态文明体制改革的目标

到2020年，构建起由自然资源资产产权制度、国土空间开发保护制度、空间规划体系、资源总量管理和全面节约制度、资源有偿使用和生态补偿制度、环境治理体系、环境治理和生态保护市场体系、生态文明绩效评价考核和责任追究制度等八项制度构成的产权清晰、多元参与、激励约束并重、系统完整的生态文明制度体系，推进生态文明领域国家治理体系和治理能力现代化，努力走向社会主义生态文明新时代。

构建归属清晰、权责明确、监管有效的自然资源资产产权制度，着力解决自然资源所有者不到位、所有权边界模糊等问题。

构建以空间规划为基础、以用途管制为主要手段的国土空间开发保护制度，着力解决因无序开发、过度开发、分散开发导致的优质耕地和生态空间占用过多、生态破坏、环境污染等问题。

构建以空间治理和空间结构优化为主要内容，全国统一、相互衔接、分级管理的空间规划体系，着力解决空间性规划重叠冲突、部门职责交叉重复、地方规划朝令夕改等问题。

构建覆盖全面、科学规范、管理严格的资源总量管理和全面节约制度，着力解决资源使用浪费严重、利用效率不高等问题。

构建反映市场供求和资源稀缺程度、体现自然价值和代际补偿的资源有偿使用和生态补偿制度，着力解决自然资源及其产品价格偏低、生产开发成本低于社会成本、保护生态得不到合理回报等问题。

构建以改善环境质量为导向，监管统一、执法严明、多方参与的环境治理体系，着力解决污染防治能力弱、监管职能交叉、权责不一致、违法成本过低等问题。

构建更多运用经济杠杆进行环境治理和生态保护的市场体系，着力解决市场主体和市场体系发育滞后、社会参与度不高等问题。

构建充分反映资源消耗、环境损害和生态效益的生态文明绩效评价考核和责任追究制度，着力解决发展绩效评价不全面、责任落实不到位、损害责任追究缺失等问题。

二、健全自然资源资产产权制度

（一）建立统一的确权登记系统

坚持资源公有、物权法定，清晰界定全部国土空间各类自然资源资产的产权主体。对水流、森林、山岭、草原、荒地、滩涂等所有自然生态空间统一进行确权登记，逐步划清全民所有和集体所有之间的边界，划清全民所有、不同层级政府行使所有权的边界，划清不同集体所有者的边界。推进确权登记法治化。

（二）建立权责明确的自然资源产权体系

制定权利清单，明确各类自然资源产权主体权利。处理好所有权与使用权的关系，创新自然资源全民所有权和集体所有权的实现形式，除生态功能重要的外，可推动所有权和使用权相分离，明确占有、使用、收益、处分等权利归属关系和权责，适度扩大使用权的出让、转让、出租、抵押、担保、入股等权能。明确国有农场、林场和牧场土地所有者与使用者权能。全面建立覆盖各类全民所有自然资源资产的有偿出让制度，严禁无偿或低价出让。统筹规划，加强自然资源资产交易平台建设。

（三）健全国家自然资源资产管理体制

按照所有者和监管者分开和一件事情由一个部门负责的原则，整合分散的全民所有自然资源资产所有者职责，组建对全民所有的矿藏、水流、森林、山岭、草原、荒地、海域、滩涂等各类自然资源统一行使所有权的机构，负责全民所有自然资源的出让等。

（四）探索建立分级行使所有权的体制

对全民所有的自然资源资产，按照不同资源种类和在生态、经济、国防等方面的重要程度，研究实行中央和地方政府分级代理行使所有权职责的体制，实现效率和公平相统一。分清全民所有中央政府直接行使所有权、全民所有地方政府行使所有权的资源清单和空间范围。中央政府主要对石油天然气、贵重稀有矿产资源、重点国有林区、大江大河大湖和跨境河流、生态功能重要的湿地草原、海域滩涂、珍稀野生动植物种和部分国家公园等直接行使所有权。

（五）开展水流和湿地产权确权试点

探索建立水权制度，开展水域、岸线等水生态空间确权试点，遵循水生态系统性、整体性原则，分清水资源所有权、使用权及使用量。在甘肃、宁夏等地开展湿地产权确权试点。

三、建立国土空间开发保护制度

（一）完善主体功能区制度

统筹国家和省级主体功能区规划，健全基于主体功能区的区域政策，根据城市化地区、农产品主产区、重点生态功能区的不同定位，加快调整完善财政、产业、投资、人口流动、建设用地、资源开发、环境保护等政策。

（二）健全国土空间用途管制制度

简化自上而下的用地指标控制体系，调整按行政区和用地基数分配指标的做法。将开发强度指标分解到各县级行政区，作为约束性指标，控制建设用地总量。将用途管制扩大到所有自然生态空间，划定并严守生态红线，严禁任意改变用途，防止不合理开发建设活动对生态红线的破坏。完善覆盖全部国土空间的监测系统，动态监测国土空间变化。

（三）建立国家公园体制

加强对重要生态系统的保护和永续利用，改革各部门分头设置自然保护区、风景名胜区、文化自然遗产、地质公园、森林公园等的体制，对上述保护地进行功能重组，合理界定国家公园范围。国家公园实行更严格保护，除不损害生态系统的原住民生活生产设施改造和自然观光科研教育旅游外，禁止其他开发建设，保护自然生态和自然文化遗产原真性、完整性。加强对国家公园试点的指导，在试点基础上研究制定建立国家公园体制总体方案。构建保护珍稀野生动植物的长效机制。

（四）完善自然资源监管体制

将分散在各部门的有关用途管制职责，逐步统一到一个部门，统一行使所有国土空间的用途管制职责。

四、建立空间规划体系

（一）编制空间规划

整合目前各部门分头编制的各类空间性规划，编制统一的空间规划，实现规划全覆盖。空间规划是国家空间发展的指南、可持续发展的空间蓝图，是各类开发建设活动的基本依据。空间规划分为国家、省、市县（设区的市空间规划范围为市辖区）三级。研究建立统一规范的空间规划编制机制。鼓励开展省级空间规划试点。编制京津冀空间规划。

（二）推进市县"多规合一"

支持市县推进"多规合一"，统一编制市县空间规划，逐步形成一个市县一个规划、一张蓝图。市县空间规划要统一土地分类标准，根据主体功能定位和省级空间规划要求，划定生产空间、生活空间、生态空间，明确城镇建设区、工业区、农村居民点等的开发边界，以及耕地、林地、草原、河流、湖泊、湿地等的保护边界，加强对城市地下空间的统筹规划。加强对市县"多规合一"试点的指导，研究制定市县空间规划编制指引和技术规范，形成可复制、能推广的经验。

（三）创新市县空间规划编制方法

探索规范化的市县空间规划编制程序，扩大社会参与，增强规划的科学性和透明度。鼓励试点地区进行规划编制部门整合，由一个部门负责市县空间规划的编制，可成立由专业人员和有关方面代表组成的规划评议委员会。规划编制前应当进行资源环境承载能力评价，以评价结果作为规划的基本依据。规划编制过程中应当广泛征求各方面意见，全文公布规划草案，充分听取当地居民意见。规划经评议委员会论证通过后，由当地人民代表大会审议通过，并报上级政府部门备案。规划成果应当包括规划文本和较高精度的规划图，并在网络和其他本地媒体公布。鼓励当地居民对规划执行进行监督，对违反规划的开发建设行为进行举报。当地人民代表大会及其常务委员会定期听取空间规划执行情况报告，对当地政府违反规划行为进行问责。

五、完善资源总量管理和全面节约制度

(一) 完善最严格的耕地保护制度和土地节约集约利用制度

完善基本农田保护制度,划定永久基本农田红线,按照面积不减少、质量不下降、用途不改变的要求,将基本农田落地到户、上图入库,实行严格保护,除法律规定的国家重点建设项目选址确实无法避让外,其他任何建设不得占用。加强耕地质量等级评定与监测,强化耕地质量保护与提升建设。完善耕地占补平衡制度,对新增建设用地占用耕地规模实行总量控制,严格实行耕地占一补一、先补后占、占优补优。实施建设用地总量控制和减量化管理,建立节约集约用地激励和约束机制,调整结构,盘活存量,合理安排土地利用年度计划。

(二) 完善最严格的水资源管理制度

按照节水优先、空间均衡、系统治理、两手发力的方针,健全用水总量控制制度,保障水安全。加快制定主要江河流域水量分配方案,加强省级统筹,完善省市县三级取用水总量控制指标体系。建立健全节约集约用水机制,促进水资源使用结构调整和优化配置。完善规划和建设项目水资源论证制度。主要运用价格和税收手段,逐步建立农业灌溉用水量控制和定额管理、高耗水工业企业计划用水和定额管理制度。在严重缺水地区建立用水定额准入门槛,严格控制高耗水项目建设。加强水产品产地保护和环境修复,控制水产养殖,构建水生动植物保护机制。完善水功能区监督管理,建立促进非常规水源利用制度。

(三) 建立能源消费总量管理和节约制度

坚持节约优先,强化能耗强度控制,健全节能目标责任制和奖励制。进一步完善能源统计制度。健全重点用能单位节能管理制度,探索实行节能自愿承诺机制。完善节能标准体系,及时更新用能产品能效、高耗能行业能耗限额、建筑物能效等标准。合理确定全国能源消费总量目标，并分解落实到省级行政区和重点用能单位。健全节能低碳产品和技术装备推广机制，定期发布技术目录。强化节能评估审查和节能监察。加强对可再生能源发展的扶持，逐步取消对化石能源的普遍性补贴。逐步建立全国碳排放总量控制制度和分解落实机制，建立增加森林、草原、湿地、海洋碳汇的有效机制，加强应对气候变化国际合作。

（四）建立天然林保护制度

将所有天然林纳入保护范围。建立国家用材林储备制度。逐步推进国有林区政企分开，完善以购买服务为主的国有林场公益林管护机制。完善集体林权制度，稳定承包权，拓展经营权能，健全林权抵押贷款和流转制度。

（五）建立草原保护制度

稳定和完善草原承包经营制度，实现草原承包地块、面积、合同、证书"四到户"，规范草原经营权流转。实行基本草原保护制度，确保基本草原面积不减少、质量不下降、用途不改变。健全草原生态保护补奖机制，实施禁牧休牧、划区轮牧和草畜平衡等制度。加强对草原征用使用审核审批的监管，严格控制草原非牧使用。

（六）建立湿地保护制度

将所有湿地纳入保护范围，禁止擅自征用占用国际重要湿地、国家重要湿地和湿地自然保护区。确定各类湿地功能，规范保护利用行为，建立湿地生态修复机制。

（七）建立沙化土地封禁保护制度

将暂不具备治理条件的连片沙化土地划为沙化土地封禁保护区。建立严格保护制度，加强封禁和管护基础设施建设，加强沙化土地治理，增加植被，合理发展沙产业，完善以购买服务为主的管护机制，探索开发与治理结合新机制。

（八）健全海洋资源开发保护制度

实施海洋主体功能区制度，确定近海海域海岛主体功能，引导、控制和规范各类用海用岛行为。实行围填海总量控制制度，对围填海面积实行约束性指标管理。建立自然岸线保有率控制制度。完善海洋渔业资源总量管理制度，严格执行休渔禁渔制度，推行近海捕捞限额管理，控制近海和滩涂养殖规模。健全海洋督察制度。

（九）健全矿产资源开发利用管理制度

建立矿产资源开发利用水平调查评估制度，加强矿产资源查明登记和有偿计时占用登记管理。建立矿产资源集约开发机制，提高矿区企业集中度，鼓励规模化开发。完善重要矿产资源开采回采率、选矿回收率、综合利用率等国家标准。健全鼓励提高矿产资源利用水平的经济政策。建立矿山企业高效和综合利用信息公示制度，建立矿业权人"黑名单"制度。完善重要矿产资源回收利用的产业化扶持机制。完善矿山地质环境保护和土地复垦制度。

（十）完善资源循环利用制度

建立健全资源产出率统计体系。实行生产者责任延伸制度，推动生产者落实废弃产品回收处理等责任。建立种养业废弃物资源化利用制度，实现种养业有机结合、循环发展。加快建立垃圾强制分类制度。制定再生资源回收目录，对复合包装物、电池、农膜等低值废弃物实行强制回收。加快制定资源分类回收利用标准。建立资源再生产品和原料推广使用制度，相关原材料消耗企业要使用一定比例的资源再生产品。完善限制一次性用品使用制度。落实并完善资源综合利用和促进循环经济发展的税收政策。制定循环经济技术目录，实行政府优先采购、贷款贴息等政策。

六、健全资源有偿使用和生态补偿制度

（一）加快自然资源及其产品价格改革

按照成本、收益相统一的原则，充分考虑社会可承受能力，建立自然资源开发使用成本评估机制，将资源所有者权益和生态环境损害等纳入自然资源及其产品价格形成机制。加强对自然垄断环节的价格监管，建立定价成本监审制度和价格调整机制，完善价格决策程序和信息公开制度。推进农业水价综合改革，全面实行非居民用水超计划、超定额累进加价制度，全面推行城镇居民用水阶梯价格制度。

（二）完善土地有偿使用制度

扩大国有土地有偿使用范围，扩大招拍挂出让比例，减少非公益性用地划拨，国有土地出让收支纳入预算管理。改革完善工业用地供应方式，探索实行弹性出让年限以及长期租赁、先租后让、租让结合供应。完善地价形成机制和评估制度，健全土地等级价体系，理顺与土地相关的出让金、租金和税费关系。建立有效调节工业用地和居住用地合理比价机制，提高工业用地出让地价水平，降低工业用地比例。探索通过土地承包经营、出租等方式，健全国有农用地有偿使用制度。

（三）完善矿产资源有偿使用制度

完善矿业权出让制度，建立符合市场经济要求和矿业规律的探矿权采矿权出让方式，原则上实行市场化出让，国有矿产资源出让收支纳入预算管理。理清有偿取得、占用和开采中所有者、投资者、使用者的产权关系，研究建立矿产资源国家权益金制度。调整探矿权采矿权使用费标准、矿产资源最低勘查投入标准。推进实现全国统一的矿业权交易平台建设，加大矿业权出让转让信息公开力度。

（四）完善海域海岛有偿使用制度

建立海域、无居民海岛使用金征收标准调整机制。建立健全海域、无居民海岛使用权招拍挂出让制度。

（五）加快资源环境税费改革

理顺自然资源及其产品税费关系，明确各自功能，合理确定税收调控范围。加快推进资源税从价计征改革，逐步将资源税扩展到占用各种自然生态空间，在华北部分地区开展地下水征收资源税改革试点。加快推进环境保护税立法。

（六）完善生态补偿机制

探索建立多元化补偿机制，逐步增加对重点生态功能区转移支付，完善生态保护成效与资金分配挂钩的激励约束机制。制定横向生态补偿机制办法，以地方补偿为主，中央财政给予支持。鼓励各地区开展生态补偿试点，继续推进新安江水环境补偿试点，推动在京津冀水源涵养区、广西广东九洲江、福建广东汀江—韩江等开展跨地区生态补偿试点，在长江流域水环境敏感地区探索开展流域生态补偿试点。

（七）完善生态保护修复资金使用机制

按照山水林田湖系统治理的要求，完善相关资金使用管理办法，整合现有政策和渠道，在深入推进国土江河综合整治的同时，更多用于青藏高原生态屏障、黄土高原—川滇生态屏障、东北森林带、北方防沙带、南方丘陵山地带等国家生态安全屏障的保护修复。

（八）建立耕地草原河湖休养生息制度

编制耕地、草原、河湖休养生息规划，调整严重污染和地下水严重超采地区的耕地用途，逐步将25度以上不适宜耕种且有损生态的陡坡地退出基本农田。建立巩固退耕还林还草、退牧还草成果长效机制。开展退田还湖还湿试点，推进长株潭地区土壤重金属污染修复试点、华北地区地下水超采综合治理试点。

七、建立健全环境治理体系

（一）完善污染物排放许可制

尽快在全国范围建立统一公平、覆盖所有固定污染源的企业排放许可制，依法核发排污许可证，排污者必须持证排污，禁止无证排污或不按许可证规定排污。

（二）建立污染防治区域联动机制

完善京津冀、长三角、珠三角等重点区域大气污染防治联防联控协作机制，其他地方要结合地理特征、污染程度、城市空间分布以及污染物输送规律，建立区域协作机制。在部分地区开展环境保护管理体制创新试点，统一规划、统一标准、统一环评、统一监测、统一执法。开展按流域设置环境监管和行政执法机构试点，构建各流域内相关省级涉水部门参加、多形式的流域水环境保护协作机制和风险预警防控体系。建立陆海统筹的污染防治机制和重点海域污染物排海总量控制制度。完善突发环境事件应急机制，提高与环境风险程度、污染物种类等相匹配的突发环境事件应急处置能力。

（三）建立农村环境治理体制机制

建立以绿色生态为导向的农业补贴制度，加快制定和完善相关技术标准和规范，加快推进化肥、农药、农膜减量化以及畜禽养殖废弃物资源化和无害化，鼓励生产使用可降解农膜。完善农作物秸秆综合利用制度。健全化肥农药包装物、农膜回收贮运加工网络。采取财政和村集体补贴、住户付费、社会资本参与的投入运营机制，加强农村污水和垃圾处理等环保设施建设。采取政府购买服务等多种扶持措施，培育发展各种形式的农业面源污染治理、农村污水垃圾处理市场主体。强化县乡两级政府的环境保护职责，加强环境监管能力建设。财政支农资金的使用要统筹考虑增强农业综合生产能力和防治农村污染。

（四）健全环境信息公开制度

全面推进大气和水等环境信息公开、排污单位环境信息公开、监管部门环境信息公开，健全建设项目环境影响评价信息公开机制。健全环境新闻发言人制度。引导人民群众树立环保意识，完善公众参与制度，保障人民群众依法有序行使环境监督权。建立环境保护网络举报平台和举报制度，健全举报、听证、舆论监督等制度。

（五）严格实行生态环境损害赔偿制度

强化生产者环境保护法律责任，大幅度提高违法成本。健全环境损害赔偿方面的法律制度、评估方法和实施机制，对违反环保法律法规的，依法严惩重罚；对造成生态环境损害的，以损害程度等因素依法确定赔偿额度；对造成严重后果的，依法追究刑事责任。

（六）完善环境保护管理制度

建立和完善严格监管所有污染物排放的环境保护管理制度，将分散在各部门的环境保护职责调整到一个部门，逐步实行城乡环境保护工作由一个部门进行统一监管和行政执法的体制。有序整合不同领域、不同部门、不同层次的监管力量，建立权威统一的环境执法体制，充实执法队伍，赋予环境执法强制执行的必要条件和手段。完善行政执法和环境司法的衔接机制。

八、健全环境治理和生态保护市场体系

（一）培育环境治理和生态保护市场主体

采取鼓励发展节能环保产业的体制机制和政策措施。废止妨碍形成全国统一市场和公平竞争的规定和做法，鼓励各类投资进入环保市场。能由

政府和社会资本合作开展的环境治理和生态保护事务，都可以吸引社会资本参与建设和运营。通过政府购买服务等方式，加大对环境污染第三方治理的支持力度。加快推进污水垃圾处理设施运营管理单位向独立核算、自主经营的企业转变。组建或改组设立国有资本投资运营公司，推动国有资本加大对环境治理和生态保护等方面的投入。支持生态环境保护领域国有企业实行混合所有制改革。

（二）推行用能权和碳排放权交易制度

结合重点用能单位节能行动和新建项目能评审查，开展项目节能量交易，并逐步改为基于能源消费总量管理下的用能权交易。建立用能权交易系统、测量与核准体系。推广合同能源管理。深化碳排放权交易试点，逐步建立全国碳排放权交易市场，研究制定全国碳排放权交易总量设定与配额分配方案。完善碳交易注册登记系统，建立碳排放权交易市场监管体系。

（三）推行排污权交易制度

在企业排污总量控制制度基础上，尽快完善初始排污权核定，扩大涵盖的污染物覆盖面。在现行以行政区为单元层层分解机制基础上，根据行业先进排污水平，逐步强化以企业为单元进行总量控制、通过排污权交易获得减排收益的机制。在重点流域和大气污染重点区域，合理推进跨行政区排污权交易。扩大排污权有偿使用和交易试点，将更多条件成熟地区纳入试点。加强排污权交易平台建设。制定排污权核定、使用费收取使用和交易价格等规定。

（四）推行水权交易制度

结合水生态补偿机制的建立健全，合理界定和分配水权，探索地区间、流域间、流域上下游、行业间、用水户间等水权交易方式。研究制定水权交易管理办法，明确可交易水权的范围和类型、交易主体和期限、交易价格形成机制、交易平台运作规则等。开展水权交易平台建设。

（五）建立绿色金融体系

推广绿色信贷，研究采取财政贴息等方式加大扶持力度，鼓励各类金融机构加大绿色信贷的发放力度，明确贷款人的尽职免责要求和环境保护法律责任。加强资本市场相关制度建设，研究设立绿色股票指数和发展相关投资产品，研究银行和企业发行绿色债券，鼓励对绿色信贷资产实行证券化。支持设立各类绿色发展基金，实行市场化运作。建立上市公司环保信息强制性披露机制。完善对节能低碳、生态环保项目的各类担保机制，加大风险补偿力度。在环境高风险领域建立环境污染强制责任保险制度。建立绿色评级体系以及公益性的环境成本核算和影响评估体系。积极推动绿色金融领域各类国际合作。

（六）建立统一的绿色产品体系

将目前分头设立的环保、节能、节水、循环、低碳、再生、有机等产品统一整合为绿色产品，建立统一的绿色产品标准、认证、标识等体系。完善对绿色产品研发生产、运输配送、购买使用的财税金融支持和政府采购等政策。

九、完善生态文明绩效评价考核和责任追究制度

（一）建立生态文明目标体系

研究制定可操作、可视化的绿色发展指标体系。制定生态文明建设目标评价考核办法，把资源消耗、环境损害、生态效益纳入经济社会发展评价体系。根据不同区域主体功能定位，实行差异化绩效评价考核。

（二）建立资源环境承载能力监测预警机制

研究制定资源环境承载能力监测预警指标体系和技术方法，建立资源环境监测预警数据库和信息技术平台，定期编制资源环境承载能力监测预警报告，对资源消耗和环境容量超过或接近承载能力的地区，实行预警提

醒和限制性措施。

（三）探索编制自然资源资产负债表

制定自然资源资产负债表编制指南，构建水资源、土地资源、森林资源等的资产和负债核算方法，建立实物量核算账户，明确分类标准和统计规范，定期评估自然资源资产变化状况。在市县层面开展自然资源资产负债表编制试点，核算主要自然资源实物量账户并公布核算结果。

（四）对领导干部实行自然资源资产离任审计

在编制自然资源资产负债表和合理考虑客观自然因素基础上，积极探索领导干部自然资源资产离任审计的目标、内容、方法和评价指标体系。以领导干部任期内辖区自然资源资产变化状况为基础，通过审计，客观评价领导干部履行自然资源资产管理责任情况，依法界定领导干部应当承担的责任，加强审计结果运用。在内蒙古呼伦贝尔市、浙江湖州市、湖南娄底市、贵州赤水市、陕西延安市开展自然资源资产负债表编制试点和领导干部自然资源资产离任审计试点。

（五）建立生态环境损害责任终身追究制

实行地方党委和政府领导成员生态文明建设一岗双责制。以自然资源资产离任审计结果和生态环境损害情况为依据，明确对地方党委和政府领导班子主要负责人、有关领导人员、部门负责人的追责情形和认定程序。区分情节轻重，对造成生态环境损害的，予以诫勉、责令公开道歉、组织处理或党纪政纪处分，对构成犯罪的依法追究刑事责任。对领导干部离任后出现重大生态环境损害并认定其需要承担责任的，实行终身追责。建立国家环境保护督察制度。

十、生态文明体制改革的实施保障

（一）加强对生态文明体制改革的领导

各地区各部门要认真学习领会中央关于生态文明建设和体制改革的精神，深刻认识生态文明体制改革的重大意义，增强责任感、使命感、紧迫感，认真贯彻党中央、国务院决策部署，确保本方案确定的各项改革任务加快落实。各有关部门要按照本方案要求抓紧制定单项改革方案，明确责任主体和时间进度，密切协调配合，形成改革合力。

（二）积极开展试点试验

充分发挥中央和地方两个积极性，鼓励各地区按照本方案的改革方向，从本地实际出发，以解决突出生态环境问题为重点，发挥主动性，积极探索和推动生态文明体制改革，其中需要法律授权的按法定程序办理。将各部门自行开展的综合性生态文明试点统一为国家试点试验，各部门要根据各自职责予以指导和推动。

（三）完善法律法规

制定完善自然资源资产产权、国土空间开发保护、国家公园、空间规划、海洋、应对气候变化、耕地质量保护、节水和地下水管理、草原保护、湿地保护、排污许可、生态环境损害赔偿等方面的法律法规，为生态文明体制改革提供法治保障。

（四）加强舆论引导

面向国内外，加大生态文明建设和体制改革宣传力度，统筹安排、正确解读生态文明各项制度的内涵和改革方向，培育普及生态文化，提高生态文明意识，倡导绿色生活方式，形成崇尚生态文明、推进生态文明建设和体制改革的良好氛围。

(五）加强督促落实

中央全面深化改革领导小组办公室、经济体制和生态文明体制改革专项小组要加强统筹协调，对本方案落实情况进行跟踪分析和督促检查，正确解读和及时解决实施中遇到的问题，重大问题要及时向党中央、国务院请示报告。

附件 13：

《中共中央关于制定国民经济和社会发展第十三个五年规划的建议》中生态文明相关内容

(2015年10月29日)

中共中央关于制定国民经济和社会发展第十三个五年规划的建议

(中国共产党第十八届中央委员会第五次全体会议通过)（节选）

"十三五"时期我国发展环境的基本特征。……资源约束趋紧，生态环境恶化趋势尚未得到根本扭转。

"十三五"时期经济社会发展的主要目标和基本理念。……

主要目标：生态环境质量总体改善。生产方式和生活方式绿色、低碳水平上升。能源资源开发利用效率大幅提高，能源和水资源消耗、建设用地、碳排放总量得到有效控制，主要污染物排放总量大幅减少。主体功能区布局和生态安全屏障基本形成。

基本理念：绿色是永续发展的必要条件和人民对美好生活追求的重要体现。必须坚持节约资源和保护环境的基本国策，坚持可持续发展，坚定走生产发展、生活富裕、生态良好的文明发展道路，加快建设资源节约型、环境友好型社会，形成人与自然和谐发展现代化建设新格局，推进美丽中国建设，为全球生态安全作出新贡献。

……

坚持绿色发展，着力改善生态环境

坚持绿色富国、绿色惠民，为人民提供更多优质生态产品，推动形成绿色发展方式和生活方式，协同推进人民富裕、国家富强、中国美丽。

（一）促进人与自然和谐共生

有度有序利用自然，调整优化空间结构，划定农业空间和生态空间保护红线，构建科学合理的城市化格局、农业发展格局、生态安全格局、自然岸线格局。设立统一规范的国家生态文明试验区。

根据资源环境承载力调节城市规模，依托山水地貌优化城市形态和功能，实行绿色规划、设计、施工标准。

支持绿色清洁生产，推进传统制造业绿色改造，推动建立绿色低碳循环发展产业体系，鼓励企业工艺技术装备更新改造。发展绿色金融，设立绿色发展基金。

加强资源环境国情和生态价值观教育，培养公民环境意识，推动全社会形成绿色消费自觉。

（二）加快建设主体功能区

发挥主体功能区作为国土空间开发保护基础制度的作用，落实主体功能区规划，完善政策，发布全国主体功能区规划图和农产品主产区、重点生态功能区目录，推动各地区依据主体功能定位发展。以主体功能区规划为基础统筹各类空间性规划，推进"多规合一"。

推动京津冀、长三角、珠三角等优化开发区域产业结构向高端高效发展，防治"城市病"，逐年减少建设用地增量。推动重点开发区域提高产业和人口集聚度。重点生态功能区实行产业准入负面清单。加大对农产品主产区和重点生态功能区的转移支付力度，强化激励性补偿，建立横向和流域生态补偿机制。整合设立一批国家公园。

维护生物多样性，实施濒危野生动植物抢救性保护工程，建设救护繁育中心和基因库。强化野生动植物进出口管理，严防外来有害物种入侵。严厉打击象牙等野生动植物制品非法交易。

以市县级行政区为单元，建立由空间规划、用途管制、领导干部自然资源资产离任审计、差异化绩效考核等构成的空间治理体系。

（三）推动低碳循环发展

推进能源革命，加快能源技术创新，建设清洁低碳、安全高效的现代能源体系。提高非化石能源比重，推动煤炭等化石能源清洁高效利用。加快发展风能、太阳能、生物质能、水能、地热能，安全高效发展核电。加强储能和智能电网建设，发展分布式能源，推行节能低碳电力调度。有序开放开采权，积极开发天然气、煤层气、页岩气。改革能源体制，形成有效竞争的市场机制。

推进交通运输低碳发展，实行公共交通优先，加强轨道交通建设，鼓励自行车等绿色出行。实施新能源汽车推广计划，提高电动车产业化水平。提高建筑节能标准，推广绿色建筑和建材。

主动控制碳排放，加强高能耗行业能耗管控，有效控制电力、钢铁、建材、化工等重点行业碳排放，支持优化开发区域率先实现碳排放峰值目标，实施近零碳排放区示范工程。

实施循环发展引领计划，推行企业循环式生产、产业循环式组合、园区循环式改造，减少单位产出物质消耗。加强生活垃圾分类回收和再生资源回收的衔接，推进生产系统和生活系统循环链接。

（四）全面节约和高效利用资源

坚持节约优先，树立节约集约循环利用的资源观。

强化约束性指标管理，实行能源和水资源消耗、建设用地等总量和强度双控行动。实施全民节能行动计划，提高节能、节水、节地、节材、节矿标准，开展能效、水效领跑者引领行动。

实行最严格的水资源管理制度，以水定产、以水定城，建设节水型社会。合理制定水价，编制节水规划，实施雨洪资源利用、再生水利用、海水淡化工程，建设国家地下水监测系统，开展地下水超采区综合治理。坚持最严格的节约用地制度，调整建设用地结构，降低工业用地比例，推进城镇低效用地再开发和工矿废弃地复垦，严格控制农村集体建设用地规模。探索实行耕地轮作休耕制度试点。

建立健全用能权、用水权、排污权、碳排放权初始分配制度，创新有偿使用、预算管理、投融资机制，培育和发展交易市场。推行合同能源管理和合同节水管理。

倡导合理消费，力戒奢侈浪费，制止奢靡之风。在生产、流通、仓储、消费各环节落实全面节约。管住公款消费，深入开展反过度包装、反食品浪费、反过度消费行动，推动形成勤俭节约的社会风尚。

(五) 加大环境治理力度

以提高环境质量为核心，实行最严格的环境保护制度，形成政府、企业、公众共治的环境治理体系。

推进多污染物综合防治和环境治理，实行联防联控和流域共治，深入实施大气、水、土壤污染防治行动计划。实施工业污染源全面达标排放计划，实现城镇生活污水垃圾处理设施全覆盖和稳定运行。扩大污染物总量控制范围，将细颗粒物等环境质量指标列入约束性指标。坚持城乡环境治理并重，加大农业面源污染防治力度，统筹农村饮水安全、改水改厕、垃圾处理，推进种养业废弃物资源化利用、无害化处置。

改革环境治理基础制度，建立覆盖所有固定污染源的企业排放许可制，实行省以下环保机构监测监察执法垂直管理制度。建立全国统一的实时在线环境监控系统。健全环境信息公布制度。探索建立跨地区环保机构。开展环保督察巡视,严格环保执法。

(六)筑牢生态安全屏障

坚持保护优先、自然恢复为主,实施山水林田湖生态保护和修复工程,构建生态廊道和生物多样性保护网络,全面提升森林、河湖、湿地、草原、海洋等自然生态系统稳定性和生态服务功能。

开展大规模国土绿化行动,加强林业重点工程建设,完善天然林保护制度,全面停止天然林商业性采伐,增加森林面积和蓄积量。发挥国有林区林场在绿化国土中的带动作用。扩大退耕还林还草,加强草原保护。严禁移植天然大树进城。创新产权模式,引导各方面资金投入植树造林。

加强水生态保护,系统整治江河流域,连通江河湖库水系,开展退耕还湿、退养还滩。推进荒漠化、石漠化、水土流失综合治理。强化江河源头和水源涵养区生态保护。开展蓝色海湾整治行动。加强地质灾害防治。

附件 14：

党的十九大报告中生态文明相关内容

（2017 年 10 月 18 日）

决胜全面建成小康社会　夺取新时代中国特色社会主义伟大胜利
——在中国共产党第十九次全国代表大会上的报告（节选）

一、过去五年的工作和历史性变革

生态文明建设成效显著。大力度推进生态文明建设，全党全国贯彻绿色发展理念的自觉性和主动性显著增强，忽视生态环境保护的状况明显改变。生态文明制度体系加快形成，主体功能区制度逐步健全，国家公园体制试点积极推进。全面节约资源有效推进，能源资源消耗强度大幅下降。重大生态保护和修复工程进展顺利，森林覆盖率持续提高。生态环境治理明显加强，环境状况得到改善。引导应对气候变化国际合作，成为全球生态文明建设的重要参与者、贡献者、引领者。

同时，必须清醒看到，我们的工作还存在许多不足，也面临不少困难和挑战。主要是：……生态环境保护任重道远……

中国特色社会主义进入新时代，我国社会主要矛盾已经转化为人民日益增长的美好生活需要和不平衡不充分的发展之间的矛盾。我国稳定解决了十几亿人的温饱问题，总体上实现小康，不久将全面建成小康社会，人民美好生活需要日益广泛，不仅对物质文化生活提出了更高要求，而且在民主、法治、公平、正义、安全、环境等方面的要求日益增长。同时，我国社会生产力水平总体上显著提高，社会生产能力在很多方面进入世界前

列,更加突出的问题是发展不平衡不充分,这已经成为满足人民日益增长的美好生活需要的主要制约因素。

必须认识到,我国社会主要矛盾的变化是关系全局的历史性变化,对党和国家工作提出了许多新要求。我们要在继续推动发展的基础上,着力解决好发展不平衡不充分问题,大力提升发展质量和效益,更好满足人民在经济、政治、文化、社会、生态等方面日益增长的需要,更好推动人的全面发展、社会全面进步。

必须认识到,我国社会主要矛盾的变化,没有改变我们对我国社会主义所处历史阶段的判断,我国仍处于并将长期处于社会主义初级阶段的基本国情没有变,我国是世界最大发展中国家的国际地位没有变。全党要牢牢把握社会主义初级阶段这个基本国情,牢牢立足社会主义初级阶段这个最大实际,牢牢坚持党的基本路线这个党和国家的生命线、人民的幸福线,领导和团结全国各族人民,以经济建设为中心,坚持四项基本原则,坚持改革开放,自力更生,艰苦创业,为把我国建设成为富强民主文明和谐美丽的社会主义现代化强国而奋斗。

二、新时代中国共产党的历史使命

更加自觉地防范各种风险,坚决战胜一切在政治、经济、文化、社会等领域和自然界出现的困难和挑战。

三、新时代中国特色社会主义思想和基本方略

十八大以来,国内外形势变化和我国各项事业发展都给我们提出了一个重大时代课题,这就是必须从理论和实践结合上系统回答新时代坚持和发展什么样的中国特色社会主义、怎样坚持和发展中国特色社会主义,包括新时代坚持和发展中国特色社会主义的总目标、总任务、总体布局、战

略布局和发展方向、发展方式、发展动力、战略步骤、外部条件、政治保证等基本问题,并且要根据新的实践对经济、政治、法治、科技、文化、教育、民生、民族、宗教、社会、生态文明、国家安全、国防和军队、"一国两制"和祖国统一、统一战线、外交、党的建设等各方面做出理论分析和政策指导,以利于更好坚持和发展中国特色社会主义。

新时代中国特色社会主义思想,明确坚持和发展中国特色社会主义,总任务是实现社会主义现代化和中华民族伟大复兴,在全面建成小康社会的基础上,分两步走,在21世纪中叶建成富强民主文明和谐美丽的社会主义现代化强国;明确新时代我国社会主要矛盾是人民日益增长的美好生活需要和不平衡不充分的发展之间的矛盾,必须坚持以人民为中心的发展思想,不断促进人的全面发展、全体人民共同富裕;明确中国特色社会主义事业总体布局是"五位一体"……

坚持新发展理念。发展是解决我国一切问题的基础和关键,发展必须是科学发展,必须坚定不移贯彻创新、协调、绿色、开放、共享的发展理念。

(一)坚持人与自然和谐共生

建设生态文明是中华民族永续发展的千年大计。必须树立和践行绿水青山就是金山银山的理念,坚持节约资源和保护环境的基本国策,像对待生命一样对待生态环境,统筹山水林田湖草系统治理,实行最严格的生态环境保护制度,形成绿色发展方式和生活方式,坚定走生产发展、生活富裕、生态良好的文明发展道路,建设美丽中国,为人民创造良好生产生活环境,为全球生态安全作出贡献。

(二)坚持推动构建人类命运共同体

中国人民的梦想同各国人民的梦想息息相通,实现中国梦离不开和平的国际环境和稳定的国际秩序。必须统筹国内国际两个大局,始终不渝走和平发展道路、奉行互利共赢的开放战略，坚持正确义利观，树立共同、综合、合作、可持续的新安全观，谋求开放创新、包容互惠的发展前景，促进和而不同、兼收并蓄的文明交流，构筑尊崇自然、绿色发展的生态体系，始终做世界和平的建设者、全球发展的贡献者、国际秩序的维护者。

四、决胜全面建成小康社会，开启全面建设社会主义现代化国家新征程

从现在到 2020 年，是全面建成小康社会决胜期。要按照十六大、十七大、十八大提出的全面建成小康社会各项要求，紧扣我国社会主要矛盾变化，统筹推进经济建设、政治建设、文化建设、社会建设、生态文明建设，坚定实施科教兴国战略、人才强国战略、创新驱动发展战略、乡村振兴战略、区域协调发展战略、可持续发展战略、军民融合发展战略，突出抓重点、补短板、强弱项，特别是要坚决打好防范化解重大风险、精准脱贫、污染防治的攻坚战，使全面建成小康社会得到人民认可、经得起历史检验。

综合分析国际国内形势和我国发展条件，从 2020 年到 21 世纪中叶可以分两个阶段来安排。

第一个阶段，从 2020 年到 2035 年，在全面建成小康社会的基础上，再奋斗十五年，基本实现社会主义现代化。到那时，我国经济实力、科技实力将大幅跃升，跻身创新型国家前列；人民平等参与、平等发展权利得到充分保障，法治国家、法治政府、法治社会基本建成，各方面制度更加完善，国家治理体系和治理能力现代化基本实现；社会文明程度达到新的高度，国家文化软实力显著增强，中华文化影响更加广泛深入；人民生活更为宽裕，中等收入群体比例明显提高，城乡区域发展差距和居民生活水平差距显著缩小，基本公共服务均等化基本实现，全体人民共同富裕迈出坚实步伐；现代社会治理格局基本形成，社会充满活力又和谐有序；生态环境根本好转，美丽中国目标基本实现。

第二个阶段，从2035年到21世纪中叶，在基本实现现代化的基础上，再奋斗十五年，把我国建成富强民主文明和谐美丽的社会主义现代化强国。到那时，我国物质文明、政治文明、精神文明、社会文明、生态文明将全面提升，实现国家治理体系和治理能力现代化，成为综合国力和国际影响力领先的国家，全体人民共同富裕基本实现，我国人民将享有更加幸福安康的生活，中华民族将以更加昂扬的姿态屹立于世界民族之林。

五、贯彻新发展理念，建设现代化经济体系

（一）深化供给侧结构性改革

建设现代化经济体系，必须把发展经济的着力点放在实体经济上，把提高供给体系质量作为主攻方向，显著增强我国经济质量优势。加快建设制造强国，加快发展先进制造业，推动互联网、大数据、人工智能和实体经济深度融合，在中高端消费、创新引领、绿色低碳、共享经济、现代供应链、人力资本服务等领域培育新增长点、形成新动能。

（二）实施乡村振兴战略

农业农村农民问题是关系国计民生的根本性问题，必须始终把解决好"三农"问题作为全党工作重中之重。要坚持农业农村优先发展，按照产业兴旺、生态宜居、乡风文明、治理有效、生活富裕的总要求，建立健全城乡融合发展体制机制和政策体系，加快推进农业农村现代化。

（三）实施区域协调发展战略

以共抓大保护、不搞大开发为导向推动长江经济带发展。支持资源型地区经济转型发展。

六、加快生态文明体制改革，建设美丽中国

人与自然是生命共同体，人类必须尊重自然、顺应自然、保护自然。人类只有遵循自然规律才能有效防止在开发利用自然上走弯路，人类对大自然的伤害最终会伤及人类自身，这是无法抗拒的规律。

我们要建设的现代化是人与自然和谐共生的现代化，既要创造更多物质财富和精神财富以满足人民日益增长的美好生活需要，也要提供更多优质生态产品以满足人民日益增长的优美生态环境需要。必须坚持节约优先、保护优先、自然恢复为主的方针，形成节约资源和保护环境的空间格局、产业结构、生产方式、生活方式，还自然以宁静、和谐、美丽。

（一）推进绿色发展

加快建立绿色生产和消费的法律制度和政策导向，建立健全绿色低碳循环发展的经济体系。构建市场导向的绿色技术创新体系，发展绿色金融，壮大节能环保产业、清洁生产产业、清洁能源产业。推进能源生产和消费革命，构建清洁低碳、安全高效的能源体系。推进资源全面节约和循环利用，实施国家节水行动，降低能耗、物耗，实现生产系统和生活系统循环链接。倡导简约适度、绿色低碳的生活方式，反对奢侈浪费和不合理消费，开展创建节约型机关、绿色家庭、绿色学校、绿色社区和绿色出行等行动。

（二）着力解决突出环境问题

坚持全民共治、源头防治，持续实施大气污染防治行动，打赢蓝天保卫战。加快水污染防治，实施流域环境和近岸海域综合治理。强化土壤污染管控和修复，加强农业面源污染防治，开展农村人居环境整治行动。加强固体废弃物和垃圾处置。提高污染排放标准，强化排污者责任，健全环保信用评价、信息强制性披露、严惩重罚等制度。构建政府为主导、企业

为主体、社会组织和公众共同参与的环境治理体系。积极参与全球环境治理，落实减排承诺。

（三）加大生态系统保护力度

实施重要生态系统保护和修复重大工程，优化生态安全屏障体系，构建生态廊道和生物多样性保护网络，提升生态系统质量和稳定性。完成生态保护红线、永久基本农田、城镇开发边界三条控制线划定工作。开展国土绿化行动，推进荒漠化、石漠化、水土流失综合治理，强化湿地保护和恢复，加强地质灾害防治。完善天然林保护制度，扩大退耕还林还草。严格保护耕地，扩大轮作休耕试点，健全耕地草原森林河流湖泊休养生息制度，建立市场化、多元化生态补偿机制。

（四）改革生态环境监管体制

加强对生态文明建设的总体设计和组织领导，设立国有自然资源资产管理和自然生态监管机构，完善生态环境管理制度，统一行使全民所有自然资源资产所有者职责，统一行使所有国土空间用途管制和生态保护修复职责，统一行使监管城乡各类污染排放和行政执法职责。构建国土空间开发保护制度，完善主体功能区配套政策，建立以国家公园为主体的自然保护地体系。坚决制止和惩处破坏生态环境行为。

生态文明建设功在当代、利在千秋。我们要牢固树立社会主义生态文明观，推动形成人与自然和谐发展现代化建设新格局，为保护生态环境作出我们这代人的努力！

七、坚持和平发展道路，推动构建人类命运共同体

世界面临的不稳定性不确定性突出，世界经济增长动能不足，贫富分化日益严重，地区热点问题此起彼伏，恐怖主义、网络安全、重大传染性疾病、气候变化等非传统安全威胁持续蔓延，人类面临许多共同挑战。

……

我们呼吁，各国人民同心协力，构建人类命运共同体，建设持久和平、普遍安全、共同繁荣、开放包容、清洁美丽的世界。

要坚持环境友好，合作应对气候变化，保护好人类赖以生存的地球家园。

参考文献

1. 习近平:《习近平关于社会主义生态文明建设论述摘编》,中央文献出版社,2017年版。

2. 刘国华:《中国化马克思主义生态观研究》,东南大学出版社,2014年版。

3. 段娟:《毛泽东生态经济思想及其对中国特色社会主义生态文明建设的启示》;张星星:《中国特色社会主义与毛泽东的奠基和探索:第十三届国史学术年会论文集》,当代中国出版社,2014年版。

4. 崔海伟:《中国可持续发展战略的形成与初步实施研究(1992—2002年)》,中共中央党校出版社,2013年版。

5. [美]马立博:《中国环境史:从史前到现代》,中国人民大学出版社,2015年版。

6. 曲格平、彭近新:《环境觉醒:人类环境会议和中国第一次环境保护会议》,中国环境科学出版社,2010年版。

7. 白永秀:《中国经济改革30年(1978—2008)》(资源环境卷),重庆大学出版社,2008年版。

8. 世界环境与发展委员会:《我们共同的未来》,吉林人民出版社,1997年版。

9. 中国科学院可持续发展战略研究组:《2013中国可持续发展战略报告》,科学出版社,2013年版。

10. 中国科学院可持续发展战略研究组:《2014中国可持续发展战略报告》,科学出版社,2014年版。

11. 中国科学院可持续发展战略研究组:《2015 中国可持续发展战略报告》,科学出版社,2015 年版。

12. 中国人民大学气候变化与低碳经济研究所:《中国低碳经济年度发展报告(2011)》,石油工业出版社,2011 年版。

13. 中国人民大学气候变化与低碳经济研究所:《中国低碳经济年度发展报告(2012)》,石油工业出版社,2012 年版。

14. 中国人民大学气候变化与低碳经济研究所:《中国低碳经济年度发展报告(2014)》,石油工业出版社,2015 年版。

15. 郭兆晖:《生态文明体制改革初论》,新华出版社,2014 年版。

16. 郭兆晖:《绿色发展——节约资源与保护环境》,中国人事出版社,2017 年版。

17. 胡洪彬:《从毛泽东到胡锦涛:生态环境建设思想 60 年》,《江西师范大学学报(哲学社会科学版)》,2009 年第 6 期。

18. 郑汉华:《江泽民同志生态文明思想述要》,《毛泽东思想研究》,2008 年第 4 期。

19. 周彦霞、秦书生:《江泽民生态思想探析》,《学术论坛》,2012 年第 9 期。

20. 林仕尧:《江泽民生态思想探析——学习〈江泽民文选〉》,《中共南京市委党校南京市行政学院学报》,2007 年第 6 期。

21. 胡洪彬:《胡锦涛生态环境建设思想研究》,《重庆邮电大学学报(社会科学版)》,2010 年第 7 期。

22. 柯勤:《环境污染的由来和发展》,《自然辩证法杂志》,1974 年第 1 期。

23. 段蕾:《新中国环保事业的起步:1970 年代初官厅水库污染治理的历史考察》,《河北学刊》,2015 年第 5 期。

24. 刘友宾:《重读〈人类环境宣言〉:建构中国环境话语体系的可贵努力》,《中国环境报》,2015年1月14日。

25. 翟亚柳:《中国环境保护事业的初创——兼述第一次全国环境保护会议及其历史贡献》,《中共党史研究》,2012年第8期。

26. 谷树忠、曹小奇、张亮等:《中国自然资源政策演进历程与发展方向》,《中国人口、资源与环境》,2011年第10期。

27. 吕忠梅:《〈环境保护法〉的前世今生》,《政法论坛》,2014年第5期。

28. 徐再荣:《1992年联合国环境与发展大会评析》,《史学月刊》,2006年第6期。

29. 张建伟:《环境与发展综合决策探析》,《学习论坛》,2007年第10期。

30. 蔡守秋、莫神星:《我国环境与发展综合决策探讨》,《北京行政学院学报》,2003年第6期。

31. 姚华军、丁锋:《我国国土资源管理体制的历史、现状及发展趋势》,《中国地质矿产经济》,2001年第11期。

32. 卢风:《绿色发展与生态文明建设的关键和根本》,《中国地质大学学报(社会科学版)》,2017年第1期。

33. 宋刚:《基于生态文明建设的绿色发展研究》,《中南林业科技大学学报(社会科学版)》,2015年第9期。

34. 陈宗兴:《"十三五"以生态文明促进绿色发展》,《社会治理》,2016年第2期。

35. 马永欢、黄宝荣、林慧、吴初国、苏利阳:《创新自然资源监管体制 促进国土空间全域保护》,《宏观经济管理》,2017年第10期。

36. 北京大学城市与环境学院课题组:《完善自然资源监管体制的若干

问题探讨》,《中国机构改革与管理》,2016 年第 5 期。

37. 周璞、刘天科、靳利飞:《健全国土空间用途管制制度的几点思考》,《生态经济》,2016 年第 6 期。

38. 刘西忠:《省域主体功能区格局塑造与空间治理——以江苏"1+3"重点功能区战略为例》,《南京社会科学》,2018 年第 5 期。